世界经济学科发展报告 2023

桑百川　李计广◎等著

中国商务出版社
·北京·

图书在版编目（CIP）数据

世界经济学科发展报告. 2023 / 桑百川等著. ——北京：中国商务出版社，2023. 12

ISBN 978-7-5103-4970-6

Ⅰ. ①世… Ⅱ. ①桑… Ⅲ. ①世界经济学—学科发展—研究报告—2023 Ⅳ. ①F11-0

中国国家版本馆 CIP 数据核字（2023）第 240689 号

世界经济学科发展报告 2023

桑百川 李计广◎等著

出版发行：中国商务出版社有限公司

地　　址：北京市东城区安定门外大街东后巷 28 号　　邮　编：100710

网　　址：http://www.cctpress.com

联系电话：010—64515150（发行部）　　010—64212247（总编室）

　　　　　010—64515164（事业部）　　010—64248236（印制部）

责任编辑：云　天

排　　版：北京天逸合文化有限公司

印　　刷：北京九州迅驰传媒文化有限公司

开　　本：787 毫米×1092 毫米　1/16

印　　张：12.5　　　　　　　　　　　　字　　数：220 千字

版　　次：2023 年 12 月第 1 版　　　　　印　　次：2023 年 12 月第 1 次印刷

书　　号：ISBN 978-7-5103-4970-6

定　　价：78.00 元

序　言

当前，世界之变、时代之变、历史之变正以前所未有的方式展开，世界处于百年未有之大变局。2008 年国际金融危机以来，在经济全球化和科技革命大变局的影响下，世界经济复苏乏力，正处于增速放缓的大停滞时期。2023 年，世界经济形势呈现出诸多新特点。国内外经济学家都在试图用不同的经济学原理、不同的实证方法以及不同的研究视角阐释当前世界所展现的经济学现象、社会发展趋势和社会热点问题。本年度报告关注近些年特别是 2022 年以来世界经济学科研究的重点问题，深入剖析复杂形势下的经济热点，梳理世界经济学科的相关文献，从浩瀚如烟且层出不穷的经济学文献中高效获取有价值的信息，供读者参考。报告通过选取八个当前世界经济学科的研究热点，整理和比较不同学者对同一主题的研究和见解，帮助读者提高文献研读效率、厘清文献前沿、发现研究空白。八大主题构成了当前全球经济格局的核心动态，不仅反映了经济学的深度和广度，还为国际经济政策提供了有力的学术支撑。

世界百年未有之大变局加速演进，国内外环境日趋复杂，世界经济不确定性加剧。在逆全球化、中美博弈、疫情冲击、地缘政治冲突等多重压力的叠加下，全球经济持续面临严峻挑战，国家之间、行业之间的紧密联系和相互依赖使得这种不确定性迅速传导，影响全球经济的稳定。同时，面对全球经济下行和治理赤字，不同国家地区之间的制度协调日益困难，全球经济治理亟待改革。随着新兴经济体和发展中国家的崛起，需要建立更为公正、高效、包容的全球经济治理体系，以适应国际经济发展新格局。

伴随着新一轮科技革命和产业变革孕育兴起，新兴技术及其产业化应用推动国际生产和贸易体系加快重构。全球产业链呈现出数字化、绿色化的新趋势，两者相互依存、相互促进，成为全球产业竞争的战略制高点。在此背景下，要把握数字和绿色新机遇，释放数字红利与绿色动能，增强产业链价值链的韧性，加速产业链价值链重构，进一步提高对外部冲击的抵抗力。

在经济全球化深入发展、全球价值链动态演进、国际体系和国际秩序深度调整的背景下，"一带一路"倡议为全球提供了一个合作与共赢的平台，倡导构建开放、包容、均衡、普惠的新型国际关系，致力于开展更大范围、更高水平、更深层次的区域合作，维护全球自由贸易体系和开放型世界经济，为解决世界难题贡献了中国智慧。

本报告由对外经济贸易大学国际经济研究院研究团队完成，共分为八个专题：专题一世界经济不确定性（苏小莹编写）；专题二数字经济与数字贸易（姜震宇编写）；专题三全球绿色低碳发展（李云婷编写）；专题四全球产业链价值链韧性与重构（王萱编写）；专题五经济全球化与逆全球化（武云欣编写）；专题六中美经贸摩擦（张静和刘一鸣编写）；专题七"一带一路"倡议（李秋静编写）；专题八全球经济治理改革（宫方茗编写）。桑百川、李计广负责报告的框架设计和修改校正，李云婷负责统稿工作。

由于时间紧迫、涵盖范围广泛，虽经反复核校，不免仍有遗漏，文责由编者自负，尚祈读者与专家批评指正。

作　者
2023.5

目　录

专题一 世界经济不确定性

当前，全球经济活动正经历基础广泛、超预期的放缓，通货膨胀率处于几十年来的较高水平。全球经济在经历了 2022 年的显著下滑后，仍然面临着较大的压力，世界经济的不确定性问题是近几年来经济学领域研究的热点。受地缘政治冲突、新冠肺炎疫情、全球通胀高位运行等因素的影响，世界范围内经济系统变得更加复杂和动态，经济不确定性的程度和影响力也随之增加，这些不确定性因素对经济发展和全球经济秩序产生了重要影响。

2023 年，国际格局加速演进，世界经济在增速下降的同时，"东升西降"的趋势更为明显。同时，发达经济体的贸易保护主义倾向进一步上升，而中国式现代化的推进将为世界经济注入新动力。主要经济体的促增长宏观政策、全球产业链恢复、新经济模式的发展、全球范围内国际合作的推进等，也在为世界经济恢复低速增长注入动力（姜云飞，2023）。有学者指出，随着新冠疫情全球蔓延，世界不稳定性、不确定性因素日益增加，国际政治经济格局出现了许多新变化。全球经济本来就因为个别国家肆意掀起单边主义、贸易保护主义而遭受挫折，现在因为疫情防控需要，人员、资金、技术、产品的往来被割裂得更加严重，全球经济大衰退趋势更加明显（卢江和郭采宜，2021）。

本专题回顾了 2022 年世界经济运行新亮点和新问题，同时梳理了影响 2023 年世界经济的关键变量、重要因素和重大事件，综述了世界经济面临的不确定性问题，并对 2023 年世界经济的发展趋势进行展望。通过对相关文献的综合分析总结，笔者认为世界经济的不确定性主要表现在以下几个方面：国际贸易摩擦和贸易保护主义的增加、金融市场的不稳定性、政治不确定性、环境和气候变化等。这些不确定性因素对经济发展和全球经济秩序产生了重要影响。为了应对不确定性带来的挑战，国际社会需要加强合作，制定稳定和可持续的政策，促进开放和包容的经济发展

（王莹等，2022）。

一、世界经济不确定性的来源和表现

（一）国际贸易局势的不确定性

1. 贸易保护主义带来的摩擦

贸易保护主义是指国家采取各种手段来限制进口、保护本国产业免受外国竞争的政策。贸易保护主义的实施通常会引发不确定性，贸易保护主义政策可能导致各国之间的贸易摩擦升级，甚至引发贸易战。贸易战不仅增加了贸易体系中的不确定性，还会给全球经济增长带来负面影响，打乱市场预期。一些学者指出，贸易战不能削减贸易逆差，中美贸易逆差是长期形成的相对固定的产业结构、国际分工及比较优势所决定的，并不能通过关税和非关税壁垒来解决。当一个国家采取贸易保护主义措施时，其他国家往往会做出报复性反应，采取类似的贸易限制措施。这将引发更多的不确定性，因为企业很难预测哪些市场将受到限制，并可能导致供应链中断和产能不稳定（刘英，2018）。

对于贸易保护主义在学术界存在一定的分歧。在自由贸易的支持者中，有些学者认为贸易保护主义是具有负面影响的，因为它会破坏国际贸易体系，并可能导致经济衰退和就业机会减少。这些学者认为，通过开放贸易、减少关税和非关税壁垒，可以实现资源的优化配置、经济增长和福利提高。郭美新、陆林等（2018）指出，如发起贸易战，会对全球贸易造成灾难性影响，但发起国也会在可能的贸易战中受损巨大。Barattieri 和 Cacciatore（2023）利用临时贸易壁垒的月度数据，估计了保护主义通过垂直生产联系对就业的动态影响。首先，利用高频数据和 TTB 程序细节，确定了经济基本面外生的贸易政策冲击。其次，使用投入产出表来构建影响下游生产商的保护主义措施。最后，使用已确定的贸易政策冲击来进行面板局部预测。保护主义对受保护产业的有益影响微乎其微。对下游产业的影响是负面的、相当大的和显著的。

然而，也有一些学者持不同意见，认为贸易保护主义在某些情况下是有必要的。他们认为，贸易保护主义可以保护本国产业、保障国家安全、缓解不公平贸易竞争等。主张国家应该采取必要的措施来维护国家利益，并在贸易政策中权衡利弊。Sulaymonov（2017）指出保护主义策略不适合自由贸易体系和世界贸易组织（WTO）规则，但它有助于政府实现特定目标，例如克服自由市场的不足，产生最大的社会效益。考虑到企业和个人比外国同行更关心自己的利益和成本，他们支持保护其行业的贸易是完全合理的行为。

总体来说，贸易保护主义的争议是学术界的一个热门议题，不同学者基于各自的理论和实证研究可能提出不同的观点。

2. 贸易协定的不确定性

贸易协定是由各国签署的旨在促进贸易自由化和贸易便利化的协议，例如自由贸易协定（FTA）或区域贸易协定（RTA）。尽管贸易协定旨在提供更稳定的贸易环境，但它们也可能引发一定程度的不确定性。这可能源于全球经济和地缘政治环境的影响，例如全球经济下滑或地缘政治紧张局势加剧可能导致贸易协定的实施延迟或部分条款无法履行。此外，国际贸易格局分化和多极化发展也导致双边自由贸易协定的兴起。

近年来，学者们从不同角度分析了贸易协定的不确定性。例如，Limão 和 Maggi（2015）探讨了贸易协议如何通过减少贸易政策的不确定性带来收益。根据收入风险规避的程度，当经济更加开放、出口供应弹性较低、经济更加专业化时，这种情况更有可能发生。然而，在面临不稳定和快速变化的国内偏好时，谈判代表难以可靠地衡量当前和未来对国际协议的必要政治支持，因此签署具有约束力的国际协议的可能性较小。

Berger 等（2020）发现，与较少或不包含环境条款的贸易伙伴协定相比，加入更多环境条款的《贸易伙伴协定》与贸易伙伴之间的贸易减少有关。这种负面影响完全是由对南北贸易流动的负面影响所驱动的，即从发展中国家向高收入国家的出口减少。

Dadush 和 Prost（2023）指出，如果不进行改革，贸易体系很可能会逐渐分裂为围绕霸主组织的区域性区块。在这种情况下，区块内的贸易主要是根据一项大型区域协议进行的，可能会保持相当开放和可预测的状态。然而，如果没有严格的多边规则，并且在没有特惠贸易协定（PTA）的情况下，区域间贸易关系将变得越来越不确定和不稳定。

综上所述，尽管贸易协定旨在提供更稳定的贸易环境，但也可能面临一定程度的不确定性。这种不确定性主要源于谈判过程、博弈与权衡、政治风险和外部环境等因素。因此，在制定和实施贸易协定时，各国应该充分考虑这些不确定性并采取措施以减轻其对国际贸易局势的不利影响。

3. 货币和汇率波动

货币和汇率波动会对进出口商品的价格造成影响，进而影响到国际贸易的成本和竞争力。当货币贬值或汇率波动加剧时，进口商品价格上涨，给消费者和企业带来不确定性。同时，出口商品价格可能因为汇率波动而波动，这会影响出口商的利润和市场份额。Morina 等（2020）的研究使用了 14 个中东欧国家 2002—2018 年的数据来研究这种流动的性质，并扩展了这种流动对增长的影响。使用面板数据固定效应估计的实证结果表明，汇率波动对实际经济增长具有显著的负面影响。使用标准差和 z 分数等替代汇率波动性指标，证明结果是稳健的。

Aslan 等（2020）的研究结果表明，没有确凿证据表明实际汇率冲击确实会影响我们新兴市场样本中的出口量，但出口量对实际汇率冲击的反应在不同国家是不同的，在这些国家中，商品出口国的出口对实际汇率变动的反应平均较低。此外，研究发现，虽然出口量对汇率冲击的反应幅度与汇率波动呈正相关，但较高的出口市场渗透率有助于经济免受实际汇率冲击的影响。总的来说，该研究结果具有广泛的政策意义，表明政策制定者需要关注其国家的汇率波动，并增强其在世界贸易中的出口竞争力。

4. 全球供应链不稳定性

全球供应链不稳定性增加了国际贸易局势的不确定性。这产生了保护主义倾向、降低国际贸易活动、增加成本和降低效率，以及滞后效应和不确定性的累积等一系列经济影响。深入理解并应对供应链不稳定性对国际贸易的影响，对于促进可持续和稳定的全球贸易环境具有重要意义。

由于全球实际需求低迷，2022 年国际贸易在经历 2021 年的强劲反弹后增长大幅放缓（裴长洪和刘洪愧，2020）。根据 WTO 2022 年 10 月的预测，2023 年的全球贸易增速仅为 1%，大幅低于 2022 年 3.5% 的预期。当前已有文献主要基于新冠疫情、贸易保护主义两方面阐述了国际贸易局势的不确定性。首先，新冠疫情冲击了全球价值链和全球贸易，使全球产业链、供应链区域化，并影响产业链韧性（张瀚文和李春顶，2021）。疫情导致多个国家和地区实施封锁和限制措施，包括关闭边境、停工、限制人员流动等，导致全球供应链中断和延迟。许多公司和厂商无法按时获取必要的原材料和零部件，生产和交付受到阻碍，全球贸易遭受冲击。由于疫情的不确定性和全球供应链中的混乱，许多公司开始重新评估全球供应链的可靠性和稳定性。其次，加强的贸易保护主义政策导致全球贸易体系动荡不安。新型贸易保护主义呈现了贸易保护措施不断翻新、贸易保护涉及领域不断扩大、贸易保护实施主体变化和贸易保护实施动机日益"合理化"等新特征。挑战了全球价值链和国际合作的基础（孟夏等，2020；裴长洪和刘洪愧，2020；张宇燕和徐秀军，2023）。

（二）地缘政治风险和国际合作的不确定性

1. 地缘政治风险加剧

地缘紧张局势的升级与当前国际贸易局势的不确定性紧密相连。地缘紧张局势包括国家之间的冲突、领土争端、贸易封锁或制裁等，这些因素增加了贸易的风险和不确定性。当地缘紧张局势升级时，各国之间的贸易关系可能受到干扰，贸易中断、市场震荡以及供应链中断的风险增加。此外，由于地缘政治的不确定性，企业可能难以准确预测未来的贸易环境和政策调整，进而导致投资和扩张计划的不确定性。因此，地缘紧张局势对当前国际贸易局势的不确定性产生重要影响，增加了市场的不稳定性，需要政府和企业采取措施来应对和降低不确定性的风险。

许多学者指出，当前世界面临地缘政治风险的加剧。例如，贸易战、保护主义政策、地区冲突和领土争端等都对国际贸易、投资和经济合作构成挑战。这些观点认为，地缘政治风险的上升可能导致不确定性增加，抑制全球经济复苏和合作。

当前学界较为关注俄乌冲突，Guenette 等（2022）指出：这场战争明显侵蚀了近期全球经济前景。最初的全球经济影响主要是通过商品市场产生的。俄罗斯和乌克兰供应的商品价格大幅上涨，包括能源、小麦、化肥和一些金属。在许多新兴市场和发展中经济体，不断上涨的粮食和能源价格加剧了贫困，在某些情况下加剧了粮食不安全，并加剧了已经形成的通货膨胀压力。由于不确定性和地缘政治紧张局势加剧，金融市场一直动荡不安。许多商品进口型新兴市场经济体出现了资本外流和借贷成本明显上升的情况。发达经济体预期的货币紧缩也加速了，加剧了新兴市场经济体面临金融压力的脆弱性。如果战争旷日持久，可能会进一步打击全球信心，削弱全球增长，加剧粮食不安全，并增加一些新兴市场经济体的融资成本和金融危机风险。它还可能加剧政策的不确定性，导致全球贸易和外国投资网络的碎片化——这些渠道在过去曾在支持增长、减贫、价格稳定以及能源和粮食安全方面发挥了根本作用。持续的脆弱性可能会加剧这些风险，包括高债务，以及小麦和石油等一些大宗商品的低库存。这些风险相互关联、相互放大，可能导致全球经济硬着陆。减轻战争对生命、生计和经济增长的影响需要仔细调整政策，需要共同努力安置难民，满足他们的基本需求，并使他们顺利融入收容社区。当战争平息时，需要为乌克兰的重建调动大量资源。在食品和其他必需品价格上涨的压力下，政府可能会实施价格控制和补贴政策，但这些政策可能会适得其反。相反，经过适当调整的安全网政策可以保护弱势群体免受消费者价格大幅上涨的影响。

2. 大国竞争

大国之间的竞争可能引发贸易摩擦、关税提高和贸易保护主义措施，给全球经济带来不确定性。大国之间的经济争夺和技术冲突也可能导致全球供应链的不稳定性，企业面临市场减少和成本增加的风险。此外，大国之间的竞争可能导致资本流动不确定性增加，使投资和跨国公司的决策受到影响。美国和中国之间日益激烈的竞争可能影响国际经济结构演变的方式。

3. 恐怖主义和极端主义

恐怖主义和极端主义活动对世界经济造成了显著的不确定性。这些活动可能导致旅游业和航空业收入下滑，给企业和消费者带来安全担忧，降低对风险国家的投资和贸易活动。此外，它们还可能引发金融市场的波动，增加保险和安全成本，对商业活动和全球供应链造成负面影响。

Iqbal 等（2019）指出，恐怖主义在全世界产生了巨大的经济影响。文献综述的统计分析表明，2018 年全球经济成本约为 330 亿美元，2000 年以来约为 8550 亿美元。2001 年"9·11"恐怖袭击发生后，恐怖主义急剧增加，2011 年至 2014 年，继叙利亚、利比亚、也门和埃及发生阿拉伯起义的暴力事件后，恐怖主义激增最为严重。Shawe 和 McAndrew（2023）也指出随着"伊斯兰国"恐怖组织在中东的崛起，伊拉克、阿富汗和巴基斯坦的冲突更加激烈。实施经济制裁与国内恐怖主义的增加有关，当制裁损害目标国家的金融运作时，穷人的痛苦和绝望情绪会加剧，他们可能会转向国内恐怖主义。如果各国未能提供或减少经济安全网以减轻经济发展的变革影响，恐怖事件就更有可能发生。财务表现通常会导致恐怖主义暴力。经济制裁导致国内恐怖主义的发生率上升。很少发现恐怖主义会对二变量和三变量规范的增长产生因果影响。以少数群体经济歧视为特征的国家发生国内恐怖袭击的可能性要高得多。相比之下，缺乏少数群体或少数群体不受歧视的国家遭遇恐怖主义的可能性要小得多。高度民主和持久的国家比不太民主的国家更不容易发生国内恐怖主义。

地缘政治风险是世界经济不确定性的主要来源之一。近年来，美国、俄罗斯、中国等大国之间的政治紧张局势加剧，导致全球政治风险增加。此外，恐怖主义与极端主义、跨国犯罪与网络安全等问题也对世界经济产生不确定性影响。

地缘政治风险作为近年来高频出现的词汇，经常见诸新闻报刊，尤其是新时代背景下"一带一路"倡议提出后，我国学者对地缘政治风险的关注日益增多（周平，2016；雷建锋，2017）。经济政策不确定性的研究在 2008 年全球金融危机后被众多学者所关注（Baker 等，2016）。以地缘政治风险和政策不确定性风险为代表的新风险图谱正成为影响全球宏观经济和金融市场波动的重要驱动力（Caldara 和 Iacoviello，2018）。地缘政治风险增加了商业环境的不稳定性，并对跨国企业投资和全球供应链造成不确定性。主要影响实体经济、金融市场、地缘经济格局和经济政策。近两年学界对于地缘政治风险的探索主要集中于俄乌冲突、区域合作等方面。杨洁勉等（2023）认为：从长期来看，地缘政治风险担忧因素在全球供应链重组中的权重会进一步增加，将冲击效率优先的全球化格局，2023 年全球经济仍然面临严峻考验。地缘风险上升的潜在因素依然存在，甚至有增强态势。虽然 2018 年以来尤其是 2020 年新冠疫情暴发后 RCEP 区域地缘风险渐趋和缓，然而地缘政治关系错综复杂的 RCEP 区域仍然充满变数：其一，中美关系扑朔迷离。其二，区域内双边关系尤其日韩关系依然问题重重。

4. 大国关系动态变化

大国之间的竞争、对抗或合作的动态变化，如中美关系、中俄关系等，影响到全球治理的稳定性和国际合作的前景。这种大国关系的不确定性给全球治理与国际合作带来了风险，需要各方加强对话、增进互信，推动建立更加开放、包容和合作的国际秩序。有学者指出，传统地缘政治逻辑并未远去，大国竞争仍是对战略空间的争夺，战略空间影响世界地缘政治格局和大国之间的权力平衡，它仍然是今后国际关系发展的主轴（胡伟星，2022）。

综上所述，领土争端与民族冲突、大国竞争、恐怖主义和极端主义都给世界经济带来了不确定性。这些不确定性可能导致贸易中断、投资减少、市场不稳定、企业计划的推迟和金融市场波动等一系列经济影响。国际社会需要通过外交努力、国际合作和有效的安全措施来解决这些问题，以实现稳定和可持续的全球经济增长。

（三）政策的不确定性

1. 经济政策的不确定性

有学者根据报纸的报道频率开发了一种新的经济政策不确定性指数（EPU）。包括对 12000 篇报纸文章的人工阅读在内的几类证据表明，该指数能够反映与政策相关的经济不确定性的变化。利用公司层面的数据，发现政策的不确定性与股价波动性增大以及国防、医疗保健、金融和基础设施建设等政策敏感行业的投资和就业减少有关。在宏观层面，政策不确定性的创新预示着美国投资、产出和就业的下降，在面板向量自回归设置中，预示着 12 个主要经济体投资、产出和就业的下降（Baker 等，2016）。高 EPU 与对家庭、企业和政府的不利影响有关，这些影响往往会在高度不确定性的情况下推迟许多财务决策，从而导致消费下降、债务发行减少、投资减少和失业率上升。政治和监管不确定性的影响也延伸到了大宗商品市场，例如对石油和汽油市场的不利影响，并可能对加密货币市场及其潜在增长产生不利影响。政策的不确定性也会影响金融、住房和股票市场、债务发行，以及整个经济（Al-Thaqeb 等，2022）。

近些年，世界主要经济体政策的不确定性日益攀升，给全球经济增长和稳定性带来了严峻的挑战。政策的不确定性也对全球宏观经济环境产生重大影响。政策调整、税收改革、监管变更等政策因素可以引发市场不确定性，影响企业投资决策和消费者信心。经济政策不确定性会造成政策效果与目标的偏离，甚至引致系统风险，阻碍经济发展。

自 Baker 等（2016）提出经济政策不确定性指数以来，经济政策不确定性对系统性金融风险影响的研究作为一项新兴的研究主题受到越来越多的关注，但目前尚未有学者针对这一主题的相关研究进行系统梳理与总结。

经济政策不确定性会改变金融机构的脆弱性，但在影响效果上观点不一；经济政策不确定性能够解释大部分金融市场的波动性，对金融市场间波动的协同性也具有一定影响；经济政策不确定性的上升会抑制金融市场的流动性，影响市场间的流动性协同，增大融资成本和信用风险；经济政策不确定性的提高会加剧系统性金融风险的传染（陆燕，2022）。

2. 贸易政策的不确定性

Ahir 等（2022）、姜云飞（2023）整理的数据显示，近年来全球贸易政策不确定性（TPU）指数增长迅速。特别是 2018 年至 2020 年，世界 TPU 指数受中美贸易摩擦的影响，达到历史最大值，各国贸易都面临着较大的贸易政策不确定性。大部分学者的研究表明，贸易政策不确定性的下降削弱了企业在生产、流通、营销等环节的成本敏感度（王莹等，2022；刘英，2018），使企业能够"无所顾忌"地进入国际市场，并参与到公开、透明的市场竞争中，为企业提高生产率、加大研发投入、提高产品质量和加成率提供了可行性、必要性（郭美新等，2018；刘聪，2019；裴长洪和刘洪愧，2020；孟夏等，2020）。但在苏理梅等（2016）、张宇燕和徐秀军（2023）、张平南等（2018）和陆燕（2022）看来，TPU 的大幅下降在降低准入门槛、吸引更多企业参与出口的同时，也使部分相对低质、具有较强替代性的产品有机会流入市场。

贸易政策不确定性是在关税之外对企业出口会产生实质影响的因素，在实际经济活动中即使平均关税水平没有发生变化，如果贸易政策不确定性大幅度上升，也会导致企业推迟投资，打击企业出口新市场的积极性，对经济产生严重后果；维持稳定的对外关税政策、签订贸易协定有助于降低贸易政策不确定性，提升企业出口，带动经济增长；当一国政府决定实施关税威胁时，应当考虑实施关税威胁将提高该国的贸易政策不确定性，从而造成额外的福利损失（余淼杰和祝辉煌，2019）。

还有学者认为，高不确定性环境中企业整体金融化指标的下降并不意味着"脱实向虚"现象的缓解。贸易政策不确定性可能通过"投资挤出"与"融资压抑"影响企业投融资；进而，实证发现，贸易政策不确定性与中国上市公司金融化之间存在显著的倒"U"形关系，企业的实体投资替代动机在不确定性冲击下的持续强化，以及资金供给方的避险回撤削减企业"蓄水池"资金共同驱动了这一非线性模式（黄新飞等，2022）。

也有学者认为，贸易政策不确定性下降有利于促进出口扩张和出口升级，对外直接投资（OFDI）是发挥贸易政策不确定性效应的重要作用机制（汪亚楠等，2020）。

此外有学者还分析了贸易政策冲击对经济和能源的影响，研究建立了一个与经济和能源相结合的投入产出模型，并基于底线思维评估了贸易政策的不确定性对中国宏观经济、产业发展和能源消费的极端影响。结果如下：首先，在极端情景下，贸易限制政策将损害中国经济，GDP 最大降幅为 5.65%。然而，中国对贸易限制的对策可以平均减少 2.07% 的经济损失（Feng 等，2017）。其次，行业将受到不同程度的贸易政策不确定性的打击。贸易政策的不确定性对纺织服装业、机械业和其他制造业的打击平均比其他行业高 7.64%。再次，在极端情景下，贸易限制政策将使中国能源消耗量下降 6.91%。最后，由于贸易政策的不确定性，化石能源消耗将比非化石能源消耗平均多 3.95%（Wang 和 Wu，2023）

（四）金融市场不确定性

金融市场的波动性可能增加宏观经济环境的不确定性。金融市场的不稳定性和资本流动性的变化可能导致汇率波动、股市崩盘和债务风险上升，对全球经济稳定和发展带来挑战。不确定性冲击（包括一般冲击和与政策相关的冲击）会抑制经济活动水平，显著增加股市波动性，并降低市场回报率（Alexopoulos 和 Cohen，

2015）。

1. 银行体系不确定性

随着经济不确定性的增加，银行体系面临的风险也相应增加。因为贷款违约增加、信用风险扩大等原因可能导致银行资产遭受重大损失，对银行体系的稳定性构成威胁。从硅谷银行倒闭到瑞信被收购，整个金融市场不稳定性、不确定性上升，引发学界对金融危机以及风险向实体经济蔓延的担忧。

宏观经济不确定性的上升还会导致银行流动性创造存贷业务收缩，而影子银行业务扩张的分化趋势，最终导致银行流动性创造呈现"脱实向虚"的趋势（张勇等，2022）。

2. 全球通胀

在过去的几年里，世界经历了 40 多年来最高水平的通货膨胀。有研究表明，通胀不是由总需求过剩引起的，尤其不是由疫情支出过多引起的任何过度消费引起的，而主要是由疫情引发的供应侧冲击（如芯片），还有俄乌冲突，加上行业需求的转变。加息可能适得其反，阻碍对供应短缺的有效应对。该研究描述了替代财政和其他措施在解决当前通货膨胀的同时，还具有进一步的长期福利（Stiglitz 和 Regmi，2023）。

新冠疫情大流行造成的经济危机导致了高水平的通货膨胀（Papava，2022）。解决与高通胀相关的问题需要了解其主要原因：需求上升、供应下降或这两者的结合（Sachs，2021）。只有了解这种通货膨胀的真正原因，才能正确地确定减少通货膨胀的方法（Rodrik，2022）。事实上，我们正在应对需求上升和供应下降的组合，后者在其中发挥主导作用。需求增加的部分原因是政府直接向受新冠疫情影响的社会贫困公民转移现金。供应下降在通货膨胀加剧中发挥了更大的作用。供应下降的原因是，为了限制病毒传播，某些经济部门的运作被封锁，导致全球供应链中断。2021年年中，有人误认为存在短期供应方面的瓶颈（Stiglitz，2021），但在 2021 年秋季，我们显然正在应对全球生产系统的实际崩溃（Coyle，2021）。新术语"供应链膨胀"的出现也证明了全球供应链中断导致的通货膨胀上升现象的重要性。显然，全球封锁不同经济部门导致的去全球化是供应链通货膨胀的原因（Marin，2021）。

也有学者认为，全球通胀是由于原油价格上升引起的。油价上涨导致通货膨胀。利率预计将下降，这是中央银行为应对 OP 增加对通货膨胀的间接影响而采取的扩张性货币政策的结果。通货膨胀的其他原因是制度环境、国家预算赤字、出口商品数量少，最后是美联储的货币政策。美联储的货币政策导致国家、汇率和许多其他指标完全依赖石油出口，从而导致外国投资外流（Kelesbayev 等，2022）。

但也有研究发现：自 2020 年年中以来，石油和汽油价格的持续上涨引发了人们对美国未来几年持续高通胀和通胀预期上升的担忧，以及对工资价格螺旋上升的担忧。根据截至 2022 年 5 月的数据，我们发现这些担忧被夸大了。没有证据表明汽油价格冲击改变了长期家庭通胀预期，也没有证据表明油价冲击的通胀影响是持续的。对整体通胀的短期影响相当大，但只占整体通胀的一小部分（Kilian 和 Zhou，2022）。

3. 金融监管政策不确定性

各国金融监管机构对银行业的监管政策也可能引发不确定性。金融监管政策的调整，例如风险管理要求、资本充足性规定等的变化，可能对银行业务和运营方式产生重大影响。有学者指出，与不受监管的金融体系相比，保证金要求与反周期资本要求相结合的政策能为经济带来相同或更好的结果。但是，很容易产生一些看似合理但结合起来却会对经济产生不利影响的监管组合（Goodhart 等，2013）。

（五）科技进步和创新的不确定性

1. 自动化和人工智能

随着自动化和人工智能技术的快速发展，越来越多的工作岗位面临被取代的风险。这种现象在制造业、服务业和金融业等领域尤为明显。这给全球劳动力市场带来了巨大的压力，导致了就业不稳定和收入分配不均的问题。

近年来，随着人们对技术对生产力和福利有益影响的理解不断加深，传统的经济乐观主义已经被侵蚀。鉴于这种思想轨迹，人们自然会预测未来可能更加黑暗（Autor，2022）。

也有学者认为人工智能技术创新能够显著促进经济增长，长期经济增长甚至存在指数级增长的可能。与人工智能的发展相伴而来的是劳动力从机械化、知识创造性低的工作和既定程序的开放型脑力劳动中解放出来，而新工作岗位对劳动力的素质和技能要求不断提升，带来高技能劳动力需求扩大和实际工资水平提高，进而对经济高质量增长产生推动作用。人工智能在经济社会的快速渗透将吸引更多的资本积累，增加资本投资，提升资本的生产效率，对宏观经济增长产生支撑作用（黄志，2021）。

2. 数字化和全球化

数字化和全球化的加速发展使信息和资源的传播变得更加迅速和便捷。这为世界经济带来了巨大的机遇，但同时也带来了竞争加剧、产业结构调整和国际贸易紧张等问题。一个对未来的推断是：全球化可能被逆转，走向本地化和区域化。长期以来，人们一直认为，运输成本下降、技术进步为贸易铺平道路，这是推动自由贸易的客观规律。但是，近年来，全球地缘政治对产业安全性、稳定性要求提升，导致产业链倾向于本土化和区域化，一些跨国公司将核心技术和关键设备转向本国或本地区（盛朝迅，2021）。

3. 数据安全和隐私保护

人工智能技术及其应用的不断落地，推动经济社会关系发生了系列变化，但亦引发了新型风险。自 2016 年以来，越来越多的群体关注人工智能治理，并强调通过伦理、法律等方式引导和规制人工智能发展。目前，人工智能治理的实践呈现出三个趋势——治理制度要素化，采取要素治理方式，同步推进总体价值、数据、算法等通用性规则构建；治理规则精细化，从凝聚总体价值和构建治理规则，正在逐步完善治理体系，提高规则可操作性，推动基于场景的治理；治理主体多元化，一方面通过增设企业义务和行业自律并重方式促使商业群体参与治理，另一方面丰富社会监督渠道促进公众积极参与人工智能治理（张浩，2022）。

4. 知识产权保护和技术转让

知识产权保护显著提高经济增长质量，且这种促进作用具有持续性（聂长飞等，2023）。

也有研究发现，知识产权保护对于社会福利而言，是否一种帕累托改进，受多种条件的限制。知识产权保护同时具有福利溢出和福利挤出两种效应，知识产权保护是利是弊就取决于两种效应孰强孰弱。当溢出效应大于挤出效应时，知识产权保护有利于促进社会福利提高，否则，知识产权保护不能增加社会福利。且当市场存在超额需求或随着时间的推移，知识产权保护最终会阻碍社会福利最大化（张苏秋，2022）。

总之，近两年科技进步和创新给世界经济带来了诸多不确定性，这些不确定性体现在自动化和人工智能、数字化和全球化、数据安全和隐私保护以及知识产权保护和技术转让等方面。面对这些挑战，各国政府和企业需要加强合作，制定相应的政策和法规，以促进世界经济的稳定和可持续发展。

新一轮科技革命和产业变革正在全球范围内展开，人工智能、大数据、互联网等新兴技术对传统产业和就业市场产生了深刻影响（刘伟和苏剑，2023）。

（六）环境和气候变化的不确定性

1. 极端气候事件

近年来，全球范围内的极端气候事件（如洪水、干旱、飓风等）愈发频繁，给农业、基础设施、能源供应等领域带来了巨大损失。这些损失不仅影响到当地经济的发展，还可能对全球供应链和国际贸易产生影响。极端天气是威胁的放大镜，提醒我们关注低碳转型和可持续发展。严重气候变化的灾难性可能性，在科学上表现为深邃的结构不确定性，以及在评估全球变暖带来的福利损失时，经济上的无能力进行有意义的评价。全球变暖导致全球福利灾难性崩溃的可能性不容忽视，即使这种低概率很难量化。

全球气候变暖问题，除了太阳黑子活动、冰期等，还有人类生产、生活活动的因素。因此，控制温室气体排放是急迫的课题。相应地，全球应对气候变化的合作不断发展，且持续深入。同时，不同国家、地域和国家集团之间的利益冲突、观念分歧也日益显现，温室气体排放的权责分配和执行时间等方面的矛盾日趋加剧。由于上述问题直接涉及国家经济结构的核心，达成应对气候变化的具体战略异常繁复（戴铁军和周宏春，2022）。

2. 能源转型

应对气候变化的需要，推动了全球范围内的能源转型。许多国家正在逐步淘汰化石燃料，转向清洁能源（如太阳能、风能等）。这一转型过程中，可能出现能源价格波动、产业结构调整等问题，给世界经济带来不确定性。

受新冠疫情影响，居家办公成为新常态，疫情也改变了全球的生活方式。破坏性的局势给电力部门的财政和技术活动带来了新的挑战，因此世界各地的大多数公用事业公司都启动了一项灾害管理计划来应对这些威胁。创新技术在新冠肺炎危机后作为替代能源的重要性提升（Bansal 等，2021）。

3. 环境政策和法规

为应对气候变化和环境污染问题，各国政府出台了一系列环境政策和法规，如碳排放交易制度、环境税等。这些政策对企业的生产经营活动产生了影响，可能导致成本上升、产能过剩等问题，从而影响世界经济的稳定发展。

有研究分析了气候政策不确定性（CPU）与以石油、煤炭和天然气为代表的传统能源以及以清洁能源、绿色债券和碳交易为代表的绿色市场之间的动态双向因果关系。结果表明，显著的动态因果关系存在于每个序列中，而不是整个时期，并且因果关系在成对序列之间表现不同。此外，在市场波动溢出中，CPU 更倾向于充当风险接受者，而不是发送者。每当遇到极端气候事件或重大气候政策变化时，CPU 与相关市场之间的因果关系就会显著上升。总体而言，各国政府应关注气候政策实施在能源转型中的作用，并努力减少不确定性（Ren 等，2023）。

4. 投资和金融市场

气候变化和环境问题对投资和金融市场也产生了影响。一方面，投资者越来越关注企业的环境、社会和治理（ESG）表现，这可能导致资本流向更加绿色、可持续的项目；另一方面，气候变化和环境风险可能导致金融市场的波动，影响全球经济的稳定。

总之，近两年环境和气候变化给世界经济带来的不确定性主要体现在极端气候事件、能源转型、环境政策和法规、投资和金融市场以及国际合作与贸易等方面。应对这些挑战，需要各国政府、企业和社会各界共同努力，推动形成绿色、低碳、可持续的发展模式。

二、应对世界经济不确定性的政策建议与展望

（一）促进国际贸易与投资自由化

促进国际贸易和投资的自由化可以促进资源优化配置和效率提升，加速经济增长。加快推进区域贸易自由化应该成为当前应对新一轮贸易保护主义的优先策略。要发挥好区域贸易自由化政策的经济效应，通过与贸易伙伴构建更多高质量的自由贸易区网络，提高贸易保护主义的机会成本，促进贸易红利的溢出及包容发展，破除贸易保护主义的屏蔽效应和减速效应（崔庆波，2021）。

签订自由贸易协定，国家可以与其他国家签署自由贸易协定，通过谈判和协商，降低双边或多边贸易的限制和壁垒。

大国也需要承担大国责任，采取妥善措施积极应对全球贸易战，以维护世界人民的公共贸易为出发点，制定和实施应对贸易战的持久战略，与大多数自由贸易倡导国结成国际自由贸易统一战线，共同遏制全球蔓延的贸易保护主义（保建云，2018）。

（二）深化全球治理与国际合作

为了应对世界经济的不确定性，深化全球治理与国际合作至关重要。国际组织

应该提供更有效的治理框架，以适应全球经济的变化和挑战。改革应该包括改善决策机制、提高透明度和问责制，并加强国际组织与成员国之间的协调与合作。

一是需要更加强调包容性，制度竞争不是全盘否定对方，而是在现有体系下的修正，多边主义是实现这一目标的重要方法和理念；二是制度提供的利益分配更加均衡，在一定程度上改变制度非中性的程度，提高发展的普惠性；三是制度治理更加有效，充分发挥多边机制作用，提供全球治理的公共产品；四是制度理念上倡导公平、正义。同时，从时间、空间两个维度参与制度竞争：一是在时间维度，通过制度长期有效供给，修正反馈形成制度并存的竞争态势，做好持久竞争的准备；二是在空间维度，应该更重视制度创设，"以创新为内核的新全球化需要实现全球和区域层面的双层治理"（刘彬和陈伟光，2022）。

数字经济的快速发展给全球经济带来了新挑战和机遇。国际社会应加强网络安全合作，制定共同的数据保护和隐私规则，推动数字贸易和跨境数据流动的自由与安全。坚持数据安全流动与发展并重的基本立场，构建科学系统的数据安全治理制度体系，加强数据安全技术研发及技术标准制定，积极开展并促进数据领域的国际交流与合作（阙天舒和王子玥，2022）。

展望未来，全球治理和国际合作应更加注重包容性和可持续性发展。通过加强多边主义的原则和合作，各国可以共同应对世界经济的挑战，推动经济增长和社会进步的可持续性。同时，还需要加强全球政府间和非政府间组织的协调与合作，以确保全球治理的有效性和适应性。只有通过深化全球治理与国际合作，我们才能更好地应对世界经济不确定性带来的挑战，实现共同繁荣和可持续发展。

（三）增强宏观经济政策协调

为了应对政策不确定性带来的影响，各国应加强政策对话和合作机制、促进经济智库和研究机构的合作、推动宏观经济政策的一体化、强化金融政策协调、推动区域经济一体化。

采取针对性的措施，积极应对美国货币政策的负面溢出影响、加强国际货币政策协调，提高货币政策有效性和社会福利。一方面，应该维护货币政策独立性，货币政策制定应更加专注于维护国内宏观经济稳定和防范金融风险；另一方面，需要加强与主要经济体（特别是美国）货币政策的国际协调，通过合作对冲国际金融风险的溢出影响，减少超预期的宏观经济波动。展望未来，增强宏观经济政策的协调性需要建立在平等、互惠和共赢的基础上。各国政府应加强合作意识和共同责任感，充分认识到全球经济的相互依存性和相互影响性。只有通过宏观经济政策的合作和协调，我们才能更好地应对世界经济不确定性带来的挑战，实现经济的稳定和可持续发展（陈创练等，2023）。

（四）促进包容性增长

促进就业和劳动力市场的包容性，加强社会保护和社会安全网，优化税收和财政政策，促进教育和技能培训的机会均等，加强贫困减少措施。

展望未来，推动包容性增长需要政府、企业和社会各方的共同努力。政府应加强政策协调，确保政策的包容性和公正性。企业应承担社会责任，关注社会效益和员工福利。社会各界应加强合作，推动形成社会公平和包容性的价值观。

只有促进包容性增长，我们才能更好地应对世界经济不确定性带来的挑战，减少社会不平等，实现经济和社会的可持续发展。

（五）推动技术创新与产业变革

积累环境友好型要素"存量"，优化绿色低碳化行为"增量"。政府调控和市场调节双管齐下，强化市场在经济发展低碳转型过程中的资源配置决定性作用。提高绿色技术创新能力，切实发挥绿色技术进步对经济低碳转型发展的引擎作用。建立经济低碳转型发展的地区协作机制，形成生态文明建设的区域合力（邵帅等，2022）。

展望未来，推动技术创新和产业变革需要政府、企业和社会各方的共同努力。政府应提供政策支持和相关资源，为技术创新和产业变革创造良好的环境。企业应加强创新能力和投入，推动技术创新和产业升级。社会各界应加强合作，共同推动科技创新和产业变革的发展。只有通过推动技术创新和产业变革，我们才能更好地应对世界经济不确定性带来的挑战，实现经济的转型和可持续发展。

（六）积极应对气候变化与生态环境挑战

各国政府应加强减排政策，推动低碳经济的发展。历史经验表明，如果没有市场机制的引入，仅仅通过企业和个人的自愿或强制行为是无法达到减排目标的。因此，借助资本市场的力量，建立合法碳排放权市场，允许其成为商品进行交易是实现温室气体减排的有效手段，也是各国目前应对气候变化的主要手段（秦军，2010）。

　　政府应加强环境保护的立法和执法，并制定生态环境保护政策。这包括加强大气、水质、土壤等环境污染治理，保护生物多样性和生态系统的健康。同时，应推动可持续资源管理，合理利用和保护自然资源。共谋全球生态文明建设，形成全球人类社会可持续发展解决方案，积极引导全球应对气候变化国际合作，是全球应对气候变化、共建气候治理体系的内在要求（戴铁军和周宏春，2022）。

　　有学者提出了有关我国生态文明建设的政策建议：生态环保财政资金保障能力有待进一步提升。政府在环境保护和生态治理方面的主导作用需要进一步增强。树立绿色发展理念，推进经济发展与环境保护协调发展。完善数字生态治理体系。进一步提升我国公民环保素养（开芳，2022）。

　　对于中国而言，认识、适应、利用和保护自然气候是生态文明建设的基础，科学应对气候变化是生态文明建设的内在要求，切实把生态文明建设抓紧抓好具有重要的理论和现实意义。积极应对气候变化是中国作为负责任大国的国际义务。全球气候治理应秉持创新、合作、包容、共赢的理念，这样既符合中国的根本利益，又有利于构建人类命运共同体（巢清尘，2020）。

　　展望未来，积极应对气候变化和生态环境挑战需要全球各国的共同努力。政府应制定更加具体和有效的政策，加强国际合作，减少排放和资源消耗。企业和个人也应增强环保意识，采取行动，推动可持续发展和生态环境的保护。只有积极应对气候变化和生态环境挑战，我们才能更好地应对世界经济不确定性带来的挑战，实现经济的可持续发展和人与自然和谐共存。

主要参考文献

　　[1] 保建云：《大国博弈中的全球产业链分化重构》，《人民论坛·学术前沿》2018年第18期。

　　[2] 陈创练、王浩楠、单敬群：《美联储政策对全球经济的溢出效应与国际货币政策协调机制研究》，《统计研究》2023年第6期。

　　[3] 崔庆波：《新一轮贸易保护主义与中国区域贸易自由化战略》，《上海对外经贸大学学报》2021年第4期。

　　[4] 戴铁军、周宏春：《构建人类命运共同体、应对气候变化与生态文明建设》，《中国人口·资源与环境》2022年第1期。

　　[5] 樊海潮、郭光远：《出口价格、出口质量与生产率间的关系：中国的证据》，《世界经济》2015年第2期。

［6］郭策、张腾元：《贸易政策不确定性与企业专业化分工——基于中国加入 WTO 的准自然实验》，《宏观经济研究》2021 年第 3 期。

［7］郭美新、陆琳、盛柳刚：《反制中美贸易摩擦和扩大开放》，《学术月刊》2018 年第 6 期。

［8］胡伟量：《俄乌冲突、不同竞争与世界地缘政治格局的演变——以地缘政治学为研究视角》，《亚太安全与海洋研究》2022 年第 4 期。

［9］黄新飞、林志帆、罗畅拓：《贸易政策不确定性是否诱发了企业金融化？——来自中国制造业上市公司的微观证据》，《经济学（季刊)》2022 年第 5 期。

［10］黄志：《人工智能对经济增长的影响研究》，四川大学博士学位论文，2021 年。

［11］季志业、桑百川、翟崑等：《"一带一路" 九周年：形势、进展与展望》，《国际经济合作》2022 年第 5 期。

［12］姜云飞：《荆棘在途的世界经济：新挑战、新趋势、新动力——2023 年世界经济分析报告》，《世界经济研究》2023 年第 1 期。

［13］雷建锋：《"一带一路" 与中国的欧亚地区主义》，《东北亚论坛》2017 年第 5 期。

［14］刘彬、陈伟光：《制度型开放：中国参与全球经济治理的制度路径》，《国际论坛》2022 年第 1 期。

［15］刘斌、李川川：《异质性贸易协定与返回增加值》，《世界经济研究》2021 年第 7 期。

［16］刘伟、苏剑：《中国宏观经济态势与政策分析——2022 年的回顾与 2023 年的展望》，《经济理论与经济管理》2023 年第 3 期。

［17］刘英：《美国对华贸易战：背景、影响与应对》，《国际经济合作》2018 年第 5 期。

［18］卢江、郭采宜：《国际经济格局新变化与中国开放型经济体制构建研究》，《政治经济学评论》2021 年第 3 期。

［19］卢向前、戴国强：《人民币实际汇率波动对我国进出口的影响：1994—2003》，《经济研究》2005 年第 5 期。

［20］陆燕：《2022 年世界经济复苏不均衡、不稳定或将延续》，《国际经济合作》2022 年第 1 期。

［21］孟夏、孙禄、王浩：《数字服务贸易壁垒、监管政策异质性对数字交付服

务贸易的影响》，《亚太经济》2020 年第 6 期。

［22］聂长飞、冯苑、张东：《知识产权保护与经济增长质量》，《统计研究》2023 年第 2 期。

［23］裴长洪、刘洪愧：《中国外贸高质量发展：基于习近平百年大变局重要论断的思考》，《经济研究》2020 年第 5 期。

［24］阙天舒、王子玥：《数字经济时代的全球数据安全治理与中国策略》，《国际安全研究》2022 年第 1 期。

［25］邵帅、范美婷、杨莉莉：《经济结构调整、绿色技术进步与中国低碳转型发展——基于总体技术前沿和空间溢出效应视角的经验考察》，《管理世界》2022 年第 2 期。

［26］盛斌、高疆：《超越传统贸易：数字贸易的内涵、特征与影响》，《国外社会科学》2020 年第 4 期。

［27］盛朝迅：《新发展格局下推动产业链供应链安全稳定发展的思路与策略》，《改革》2021 年第 2 期。

［28］苏理梅、彭冬冬、兰宜生：《贸易自由化是如何影响我国出口产品质量的？——基于贸易政策不确定性下降的视角》，《财经研究》2016 年第 4 期。

［29］汪亚楠、王海成，苏慧：《贸易政策不确定性与中国产品出口的数量、质量效应——基于自由贸易协定的政策背景》，《审计与经济研究》2020 年第 35 期。

［30］王莹、智艳、张天桂等：《委重投艰的世界经济：新趋势、新应对、新稳态——2022 年世界经济分析报告》，《世界经济研究》2022 年第 1 期。

［31］谢杰、陈锋、陈科杰等：《贸易政策不确定性与出口企业加成率：理论机制与中国经验》，《中国工业经济》2021 年第 1 期。

［32］徐金海、周蓉蓉：《数字贸易规则制定：发展趋势、国际经验与政策建议》，《国际贸易》2019 年第 6 期。

［33］杨洁勉、冯绍雷、徐明棋等：《俄乌冲突与国际局势：回顾与展望》，《俄罗斯研究》2023 年第 1 期。

［34］杨科、郭亚飞、田凤平：《经济政策不确定性冲击下全球系统性金融风险的跨市场传染——基于 TVP-FAVAR 和 TVP-VAR 模型的研究》，《统计研究》2023 年第 7 期。

［35］伊万·沙拉法诺夫、白树强：《WTO 视角下数字产品贸易合作机制研究——基于数字贸易发展现状及壁垒研究》，《国际贸易问题》2018 年第 2 期。

［36］余淼杰、祝辉煌：《贸易政策不确定性的度量、影响及其政策意义》，《长安大学学报（社会科学版）》2019 年第 1 期。

［37］张瀚文、李春顶：《全球贸易形势演变对我国的影响》，《开放导报》2021 年第 6 期。

［38］张浩：《人工智能治理的实践进展与展望》，《人工智能》2022 年第 1 期。

［39］张勇、阮培恒、梁燚焱等：《宏观经济不确定性与银行流动性创造分化》，《数量经济技术经济研究》2022 年第 12 期。

［40］张宇燕、徐秀军：《2022—2023 年世界经济形势分析与展望》，《当代世界》2023 年第 1 期。

［41］Ahir H., N. Bloom, and D. Furceri, "The World Uncertainty Index", *National Bureau of Economic Research*, 2022：29763.

［42］Alexopoulos M., and J. Cohen, "The power of print：Uncertainty shocks, markets, and the economy", *International Review of Economics & Finance*, 2015, 40：8-28.

［43］Al-Thaqeb S. A., B. G. Algharabali, and K. T. Alabdulghafour, "The pandemic and economic policy uncertainty", *International Journal of Finance & Economics*, 2022, 27（3）：2784-2794.

［44］Aslan Ç., O. Çepni, and S. Gül, "The impact of real exchange rate on international trade：Evidence from panel structural VAR model", *The Journal of International Trade & Economic Development*, 2021, 30（6）：829-842.

［45］Autor D., "The Labor Market Impacts of Technological Change：From Unbridled Enthusiasm to Qualified Optimism to Vast Uncertainty", *National Bureau of Economic Research*, 2022：30074.

［46］Baker S. R., N. Bloom, and S. J. Davis, "Measuring Economic Policy Uncertainty", *The Quarterly Journal of Economics*, 2016, 131（4）：1593-1636.

［47］Bansal M., A. Agarwal, M. Pant, et al., "Challenges and Opportunities in Energy Transformation during COVID-19", *Evergreen*, 2021, 8（2）：255-261.

［48］Barattieri A., and M. Cacciatore, "Self-Harming Trade Policy? Protectionism and Production Networks", *American Economic Journal：Macroeconomics*, 2023, 15（2）：97-128.

［49］Berger A., C. Brandi, J. F. Morin, et al., "The Trade Effects of Environmental Provisions in Preferential Trade Agreements", *International Trade, Invest-*

ment, *and the Sustainable Development Goals*, 2020：111-139.

［50］Bernal O., J. Y. Gnabo, and G. Guilmin, "Economic policy uncertainty and risk spillovers in the Eurozone", *Journal of International Money and Finance*, 2016, 65：24-45.

［51］Caldara D., and M. Iacoviello, "Measuring Geopolitical Risk", *International Finance Discussion Paper*, 2018, 1222：1-66.

［52］Coyle D., "The great supply-chain massacre" (2021-10-16).

［53］Dadush U., and E. D. Prost, "Preferential Trade Agreements, Geopolitics, and the Fragmentation of World Trade", *World Trade Review*, 2023, 22 (2)：278-294.

［54］Feng L., Z. Li, and D. L. Swenson, "Trade policy uncertainty and exports：Evidence from China's WTO accession", *Journal of International Economics*, 2017, 106：20-36.

［55］Goodhart C. A., A. K. Kashyap, D. P. Tsomocos, et al., "An Integrated Framework for Analyzing Multiple Financial Regulations", *the International Journal of Central Banking*, 2013, 9 (S1)：109-141.

［56］Guenette J. D., P. G. Kenworthy, and C. M. Wheeler, "Implications of the War in Ukraine for the Global Economy". World Bank, 2022.

［57］Iqbal M., H. Bardwell, and D. Hammond, "Estimating the Global Economic Cost of Violence：Methodology Improvement and Estimate Updates", *Defence and Peace Economics*, 2021, 32 (4)：403-426.

［58］Kelesbayev D., K. Myrzabekkyzy, A. Bolganbayev, et al., "The Effects of the Oil Price Shock on Inflation：The Case of Kazakhstan", *International Journal of Energy Economics and Policy*, 2022, 12 (3)：477-481.

［59］Kilian L., and X. Zhou, "The impact of rising oil prices on U. S. inflation and inflation expectations in 2020-23", *Energy Economics*, 2022, 113：106228.

［60］Limão N., and G. Maggi, "Uncertainty and Trade Agreements", *American Economic Journal：Microeconomics*, 2015, 7 (4)：1-42.

［61］Liu Q., and H. Ma, "Trade policy uncertainty and innovation：Firm level evidence from China's WTO accession", *Journal of International Economics*, 2020, 127：103387.

［62］Marin D., "WillDeglobalization Fuel Inflation? ｜ by Dalia Marin" (2021-11-

02）.

［63］ Morina F., E. Hysa, U. Ergün, et al., "The Effect of Exchange Rate Volatility on Economic Growth: Case of the CEE Countries", *Journal of Risk and Financial Management*, 2020, 13 (8): 177.

［64］ Papava V., "The Underproduction Inflation: An Acute Challenge For Post-Pandemic World-OpEd" (2022-02-07).

［65］ Ren X., J. Li, F. He, et al., "Impact of climate policy uncertainty on traditional energy and green markets: Evidence from time-varying granger tests", *Renewable and Sustainable Energy Reviews*, 2023, 173: 113058.

［66］ Rodrik D., "Inflation heresies" (2022-01-11).

［67］ Sachs J., "US can fight inflation and still 'build back better'" (2021-11-13).

［68］ Shawe R., and I. R. McAndrew, "Impact of Domestic Terrorism on Economy: A Literature Review", *IBusiness*, 2023, 15 (1): 84-97.

［69］ Stiglitz J. E., "The inflation red herring" (2021-06-07).

［70］ Stiglitz J. E., and I. Regmi, "The causes of and responses to today's inflation", *Industrial and Corporate Change*, 2023, 32 (2): 336-385.

［71］ Stolbov M., A. Karminsky, and M. Shchepeleva, "Does Economic Policy Uncertainty Lead Systemic Risk? A Comparative Analysis of Selected European Countries", *Comparative Economic Studies*, 2018, 60 (3): 332-360.

［72］ Sulaymonov A., "Privileges of Free Trade, Factors and Arguments towards Protectionism", *International Journal of Economics & Management Sciences*, 2017, 6 (3): 1000426.

［73］ Wang F., and M. Wu, "How does trade policy uncertainty affect China's economy and energy?", *Journal of Environmental Management*, 2023, 330: 117198.

专题二 数字经济与数字贸易

数字技术得到快速传播的浪潮正深刻改变着经济社会的运作模式，数字连接的改善与电子商务、数字支付和数字贸易的机遇不断增长相结合。对于个体来说，生活方式正不断发生变化，生活便利性得到大大改善，生活体验有着明显的提高；对于企业来说，电子商务正在打开国内、区域和国际市场的大门；对于国家或地区来说，数字经济已逐渐成为经济增长的新引擎、新动力，在数字经济这一新赛道上拔得头筹的国家或地区将在未来很长一段时间占领发展高地。但与此同时，数字化程度的提高是一把"双刃剑"，会在经济发展中带来很多新的问题和新的困难。比如数字发展不平衡会直接加剧经济和社会鸿沟，从而使领导者和追随者的专制统治地位得到进一步巩固，并加速形成社会和经济进步不平衡的局面。

党的二十大报告明确指出，要加快发展数字经济，促进数字经济和实体经济深度融合，打造具有国际竞争力的数字产业集群。要想在未来发展和国际竞争中赢得战略主动，就必须认真学习和深刻理解数字经济的真正内涵，理清数字经济在经济发展中扮演的重要角色，掌握数字技术在现有产业体系中的作用机理。为此，该部分从数字经济的内涵与特征出发，通过梳理近几年国内外关于数据要素、数字经济与高质量发展、数字经济测度指标、数字贸易、企业数字转型等数字经济领域较为热门且重要的文献，了解世界经济学科中数字经济与数字贸易部分的国内外研究进展。

一、数字经济的内涵与特征

目前国内和国际学术圈内对于数字经济的具体定义尚未形成统一的定论，国内关于数字经济的理论研究较为滞后，只有少数系统性论述和相关阐释。数字经济区别于传统经济，有着截然不同的特点和演变模式，对数字经济的认知匮乏和理论研究不足会导致数字技术的实践和应用效果不理想，甚至产生负效用，也无法为数字经济这一未来发展的重要新赛道提供逻辑严密、思路清晰的政策建议。

国外部分官方机构在定义和测度数字经济时，主要是基于数字技术给其他生产活动所带来的经济效益溢出（Bukht 和 Heeks，2017；Barefoot 等，2018；Bharadwaj 和 Pavlou，2013；Richter 等，2017；Teece 等，2018）。其中生产基础数字产品和服务的 IT/ICT 部门是核心部门，数字技术为数据存储、数据计算和数据传输提供了便利，从而降低了数据为经济活动进行价值创造中的搜索成本、复制成本、运输成本、跟踪成本和验证成本（Goldfarb 和 Tucker，2019）。来自基于数字商品或服务的商业模式的数字技术部分的效益产出是数字经济的经济产出，应核算到数字经济增加值部分（Nambisan 等，2017；Hukal 等，2020，OECD，2014）。

石勇（2022）对数字经济给出了一个较为综合的学术定义：数字经济是以大数据、智能算法、算力平台三大要素为基础的一种新兴经济形态，它以算力平台为基础，运用智能算法对大数据进行存储、处理、分析和知识发现等，进而服务于各行业的资源优化配置和转型升级，促进经济的高质量发展。文章对三大要素进行了重点强调，表明其对数字经济这一定义的重要性。（1）大数据分析始终遵循三大基本原理：决策过程、机器学习原理和智能知识发现，同时也面临三大挑战：非结构化数据的结构化、数据的复杂性与不确定性和数据异构与决策异构的关系；（2）智能算法可大致分为两类：通过逻辑学习产生和通过模拟人与生物的意识及行为产生；（3）算力作为大数据存储分析的计算资源，其形式主要表现为集中式算力和分布式算力。

陈晓红等（2022）通过对国内外现有数字经济理论相关文献的梳理和统计分析，提炼了数字经济理论发展过程中重要的科学问题，基于"内涵特征—现实表现—核心理论—方法体系"的学理链，构建了一个数字经济理论体系的基本框架。对数字经济给出了一个相对宽泛的定义：数字经济是以数字化信息（包括数据要素）为关键资源，以互联网平台为主要信息载体，以数字技术创新驱动为牵引，以一系列新模式和业态为表现形式的经济活动。该定义包括 4 个核心要点：数字化信息、互联网平台、数字化技术和新型经济模式和业态。同时，研究认为数字经济目前已表现出"数据支撑、融合创新、开放共享"三大基本特征，它们深刻改变了主体行为，产生新的经济活动和规律。除此之外，文章还以传统宏观和微观经济学理论为基础，建立了其与数字经济理论之间的联系，并进行了相关阐述和拓展。

也有文献讨论了数字经济的四大内生特性（信息产品的非争夺性、信息的边际成本趋零、数字市场可以在线不在场、大数据取代物质材料成为关键投入品），这四大内生特性是由数字经济自身定义所决定，也将推动数字经济按照自身定义不断继续发展。同时，作为新通用技术的数字技术，对经济增长所带来的巨大潜力和持久性是远远超出大部分人想象的，而其所塑造的产业特性则是正确判断数字领域产业组织变革趋势的关键所在（张文魁，2022）。佟家栋和张千（2022）总结出了数字经济内涵的四大基本特征：数据化、网络化、数字化和智能化、共享化和普惠化，并强调了数据作为新型生产要素的重要性，研究数据的价值十分关键，也是理解数字经济"超常贡献"的关键。李晓华（2019）认为数字经济是经济增长实现再次突破的新动能的主要构成部分和主要推动力，同样也提出了四点新特征：（1）颠覆性变革不断涌现，对国家、地区和企业来说提供了"换道超车"的机遇。（2）平台经济与超速成长，平台作为一种典型的双边市场，连接了用户和为用户提供商品或服务的供应商，成为二者的信息撮合媒介和交易空间。平台可以充分调动平台以外的供应商（企业或个人）为另一侧的用户提供商品或服务，平台企业自身只需专注于平台这一基础设施的建设，而并不需要拥有平台上所交易的商品或服务。因此，平台打破了资源和能力对成长的约束，从而使数字经济实现指数型增长（Sandberg 等，2020）。（3）网络效应与"赢家通吃"，直接网络效应、间接网络效应和跨边或双边网络效应导致了在市场中率先触发正反馈机制的企业能有最大可能赢得大多数市场份额，成为最后的胜利者，从而形成所谓赢家通吃的局面。（4）"蒲公英效应"与生态竞争，一个大企业在一个地方的落户对当地的产业生态起着极为关键的作用，大企业的不断壮大会引来无数中小数字经济公司扎堆聚集，从而形成蒲公英效应。

二、数字经济与经济增长

数字经济对经济发展的主要手段是数字技术创新，主要方式是通过优化全要素生产要素配置（Acemoglu 和 Restrepo，2018），赋能企业生产、销售、经营一体化流程（Ciarli 等，2021）和促进信息流通（Svahn 等，2017）三大方面。但值得注意的是，由于数字技术在初期创新阶段需要投入大量的无形资本，导致数字技术在当前大部分场景下出现了资源利用效率虽然大大提高，但其在经济效益尤其是在 GDP 增长上的提升并不明显的现象（Brynjolfsson 等，2017），引起了学术界对于数字时代"索洛悖论"的讨论（Brynjolfsson 和 Collis，2019）。部分文章梳理和分析了数字经济推动高质量发展的内在作用机理和理论框架（荆文君和孙宝文，2019；丁志帆，2020；任保平和何厚聪，2022）。其中荆文君和孙宝文（2019）探讨了新型互联网技术在经济微观主体上作用的机理，然后扩展到宏观层面上数字经济形态如何渗透到传统经济社会中，从而为经济的高质量发展注入新的动力源泉。在微观机理上，数字技术对传统行业的不断渗透导致企业的成本有了"高固定成本和低边际成本"的新特征，企业的产量得到大幅提升的基础上，产品线的多样化也有显著提高。规模经济、范围经济和长尾效应是数字时代的主要经济环境，一方面增加了信息的有效性；另一方面产生了新的价格机制，既满足了消费者的多样化需求，也为企业提供多样化服务提供了动力。宏观层面上，以索洛增长模型为框架，解释了数字经济如何从"新的要素投入，改变资源配置方式和通过技术提高全要素生产率"三个方面促进经济增长，发现数字经济具有一种类似斯密提出的自增长模式。与荆文君的分析框架相似，丁志帆（2020）提出了"微观—中观—宏观"分析框架，同样探讨数字经济驱动高质量发展的内在机理：（1）微观层面上，数字经济区别于传统经济只强调价格和数量的特点，借助数字经济所拥有的规模经济、范围经济、网络效应和匹配机制四大特征，更加精准的匹配了消费者多样化的消费需求，实现了供求的动态、多元和复杂均衡。（2）中观层面，主要体现在数字技术与实体经济的深度融合，产业数字化和数字产业化形成的新型经济业态。产业关联效应、产业创新效应、产业结构调整效应和产业融合效应相互交织，不断深化，在产业升级过程中形成良性循环，从而推动经济的高质量增长。（3）宏观层面，基于索洛增长模型的框架，特别强调了数据要素导致边际效用递增效应、ICT技术引发的资本深化效应和技术创新、扩散效应。任保平和何厚聪（2022）构建了类似的"微观—中观—宏观"理论框架，但重点强调了我国经济实现高质量发展所面临的现实困境，其中包括数字科技创新能力有待提高，数字经济与实体经济融合度有待加深，新型数字化基础设施建设有待加强以及数字经济发展的政策支持体系有待完善。在此基础上，给出了数字经济如何赋能我国经济高质量发展的路径选择和政策建议。

诸多学者将数据作为生产要素，在内生经济增长模型上进行拓展从而搭建了数字经济的内生增长理论模型（杨俊等，2022；唐要家等，2022；蔡继明等，2022）。杨俊等（2022）将大数据从传统物质资本中剥离出来，作为独立的生产要素内生化引入"创造性破坏"理论框架，构建了一个多部门熊彼特质量阶梯模型。理论模型详细阐释了由于"融合成本"导致的"研发模式转型"，在短期内经济产出会被抑制，但从长期来看，大数据的"乘数作用"可促进生产技术进步和提升中间品"质量阶梯"高度，为经济带来持续性的推动作用，在大数据应用程度不断提高和资本深化的情形下乘数作用将更为明显，并在最后进行了数值模拟检验。在基础模型中，大数据替代部分中间品投入，最终品由大数据、生产技术水平和劳动力结合中间品组合生产，假定中间品研发部门创新成功，将使中间品质量水平提升到 q 倍，从而"乘数作用"呈现出 logistics 曲线增加，同时刻画了"研发模式转型"对生产技术进步的影响，这更符合现实生产情况。

唐要家（2022）在 DeRidder（2021）的内生增长模型基础上，加入了数据要素进行了拓展。模型中有两个重要设定：（1）原始数据本身并不具备价值，只有经过清洗、整合和挖掘之后的数据才具有经济价值，且此过程是需要消耗一定资本的，所以不同企业在利用数据资本的效率上会存在差异；（2）企业在观察竞争对手的边际成本和定价之前已经投入了数据资本，所以当企业进行定价和生产决策时，这部分数据资产已经变成沉淀成本。通过对模型的推导，该文共提出 5 条假说：（1）数字经济对创新产出总体上具有促进效应。（2）随着数字经济的发展，数字经济对创新产出的影响具有"创新潜力滞后—创新融合释放—创新绩效牵制"的非线性轨迹。（3）在低集中市场结构中，数字经济会弱化市场集中；相反，在高集中市场结构中，数字经济会强化市场集中，进而产生创新阻碍效应。（4）数字经济发展可以通过降低市场结构集中进而促进企业创新。（5）随着市场结构高度集中化，数字经济发展对创新的促进效应将减弱。文章利用 2007—2017 年沪深 A 股 2167 家上市公司对理论假说进行了实证检验，证实了以上假说。与杨俊等（2022）不同的是，唐要家（2022）更侧重于解释数据要素与数字经济对于市场结构的互相影响关系，而前者更加注重与大数据要素与经济增长带来的理论联系。蔡继明等（2022）提出了一种将数据要素纳入广义价值论的经典分析框架。其理论模型的数据要素生产函数刻画了数据要素的虚拟性、非竞争性、非排他性和规模报酬递增以及正外部性的特征，分析了数据要素对绝对生产力的影响，对综合生产力的影响，揭示了数据要素对于价值创造的重要贡献。

部分文献实证检验了数字经济与高质量发展的内涵和机制（李三希和黄卓，2022；徐晓慧，2022；万永坤和王晨晨，2022）。李三希和黄卓（2022）认为数字经济从市场交易效率、供给侧生产效率和需求侧消费者福利三个方面促进的经济的高质量发展，文章详细梳理了大量国内外学者的文献，查阅了大量数据库资料，清晰阐释了数字经济对于经济的作用机理和现存问题。同时，文章还讨论了数字经济在区域不平等、就业和收入分配以及零工经济三个方面的不平等影响，简要概括了数据要素的研究进展及方向。徐晓慧（2022）以 2015—2019 年国内 31 个省份的数据为样本，基于产业结构升级视角，实证检验了数字经济对不同地区经济高质量发展的异质性影响。在实证模型中，被解释变量是经济高质量发展（全要素生产率），数字经济（数字普惠金融指数）作为解释变量，中介变量选取了产业结构升级（第三产业增加值和第二产业增加值之比）。文章得出如下结论：（1）数字经济对我国经济高质量发展有着显著的促进作用，也存在规律性的区域异质性，促进强度大小与当地数字技术发展程度呈正相关关系，东部地区数字经济对经济高质量发展的强度明显高于中西部地区；（2）产业结构升级作为中介效应，占比 25.17%，是数字经济作用高质量发展的重要途径之一；（3）产业结构升级所带来的中介效应同样存在区域异质性，西部地区的中介效应明显强于中东部地区。

万永坤和王晨晨（2022）同样以产业升级为中介实证检验了数字经济和高质量发展的关系，但与上述文章相比，该文选取了创新、协调、绿色、开放、共享 5 个一级指标，19 个二级指标，22 个三级指标，构建了一个相对更为完善的高质量发展评价指标体系，数据来源涵盖 2017—2019 年《中国数字经济发展指数白皮书》《中国统计年鉴》《中国就业和人口统计年鉴》《中国城市建设年鉴》《中国科技年鉴》《中国卫生健康统计年鉴》《中国农村贫困检测报告》《中国分省份市场化指数报告》，以及各省份统计年鉴、统计公报、Wind 数据库等。文章得出相比协调和共享，数字经济对创新、绿色、开放的提升发展促进效应更明显的结论。创新与专利的保护是企业进行创新投入的重要保障之一，黄勃等（2023）通过文本分析识别企业数字专利从而刻画数字技术创新水平，从全要素生产率的角度考察了数字技术创新给企业带来的经济影响。文章发现数字技术创新从管理、运营、决策、生产、投资等多方面产生了显著的积极作用，在高新技术企业以及劳动密集型企业中更为明显。此外，数字基础设施的投入和健全的知识产权保护体系会显著提升企业数字技术创新积极性，为实体经济高质量发展赋能提速。

三、数据要素

数据是数字经济时代的新型重要生产要素，被喻为数字时代的煤炭和石油。无形、非排他性、边际成本趋于零、隐私高度相关性等特性注定了数据与其他传统生产要素截然不同，解释数据这一生产要素，大多数传统经济理论都将不再适用（Rubinfeld 和 Gal，2017）。所以深入研究数据要素对于理解数字经济的理论框架，测度数字经济规模和对经济发展的贡献率以及把握数字经济发展方向有着至关重要的意义。

　　数据之所以成为一种生产要素发挥不可替代的作用主要基于四个理论机制：（1）大数据可以实现内容的个性化推荐和精准营销，从而提升市场供需匹配效果，大大改善了市场效率；（2）企业在对数据进行分析时，更容易产生技术进步，大量新的商业模式也孕育而生；（3）大数据模型大大提高了管理者的信息处理能力，提高了管理效率，改善了企业内部管理；（4）大数据对产业链协同有推动作用（刘小鲁和王泰茗，2022）。但数据本身并无法作为一种生产要素投入生产中，数据需要经过收集、存储、清洗和挖掘等一系列劳动活动的投入和加工，才可作为数据产品进入要素市场中去（王颂吉等，2020；何玉长和王伟，2021；Ghasemaghaei 和 Calic，2019）。

（一）数据确权

　　数据确权是建立数据要素市场化配置机制的前提，是数据交易的法律保障和制度安排，如果数据要素无法被准确、合理、清晰地明确归属权，那么数据所涉及的隐私问题将无源可溯，企业开发、挖掘数据的积极性也将大大减弱，不利于数字经济的健康发展（Forboodi 等，2022）。刘小鲁和王泰茗（2022）从隐私外部性、信息不对称和垄断三个角度梳理了大量相关文献的理论推导，并详细阐释了厂商与消费者的策略性博弈过程从而导致的市场失灵现象。同样，由于不同理论聚焦在不同视角维度，导致数据确权制度的演变过程得到快速推动，但也引发了数据确权理论依据的分歧。大部分文献对于数据确权的研究基于隐私保护问题，从而发散到信息不对称和数据非对称性，认为数据的产权要么属于消费者，要么属于厂商。有些研究提出了非固定的产权配置方案，认为数据产权应取决于数据价值，也有研究指出数据产权应该被更加细分化，提出了多元化的数据产权体系。

　　刘涛雄等（2023）从"数据是一种生成品，而非自然禀赋"的视角出发，提出了一套相对完备的数据要素确权理论框架，以"按贡献分配"和"事前确权"为原则，对数据的初始产权进行分配。数据生成过程中的边际贡献很难统一计算，故数据确权的方式应取决于不同的生成场景，且在此过程中，双方应达成满意的数据产权初始合约来确保数据后续正常的使用和流转。文章详细讨论了数据产权初始合约的形成过程和作用机理，在知情同意、效率、完备性、政府监管四大原则的基础上较为详细地概括了个人与厂商的协商过程。同时，为解决数据产权协商和监管可能产生的高额成本，提出了分级授权机制，并借助合同标准化思想、经济学模型和相关实际案例对机制的可行性和特点进行了论证。李三希等（2023）强调了数据的分类，不同数据产权配置对于数据投资的激励作用，并结合了规制的政策效果。通过引入两个现实例子，假定产权界定方式是二维的（要么属于企业要么属于用户），详细演绎一个了包含三个博弈主体（企业 A、企业 B、用户）的三阶博弈过程（双寡头竞争模型），模型假定用户是风险中性且对于隐私泄露是具有谨慎性的，同时还讨论了用户严格厌恶数据分享从而产生负效用的情形。文章所采用的数据的分类共包含四种：（1）数据处理投资低，通用性弱的专用数据；（2）投入成本高，通用性弱的专用型衍生数据；（3）投入成本低，专业性强的数据（平台数据、公共数据）；（4）处理成本高，通用性强的衍生型数据。其得出两条极端结论：（1）产权属于用户时，数据会最大化被分享，从而引发充分市场化竞争，导致数据投资大大减少；（2）产权属于厂商时，数据投资的意愿被大大激发，但数据分享会明显减少（Jones 和 Tonetti，2020）。通过"强制性数据共享"来平衡这两者的矛盾：当厂商拥有数据产权时，可设定价格上限，且另一厂商不能拒绝数据交易，从而在厂商愿意进行数据投资的情况下数据共享也可得到一定的保证。

（二）数据定价

数据交易脱离不了数据定价，而数据定价方式取决于是否对数据的价值有一个清晰的认识。李海舰和赵丽（2023）基于"数据时代特性—理论创新—范式变革"的逻辑思路，凝练出数据要素的时代特性，并在此基础上，重构了传统价值理论中的"生产—交换"理论，从"有型生产有型，有型交换有型"，"无型生产有型，无型交换有型"的第一、第二层次向"无型生产无型，无型交换无型"的第三层次跃迁。数据价值的高低应由数据质量、数据加工程度、数据使用程度、数据连接程度、数据应用场景和数据开放程度决定（Hagiu 和 Wright，2022）。数据价值定价可分为实体产品属性定价（根据供给和需求、数据市场结构、数据交易模式）和虚拟产品属性定价（数据场景、金融产品属性）。在当前国内数据交易市场的情况下，应通过引入第三方结构，建立一个多维度、全方位的数据估值系统去量化数据价值，对数据价值进行综合评估，生成真实数据价格。除此之外，也可根据数据颗粒度定价（数据集和数据查询度）和依据数据隐私度定价，当数据需求者较少时，可采取拍卖法定价，当需求者较多时，可采取成本加成法；对于数据自产自用的企业来说，数据的定价方式可参考企业应用数据前后的绩效差额。

欧阳日辉和杜青青（2022）认为卖方在确认数据价格时，数据成本应是重要决定因素，数据的总成本区别于传统商品，应是重置成本减去贬值成本，重置成本包括：数据采集、确认和描述等建设成本，数据存储和整合的运维成本，人力成本，间接成本以及服务外包成本等管理成本。数据要素定价应遵循一般性原则和特定性原则，交易制度的设计是关键因素。根据有无数据，中介机构参与市场可分为单边市场、集中式双边市场和分散式双边市场。交易形式目前大体分为拍卖形式和直接交易，为不同交易形式提供保障的交易合同又会受到数据使用量、数据使用权和所有权以及数据偏好影响。文章总结了多种不同应用场景下的数据定价模型和定价策略，并强调了数字技术对于未来数据定价模型的重要性和必要性。

程华等（2023）详细讨论了企业在拥有垄断数据情形下的策略行为和个性化定价方式，研究在一个垂直差异化的双寡头竞争市场中展开，假定厂商是否拥有消费者个人信息是外生给定的，数据对于企业的价值在于企业可根据处理数据判断消费者意愿，从而对消费者进行个性化定价来获取更大利润。模型主要得到三条结论：（1）拥有用户数据的垄断厂商总是有意愿将数据出售给其竞争对手，从而获取更多收益；（2）拥有用户数据但竞争优势较弱的厂商会选择出售更多的用户数据给其竞争对手，但数据价格也会随之上升；（3）出售用户数据的行为会提升总生产者剩余和社会总福利，但消费者福利会受到损失。该文由于假设市面上只存在两家企业，分别生产高质量和低质量商品，大大简化了市场的真实情形，但垂直差异化双寡头模型仍可反映企业间的竞争效应以及竞争对消费者剩余的影响。

（三）其他数据要素

李金等（2023）以制度失范理论和威慑理论为基础，利用生物医疗行业经过脱敏处理的数据出境统计信息实证分析了数据跨境风险的影响机制，其中数据跨境运输的频次和风险由数据跨境传输频数、风险值和间隔时间来测度。模型假定：（1）经济因素和当地的数字经济发展程度相关，从而影响当地机构跨境传输活动的潜在收益；（2）教育因素和数据跨境传输活动的合规成本相关；（3）机构可通过合规方式和违规方式来进行数据跨境传输活动。样本区间为2019年7月至2020年8月，共包含175个数据源单位在428天内共7.5万条观察记录。实证分析发现，数据跨境传输行为的频数及风险受制度失范因素、威慑因素、机构特征因素等影响，且具有差异性。

谢丹夏等（2022）分析了数据要素的充分利用在提高信贷市场效率上的贡献。文章基于非对称信贷市场竞争模型，尝试回答金融科技公司在拥有大量"数字足迹"的情形下，与传统商业银行等信贷公司会形成怎样的市场竞争新格局，数据要素对借款者福利和社会总福利又会有着怎样的影响等问题。该文主要考虑了强制数据共享和放贷者自主交易数据两种配置方式，强调了上游数据要素市场和下游信贷市场的联系。研究发现当数据被强制要求共享时，高信用借款人的利率会下降，且获得贷款的概率上升，总体福利上升；放贷者自主决定是否进行数据交易时，数据共享往往是不充分的；由于下游信贷竞争具有"赢者通吃"的特性，往往信贷优势方会选择向信贷劣势方购买数据以增加自身模型的准确度，但这会使贷款利率上升，借款人福利受到影响。

徐翔等（2023）提出了"数据要素陷阱"这一概念，即大公司在数字经济时代，由于积累了大量用户数据和销售数据，会更偏向于迭代式创新，从而占据更多的市场份额；小企业虽然会选择进行突破式创新，但成功概率极其渺茫，且不断失去市场份额的情况下，也很难维持经营，形成市场份额趋于极化，形成数据要素陷阱。在讨论企业退出机制的情形下，大部分小企业最终会选择退出市场，导致突破性创新几乎完全消失，对社会总创新水平有着不利的影响。假如多次迭代式创新可以得到积累形成突破式创新，大企业选择突破式创新的激励就会被进一步减弱，从而加剧数据要素陷阱问题。但在数据要素有网络效应，存在多元竞争和二手产品市场的情形下，数据陷阱问题可得到一定的缓解。王超贤等（2022）结合管理学、信息系统和数据工程科学，在多学科的理论基础上实证检验了传统观点"数据要素是规模报酬递增的"存在局限性，发现数据要素报酬性质是状态依赖的，既可能递增，也可能递减，还可能是不变的，取决于具体情景属性和各类影响机制。

四、国内外主要数字经济测度指标体系

（一）国际数字经济相关指数的指标体系

1. 欧盟数字经济与社会指数（DESI）

欧盟从 2014 年起发布了《欧盟数字经济与社会报告》和数字经济与社会指数（Digital economy and Society Index，DESI）。DESI 主要用来监测欧洲的整体数字化

表现并跟踪欧盟国家在数字竞争力方面的进展，该指数由欧盟根据各国人力资本、宽带接入、数字技术整合和数字化公共服务 4 个主要方面的 10 项二级指标计算得出（见表 2-1）。该指标具有较高的理论水平和科学性，是探析欧盟主要国家数字经济发展能力和社会发展程度的重要窗口（徐清源等，2018）。

表 2-1 欧盟数字经济与社会指数（DESI）指标体系

一级指标	二级指标
人力资本	互联网用户技能
	高级技能和发展
宽带接入	固定宽带占有率
	固定宽带覆盖率
	移动宽带
	宽带价格
数字技术整合	数字强度
	商业数字技术
	电子商务
数字化公共服务	数字政府

资料来源：Digital Economy and Society Index（DESI）2022；https://digital‐strategy.ec.europa.eu/en/library/digital‐economy‐and‐society‐index‐desi‐2022。

2. 美国商务部关于数字经济的评测建议

美国商务部（BEA）于 2022 年 11 月 22 日发布了其对数字经济测度的最新报告 "New and Updated Digital Economy Statistics—November 2022"，根据数字经济的定义，报告中用于衡量数字经济的主要指标包括四大类：（1）基础设施，或支持计算机网络和数字经济的存在和使用的基本物理材料和组织安排，主要是信息和通信技术（ICT）商品和服务；（2）电子商务，或通过计算机网络远程销售商品和服务；（3）定价数字服务，或向消费者收取费用的与计算和通信相关的服务；（4）联邦非国防数字服务代表联邦非国防政府机构的年度预算，其服务与支持数字经济直接相关。报告中显示，2021 年美国数字经济创造了价值 3.7 万亿美元 GDP，2.41 万亿美元的增加值（约占美国总 GDP 的 10.3%）。美国商务部现用的数字经济测度方式更偏向于直接法，基于数字经济的定义，从而明确与数字经济相关的经济活动来进行规模的测算。

3. 经济合作与发展组织（OECD）衡量数字经济建议

OECD 是对数字经济研究较早的机构，2020 年发布 *A Roadmap toward a Common Framwork for Measuring the Digital Economy*，构建的数字经济指标体系涵盖具有国际可比性的 45 个核心指标和一系列补充指标（见表 2-2），通过提供详细的指标和政策信息来制定数字化综合政策框架，帮助政策制定者实施连贯的政策，以应对数字化转型的挑战，并充分利用数字化转型带来的机遇。但是最终未汇集成一个总指标，也并未对世界各国的数字经济发展情况做出对比和评价。

表 2-2　OCED 综合数字化政策指向性指标体系

一级指标	二级指标	一级指标	二级指标
通信基础设施、服务和数据的访问	每 100 名居民固定宽带订阅人数	社会层面	55~74 岁人群使用互联网比例
	每 100 名居民的移动宽带用户数		收入水平最低的 1/5 的家庭中个人使用互联网的比例
	拥有宽带连接的家庭比例		16~24 岁编程人群中女性所占比例
	每 100 名居民 SIM 卡数量		男性和女性互联网使用的差异
	至少有 4G 移动网络覆盖的人口比例		科学、数学和阅读方面表现最好的 15~26 岁学生比例
	城乡宽带普及率差异		OECD 数字政府指数
	宽带速度为 30Mbps 或以上的企业比例		人均电子垃圾产生量
创新	ICT 投资占 GDP 的比例	就业	ICT 任务密集型工作的比例
	信息产业企业 R&D 支出占 GDP 比重		数字密集型行业占总就业人数的比例
	ICT 行业风险投资占 GDP 比例		接受就业培训的工人占总就业人数的比例
	信息产业初创企业（成立时间少于等于 2 年）占所有企业的比例		在工作中使用数字设备并每周在家远程办公一次或多次的人数比例
	计算机科学领域被引用次数最多的 10% 文献，占所有领域排名前 10% 的文献的比例		科学、技术、工程和数学专业的新高等教育毕业生占应届毕业生的比例
	ICT 专利技术占 IP5 专利族总数的比例		积极劳动力市场政策的公共支出占 GDP 的比例

一级指标	二级指标	一级指标	二级指标
市场开放度	有跨境业务的电子商务销售的企业比例	数字技术使用	互联网用户占个人的比例
	数字化交付的服务业占商业服务贸易的份额		使用互联网与公共机构互动的个人比例
	ICT商品和服务在国际贸易中的所占份额		进行过网上购物的互联网用户比例
	制造业出口中体现的数字密集型服务增加值占制造业出口值的比例		进行电子商务销售的企业比例
	OCED数字服务贸易限制指数		有企业网页的企业比例
	OCED跨国直接投资监管限制指数		购买过云服务的企业比例
安全	遭受个人信息滥用或隐私侵犯的互联网用户比例		每个移动网络用户的平均每月移动数据使用量
	由于支付安全问题而不在线购物的用户比例		擅长在技术含量高的环境中解决问题的成年人比例
	由于担心退货而未在线购物的用户比例		
	自有员工开展ICT安全相关活动的企业比例		
	健康数据共享强度		

资料来源：经济合作与发展组织（OCED）官网：https://goingdigital.oced.org/。

4. 联合国国际电信联盟（ITU）ICT发展指数

联合国国际电信联盟从1995年开始发布《衡量数字发展报告》和ICT发展指数（IDI），涵盖几乎世界所有国家和地区数据并进行分类整理。2022年最新报告 *Measuring digital development：Facts and Figures* 2022中提到，全球80亿人口中大约有53亿人使用互联网，约占世界人口的66%，与此同时，四分之三的10岁及以上人口拥有手机。平均而言，几乎所有地区拥有手机的个人比例都高于互联网用户的比例，但差距一直在缩小。IDI中经济类相关的指标较少，以信息通信技术相关领域的基础设施建设和使用广度共11个指标为主（见表2-3）。

表 2-3　国际电信联盟（ICT）发展指数指标体系

指标名称
固定电话用户
宽带订阅用户
移动蜂窝电话用户
活跃的移动宽带用户
移动蜂窝网络覆盖的人口
至少被 3G 网络覆盖的人口
至少被 LTE/WiMAX 手机网络覆盖的人口
国际带宽使用量
家中有互联网接入的家庭
个人互联网用户
有移动手机的用户

资料来源：联合国国际电信联盟（ITU）官网：https://www.itu.int/en/ITU-D/Statistics/Pages/facts/default.aspx。

（二）国内数字经济相关指数的指标体系

1. 中国信息通信研究院数字经济测算方式

2023 年 4 月，中国信息通信研究院发布《中国数字经济发展研究报告（2023年）》，主要对数字经济规模和数字经济全要素生产率进行了测算。报告中数字经济规模的测算框架从数字产业化（信息产业增加值）和产业数字化（数字技术与其他产业融合应用）两大部分出发，计算方式为直接计算规模并加总；全要素生产率测算方法源于 OECD 2008 年 12 月发布的《生产率测算手册》及相关研究论文。该测算方法的主要特点在于测算相对精确且适应中国当下数字经济发展状况，了解数字经济对我国经济增长的量化推动作用可以有一个较为准确的估计，但相比于国际的测算方法，报告内容偏向数字技术带来的经济效应而较少关注社会发展层面的问题与测算。

2. 赛迪顾问中国数字经济指数（DEDI）

2017 年第四季度，赛迪顾问联合四川省德阳市人民政府发布《2017 中国数字经济指数（DEDI）》白皮书，指数以 2017 年第四季度为基期，季度为监测周期，选取了数字基础、数字产业、数字融合、数字治理、主体活力、创新动力、资本热力、民众参与 8 项一级指标，细化成 55 项二级指标，对全国 31 个省级行政区域进行测算。指标广度极大，涵盖了数字经济投融资市场的数据，这是其他大部分指数没有纳入的部分，但同样缺乏社会发展问题类型的指标，并且存在数据来源不稳定的情况，但这也是国内大部分数字经济指数体系的通病。

3. 全球数字经济发展指数报告（TIMG）

2023年，中国社会科学院金融研究所、国家金融与发展实验室、中国社会科学出版社联合在北京发布《全球数字经济发展指数报告》（TIMG 2023），报告对世界各区域和国家的数字经济发展进行了 TIMG 评分并分别对其数字经济发展现状进行了概括和描述，并重点介绍了数字丝绸之路建设所取得的成果和进展。TIMG 指数相比国际上一些数字经济发展指数，对于中国等新兴市场国家的评定更加客观、全面、具体，在时间跨度和覆盖范围上取得了一个较好的平衡。TIMG 侧重于从支撑数字经济发展的国家资源禀赋差异和制度环境视角，全方位地测度数字经济的发展水平，而非数字经济规模的测算，具体包括数字技术、数字基础设施、数字市场和数字治理四大维度（见表2-4）。

表 2-4　TIMG 指数的指标体系

一级指标	权重1	二级指标	权重2	三级指标
数字技术（Technology）	25%	研发产出	1/3	数字专利规模
				数学和计算机发表论文数量
		人力资本	1/3	高等教育入学率
				国民数字素养
		创新水平	1/3	创新活跃程度
				产学研合作水平
数字基础设施（Infrastructure）	25%	普惠性	1/3	活跃的固定宽带用户
				活跃的移动宽带用户
				移动电话订阅量
		便捷性	1/3	人均国际互联网带宽
				移动资费
				手机价格
		安全性	1/3	网络安全指数
数字市场（Market）	25%	需求侧	1/3	数字消费者规模
				移动社交媒体渗透率
		供给侧	1/3	数字企业数量
				数字企业获得融资规模
		国际市场	1/3	数字服务出口规模

一级指标	权重1	二级指标	权重2	三级指标
数字治理（Governance）	25%	数字政府	1/3	电子政务指数
		经济与社会环境	1/3	营商环境指数
				知识产权保护程度
		政治与法律环境	1/3	数字相关法律规制建设
				ICT监管跟踪指数
				政府支持程度

资料来源：国家金融与发展实验室公众号：https://mp.weixin.qq.com/s/Zqdw5sf4LRf6iLG0 QjsuLA。

4. 财新中国数字经济指数

财新智库每月发布中国数字经济指数（China Digital Economy Index，CDEI），指标主要用于研究数字技术对各产业的渗透情况和生产效率的提升效应，包括数字经济产业、数字经济融合、数字经济溢出和数字经济基础设施四大一级指标（见表2-5）。该指数的主要特点为更新速度快（每月），创新性较强，更可快速反映当下产业的变化和特点，但指标的理论基础有待考量，且数据部分来源于企业官网和社交媒体，存在数据质量不稳定、不准确的估算误差风险。

表2-5　中国数字经济指数（CDEI）的指标体系

一级指标	二级指标	三级指标	数据来源
数字经济产业指数	大数据产业	大数据产业的劳动投入	智联、51job、前程、猎聘、拉勾、58同城、赶集等互联网招聘网站，国家知识产权局，各地工商局，私募通，投资中国等风险投资网站，各类招标网站
		大数据产业的资本投入	
		大数据产业的创新投入	
	互联网产业	互联网产业的劳动投入	
		互联网产业的资本投入	
		互联网产业的创新投入	
	人工智能产业	人工智能产业的劳动投入	
		人工智能产业的资本投入	
		人工智能产业的创新投入	
数字经济融合指数	工业互联网	工业互联网领域的劳动投入	
		工业互联网领域的资本投入	
		工业互联网领域的创新投入	
	智慧供应链	智慧供应链领域的劳动投入	
		智慧供应链领域的资本投入	
		智慧供应链领域的创新投入	

一级指标	二级指标	三级指标	数据来源
	共享经济	共享经济领域的劳动投入	
		共享经济领域的资本投入	
		共享经济领域的创新投入	
	金融科技	金融科技领域的劳动投入	
		金融科技领域的资本投入	
		金融科技领域的创新投入	
数字经济溢出指数	制造业对数字经济的利用率	制造业中信息产业作为中间投入品的比例	国家统计局
		制造业的劳动投入中信息技术相关劳动力占比	各大招聘网站
		制造业的创新投入中信息技术相关专利占比	国家知识产权局
	制造业占比	制造业的劳动投入分布	各大招聘网站
		制造业的资本投入分布	工商局、风险投资数据
		制造业的创新投入分布	国家知识产权局
	其他行业对数字经济的利用率（共8类）	其他行业中信息产业作为中间投入品的比例	国家统计局
		其他行业的劳动投入中信息技术相关劳动力占比	各大招聘网站
		其他行业的创新投入中信息技术相关专利占比	国家知识产权局
	其他行业分别占比	各个行业的劳动投入分布	各大招聘网站
		各个行业的资本投入分布	工商局、风险投资数据
		各个行业的创新投入分布	国家知识产权局
数字经济基础设施指数	数据资源管理体系	数据采集的基础设施	各类招标网、各大招聘网站、风险投资数据、CNNIC、国家统计局
	互联网基础设施	数据存储和传输的基础设施投入	
	数字化应用普及程度	在线支付比例	
		共享经济比例	
		共享经济规模	

资料来源：财新中国数据库：https://s.ccxe.com.cn/indices/dei。

5. 腾讯"互联网+"数字经济指数

2015 年起，腾讯联合京东、滴滴、携程和新美等机构统计了包括但不限于京东电商、滴滴出行、新美和携程的生活及旅行等 10 多个核心平台的 135 个维度，覆盖中国所有地级区及部分直辖县，构建了中国"互联网+"指数，主要用于反映实体经济投射到数字中国中的生产生活总值，被称为"数字 GDP"。指数共涵盖 14 个一级指标，135 个二级指标，可对"互联网+"战略在全国 31 个省份、351 个城市分创业创新、智慧城市以及零售、金融、医疗、教育、娱乐等十大细分产业的落地情况进行较为准确的判断与分析。这些企业在我国数字经济尤其是电子商务、数字生活等方面的应用行业里较为领先，数据资源丰富，数字技术先进，业务范围广泛，思维创新能力强，具有同研究机构和国际组织截然不同的风格和特点，可以为政策制定者提供市场化导向更清晰的参考价值。但这类指标的框架结构通常与自身企业所在行业紧密相关，并未从宏观层面全盘考虑数字经济的发展进程，缺乏对数字基础设施和传统行业的测度标准，具有一定的局限性。

6. 新华三集团城市数字经济指数（DEI）

紫光旗下新华三集团针对中国城市发展与治理的四大关键领域，依据国家相关机构对各领域的专项规划与指导意见及最新政策要求，制定了独立评估指标"城市数字经济指数（DEI）"，以此测算中国城市数字经济发展水平。截至 2023 年 9 月，DEI 基于"重点区域—核心城市—优势区县—头部高新区/经开区"四位一体的立体研究体系，覆盖全国 31 个省级单位、30 个区域城市群、257 个城市数字基础设施、数字经济、数字社会、数字政府和数字生态等与市民和企业密切相关的民生、政务、市场、产业融合、数字普及、监管机制等关键领域（见表 2-6）。指数体系每年进行更新调整，与国家政策规划紧密结合，可及时反映数字经济发展导向，是我国首个针对城市、区域群的数字经济发展水平评估体系。但由于各地区和城市存在较大的数字经济发展条件异质性，报告缺乏不同城市的个性化分析及政策建议，存在进一步完善的空间。

表 2-6　新华三集团城市数字经济指数（DEI）体系（2023 年版）

一级指标	权重 1	二级指标	权重 2
数据基础设施	15%	信息基础设施	40%
		平台基础设施	40%
		运营基础设施	20%
数字经济	25%	数字技术创新	30%
		数字产业化	30%
		产业数字化	40%
数字社会	25%	公共服务	40%
		智慧城市与数字乡村	30%
		数字生活	30%

续表

一级指标	权重1	二级指标	权重2
数字政府	25%	数据开放共享	20%
		政务信息化	50%
		服务效能	30%
数字生态	10%	数据要素市场	40%
		数据政策环境	30%
		网络安全保护	30%

资料来源：新华三：城市数字化发展指数（2023）—城市篇：https://www.shuhezhou.com/wp-content/uploads/2023/09。

五、数字贸易

（一）数字贸易规则

数字贸易是数字经济时代的一种新型贸易方式，对传统经济理论分析假定和框架带来了诸多挑战，但目前仍很难从根本上完全取代和颠覆传统的经济活动和贸易活动。深刻理解数字贸易的内涵，建立因地制宜的数字贸易规则，体现不同发展状况国家自身的诉求是决定未来经济发展的核心所在（孙杰，2020）。数字贸易是以经济活动的效率提升和结构优化为目的的生产性现代服务业，服务于传统三大产业，单独的数字贸易是"无源之水、无本之木"。各国由于经济发展、数字技术的水平差异等因素，对数字贸易规则制定有着不同的倾向。比如，欧盟相比美国更加注重数据的隐私问题而非数据流通所带来的经济效益，提倡数据本土化，强调监管法规的重要性。数字贸易根据定义可分为2个大类（以货物和服务作为载体）和3种模式（以货物和服务作为载体和以数字订购模式、数字产品贸易模式和数据服务模式）。数字技术对各行业全流程运作的不断渗入致使其几乎对现有国际贸易规则的所有领域都有影响且在不断扩大，同时数字技术在不断发展过程中所孕育出的新数字产业，会形成新型国际贸易形态，对国际贸易规则又将提出新的需求（Chor等，2021；Elsig和Klotz，2021）。前两代国际贸易规则都以界定所有权利益为前提，而数字经济时代，各国商讨的是数据使用权而非所有权在国际贸易利益分配中的影响。虽然数字经济快速发展加快了各国和地区在多边和区域层面国际贸易规则的推进，但数据流动的复杂性决定了要在多边层面形成高水平的数字贸易规则仍存在较大难度。我国虽具备中低端货物贸易的比较优势，但缺乏中高端行业领先的跨国公司，所以对于数字贸易规则制定的需求主要体现在数据跨境流动在促进货物贸易增值中的规则、本土数字企业对于数字技术产业化和数据服务方面的需求以及在华跨国公司对贸易规则的需求三个方面（沈玉良等，2022）。

盛斌和陈丽雪（2023）梳理了全球数字自由贸易协定和区域贸易协定网络，重点分析比较了美国、日本、欧盟、中国和南太平洋地区在数字贸易规则领域上的不同理念与特点以及背后的战略目的和利益关系。"美式模板"源于美国比较优势集中体现于数字服务贸易、数据和信息产业竞争力、数字技术创新和大型数字平台的商业利益，其开启时间最早，外溢影响力最大，强调美国在全球数字贸易体系中的领导地位；"欧式模板"开启时间较晚，数字贸易规则缺乏系统性，较为零散，注重视听产品例外，缺少争端解决机制；"中式模板"基于自身货物贸易比较优势，更多规则基于跨境电子商务平台的的贸易便利性和优惠性，规则种类较为单一，设置安全例外条款以保障国内数字产业平台的数据安全；"南太平洋模板"以澳大利亚和新西兰为代表，数字贸易占比较低，数字经济整体竞争力稍弱，但其参与推荐数字贸易规则制定的积极性极强，受到美式模板的外溢影响较大，不少内容承袭了《跨太平洋伙伴关系协定》（TPP）多项条款（温军等，2023）。中国在积极对接高水平数字贸易规则中面临诸多贸易壁垒，国际数字贸易规则议题取向分歧严重，全球经济低迷，反全球化趋势明显，规则碎片化程度高。数字贸易规则作为促进研发要素流动的重要影响因素之一，主要方式是减少跨境数据流动成本、增强空间知识溢出的交叉网络外部性和降低商业心理防备。除此之外，签署含数字贸易规则的 RTA 可显著带动中国企业在全球价值链地位中的攀升，解除"低端锁定"，从而增强我国在全球数字贸易规则中的谈判能力和国际话语权（刘斌和甄洋，2022；侯俊军等，2023；张亮，2023）。

（二）数字贸易对进出口的影响

齐俊妍和李月辉（2022）利用 2014—2020 年共 40 个国家的数据，考察了国家间数字服务监管措施的异质性对数字服务行业双边价值链关联的影响和作用机制。研究发现监管异质性主要是从提高服务贸易成本和降低服务技术含量两个方面抑制数字服务行业双边价值链关联，且抑制性对数字化交付服务的影响更强，对数字基础设施较弱和数字服务贸易壁垒更高的国家及地区影响更小，国家间制度距离与抑制性呈正向关系。刘会政等（2022）研究了数字贸易对以跨境电商平台为代表的企业产出波动的影响，构建动态双重差分模型，发现电商平台可通过提高出口多样性、降低企业出口市场组合风险来平抑产出波动，同时还可以降低国内销售波动。张国峰等（2022）借助 2014—2019 年数字服务贸易限制指数和行业投入产出表数据从细分产品的微观视角上研究了数字贸易壁垒和制造业行业出口产品质量的关系。实证结果显示，数字贸易壁垒通过贸易成本效应、中间投入效应显著降低了制造业行业出口产品的质量，且抑制性主要体现在劳动密集型产业、非研发密集型产业和非技能密集型产业等我国具有比较优势的产业上。PTA 数字贸易条款总深度与成员国服务业贸易增加值呈正相关，且存在地区异质性，北—南型促进作用最大，其次为北—北型，南—南型影响并不显著（武娜等，2023）。也有文章探索发现数字服务贸易网络中心度的提高通过促进国内生产分割和创新效应两种方式提高了出口国内增加值，且数字化水平较高、监管水平更宽松、收入水平更高的国家的提升效应愈加明显（耿伟等，2022）。

六、数字经济与绿色发展

习近平总书记在全球率先提出中国 2030 年要实现碳达峰，2060 年要实现碳中和这一伟大而又具有挑战性的目标。数字经济大大推动了产业结构升级速度，其中绿色技术创新作为重要传导机制之一对碳减排作出了巨大贡献，多篇文献研究发现数字经济的发展对当地碳排放强度有着异质性影响（汪晓文等，2023；何维达等，2022；谢云飞等，2022；魏丽莉和侯宇琦，2022），汪晓文等（2023）基于数字经济基础设施、数字经济应用程度和数字经济发展程度构建了一个相对全面的数字经济发展指标体系，重点探讨了产业结构升级在其中的传导作用。何维达等（2022）运用双向固定效应模型实证检验了数字经济对生态效率的影响，文章还将外商投资和政府调控作为因变量，考察其对生态效率的影响，发现外商投资并无显著影响，但政府调控的影响显著为负，这可能是由于政府调控的手段对于市场变化具有一定的滞后性。谢云飞等（2022）研究发现区域碳排放强度下降主要是由于碳排放量下降而非产出增加，其中一个重要机制是数字经济的发展会使传统石化能源消费不断下降。魏丽莉和侯宇琦（2022）区别于传统以省为单位考虑数字经济对于碳减排的空间异质性，采用了以城市为单位，并对其进行分类，提高了研究精度，发现数字经济对经济绿色化转型具有缓释特征。数字经济发展程度越高的城市，促进碳减排效应越强，并且存在"数字鸿沟"现象（刘维林和王艺斌，2022）。

徐维祥等（2022）引入了"智慧城市"这一外生政策进行了冲击检验，研究结果表明东部地区数字经济发展对碳排放的负向影响作用较强，城市群内部的区域受数字经济影响更大，且数字经济对绿色发展的影响具有较强的空间溢出效应。邓荣荣和张翱翔（2022）引入了固定效应模型、空间杜宾模型、中介效应模型等方法考察了数字经济和城市环境污染物排放量的影响，采用 Bartik 工具变量法和以"宽带中国"为外生冲击的双重差分法解决了大部分内生性问题。杨刚强等（2023）构建了一个内生增长模型，发现数字经济不仅推动了技术进步，提高了能源利用效率，还促进了技术多样化，其中要素禀赋差异、跨界污染转移和主体功能定位是影响省际交界地区数字经济碳排放效应的重要因素。王山和余东华（2023）基于全局基准技术的 MinDS 模型考察数字经济对制造业碳排放的影响，发现两者存在显著"U"型影响曲线，验证了"环境库兹涅茨曲线"假说。

七、数字经济与产业变革、企业转型

数字技术深刻改变了生产方式，对传统企业提出了新的挑战，也带来了巨大的机遇，同时随着数字经济的不断发展，各个国家也经历着重大的产业结构升级和调整。数字经济在微观层面上的应用通常体现在个体企业上，表现形式为数字技术创新水平，这一指标通常由企业专利信息来进行刻画（Liu 等，2023；Corvello 等，2023）。数字技术是指通过信息、数据等新时代生产要素，在计算机上进行计算、整合、建模等操作来赋能现有生产、经营等一系列流程的技术手段，包括如人工智能、区块链、大数据等众多典型应用方向（Vial，2019；Balci，2021；Yang，2022）。具有门槛高、投入成本大、可复制、应用范围广等特点（Acemoglu 和 Restrepo，2019）。Acemoglu 和 Restrepo（2018）讨论了企业如何进行数字技术创新和应用的过程分析，通过降低企业对资源要素的依赖来推动企业进行商业模式转型，从而提高资源的利用效率，其中大型企业可运用 ICT 与大数据分析的结合技术使自身企业迅速扩张生产线，从而进入更多的新兴市场并取得领先地位，与中小型企业进一步扩大差距，形成"赢家通吃"的局面，这种局面可能造成总体企业创新活力减弱，存在长期情况下经济增长产生负面效应的可能性（Aghion 等，2019）。除此之外，知识获取也是企业能够推动数字创新的关键要素（Tumbas 等，2018），具有更多数字经历高管的企业会更加积极地推动企业进行数字化转型，提高企业的数字技术创新水平（Firk 等，2021）。知识获取同样可能来源于企业之间的交流和并购，企业个体通过与产业链上下游其他经营主体进行知识分享，沟通交流同样可以促进知识流动，有助于企业发现更多的创新机会（Kohli 和 Melville，2019），一些大型企业通过直接并购数字行业的公司，可迅速获取数字化相关技术，并投入自身的产品研发中，大大缩短了研发时间和减少了创新成本（Hanelt 等，2021）。部分文献讨论了企业利用数字技术进行创新决策的问题，Farboodi 等（2019）分析了企业如何通过用户的个人浏览数据对用户进行画像分析，从而提供更加个性化服务的案例，在不断改善产品质量的同时，又可以获取更加丰富和准确的数据，从而形成"数据反馈循环"，进一步提升客户体验（Forboodi 等，2022）。Song 和 Zhao（2021）指出了企业中迭代式创新和突破性创新的优劣势，考察了企业两阶段研发创新中的决策问题，为数字时代中的新型市场竞争提供了思路。

近年来服务贸易在国际贸易中的占比不断提高，得到更多学术界的重视。江小涓和靳景（2022）结合服务贸易占 GDP 比重和经济增长速度数据发现，两条曲线在图形中呈现"喇叭口"形状，即随着服务贸易比重的不断上升，经济逐渐从高速转向中速增长。早期的研究大多认为这是服务业本身并不创造价值，且生产效率较低导致的。但随着数字技术的不断创新，服务贸易的广度和深度不断扩大，其对分工效率和协作效率有显著提高的作用，数字技术全链路嵌入各个产业提升协同效率，最终形成数字空间与物理空间的同步产出，互通有无，带来产出效率的倍增。在这一背景下，产业结构又将面临一次大的洗牌，大部分公司都面临数字化转型的难题，许多学者也都就这一方面展开了诸多研究和讨论（Calvano 和 Polo，2021；Yun，2021）。姚常成和宋冬林（2023）认为数字经济会促进大城市的产业扩散而提升中小城市的产业集聚水平，数字经济导致的交易成本降低在初期会加快产业集聚和扩散过程，形成非对称的产业空间布局结构，但长期来看，区域产业还是会趋向均衡化发展。产业结构升级的基础性和先导性条件是数字产业化，数字技术的不断创新与应用，推动了产业数字化的发展。陈晓东和杨晓霞（2021）基于灰关联熵与耗散结构理论分析发现产业数字化对产业结构升级的促进效应更为显著，数字经济对产业结构升级存在阶段性影响。史丹（2022）也强调了制造业在数字经济时代同样重要的观点：传统理论认为随着经济发展，产业结构会趋于"库兹涅茨过程"，但事实是数字经济的发展使得制造业成为一个高附加值产业，一定程度实现从"微笑曲线"转向"武藏曲线"，制造业占比回升是产业结构升级的重要趋势之一。

从行业来看，我国目前开启数字化转型的企业主要集中在工业和服务业等第二产业，农业是占比最低的行业；从区域来看，中部、西部和东北地区数字化转型企业占比明显低于东部地区。我国绝大多数企业数字化转型仍处于一个初级阶段或计划阶段，面临着如核心技术不足、人才储备匮乏、转型成本过高和政策支持不力等诸多困难和问题（史宇鹏等，2021）。数字技术为实体经济注入"数字活水"的关键之处就是要将产业技术和数字技术融合起来，推动形成数字创新机制；在数字经济与企业组织创新深度融合层面，构建数字经济与实体经济深度融合的能力提升机制；在数字经济与产业创新深度融合层面，实现创新链与产业链融合，构建数智赋能机制；打造一个良好的以政府引导、企业主体、社会参与的共享型数字生态系统（洪银兴和任保平，2023）。

有部分文献聚焦于数字经济对企业数字化转型和创新的影响实证分析，李健等（2022）研究发现，数字经济可通过缓解融资约束与优化人力资本结构影响企业内部资源，还可通过降低供应链集中度与扩展企业知识网络影响企业外部资源，从而驱动企业创新能力的提升。李雪松等（2022）利用 2008—2020 年中国制造业上市公司数据，运用 Heckman 两阶段模型实证了企业数字化转型对企业融入全球创新网络、提升企业创新绩效存在显著的促进作用，且相比创新资源薄弱的企业，国有企业带来的提升效应要更大；分析师关注度、海外子公司分布广度起到正向调节作用，环境不确定性和供应链集中度负向调节促进效应。武常岐等（2022）运用机器学习和文本分析技术探讨数字化转型中企业的竞争战略选择和企业全要素生产率的关系，研究发现数字化转型和全要素生产率呈现倒"U"形关系，适度的数字化转型对全要素生产率有提高作用，但过少或过多的数字化转型可能事倍功半甚至带来负效应。这可能是由数字化转型所带来的成本问题和适配问题导致的：在数字化转型处在萌芽阶段时，企业需要进行大量的资本投入和人力投入，但收益却存在一定的滞后性，而大量数字技术的引入也可能导致传统企业存在不适配，新旧融合困难的情况，导致资源的闲置和浪费。但在进行数字化转型后，企业对于现金持有的交易动机和预防动机明显增强，除去全要素生产率提升，也可获得成长性提升和更多的投资机会（谭志东等，2022）。

八、数字经济与就业

就业是社会发展的重要问题之一，稳就业才能保证经济的快速发展。但少有文献研究数字经济对就业影响的作用机理和实证分析。胡拥军和关乐宁（2022）提到数字经济对就业带来创造效应的同时也带来了替代效应。生产率的提高、产业部门创新技术扩散的补偿机制使劳动力需求得到了增加，但技术进步引发的"创造性破坏"、智能技术引发的"机器换人"和产业结构变革导致的技术性失业也使大量的岗位被替代或缩减。整体来看，数字经济推动更高质量的就业，无论是从技能要求、岗位质量还是更高薪酬。田鸽和张勋（2022）就农村劳动力非农就业展开了研究，将"宽带中国"这一政策作为数字经济的代理变量建立 DID 双重差分模型，发现数字经济对非农就业有着显著促进作用，且以数字金融为代表的消费互联网的发展促进了农村低技能劳动力向低技能偏向的数字化非农行业流动，以自动化和智能化为代表的工业互联网的发展推动了农村高技能劳动力向高技能偏向的数字化非农行业流动，这表明了数字经济可以根据劳动力技能实现有效的社会分工。

陈贵富等（2022）考察了数字经济发展和劳动力不充分就业的关系及异质性影响。通过构建一个多维度的劳动力不充分就业变量和地级市的数字经济指数，发现数字经济通过技能偏向型技术进步路径显著降低了劳动力不充分就业，尤其体现在中等技能劳动力的创造效应。异质性体现在数字化就业新领域相比传统行业，数字经济发展对降低不充分就业影响更大；男性影响比女性更大；中部和东部比其他地区影响更大；城市群在其中扮演着中坚力量；第二产业比其他产业影响更大。也有文献讨论数字经济对就业带来的负面效应（Marius Faber，2020），利用墨西哥劳动市场的数据调查发现，墨西哥企业引入美国机器人替代人工进行中低端制造，对墨西哥的劳动市场就业率带来了显著负面效应，尤其是男性就业率。基于以上结论，可发现数字经济对就业的总效应尚处于探索状态，难以一概而论，需要从不同时期、不同群体和不同区域进行结构性分析。随着数字技术的不断升级和广泛普及，其可供查询的对就业市场的影响数据会越来越多，从而会有更多实证分析来一探究竟。

九、数字经济其他相关研究

鲜有文献讨论数字经济和性别平等的内容。张勋等（2023）探讨了数字经济对个人时间配置和家庭分工的影响。用中国数字普惠金融指数来代表数字经济发展程度，结合中国家庭追踪调查数据，发现数字经济的发展缩减了人们工作和处理家务的时间，增加了闲暇时间，进一步促进了家庭内部男女分工的各自比较优势，导致"男主外，女主内"现象愈加明显，从一定程度上实证了数字经济对于男女不平等有着推波助澜的作用。共同富裕是我国经济发展中的重要目标之一，秦芳等（2022）聚焦数字经济对农户收入的影响，发现电子商务不仅可提升电商经营户的收入，也对非电商经营户存在溢出效应。电商发展水平越高的地方，农民的创业参与度越高，非农就业比例越高，参与土地流转的可能性也越高。电子商务虽然抑制了农户的农业生产经营收入，但提高了商业生产经营收入和财产性收入等，总的来说，农户总收入得到提高，生活得到了改善。营商环境的好坏决定了当地的创业生态环境、创新氛围以及民营经济的生长活力，刘诚和夏杰长（2023）指出线上的营商生态大大区别于线下营商生态，数字平台的出现改变了政府、市场和企业三者的关系，平台准入权和规则制定权让数字平台可实施垄断和反竞争行为，相比线下市场，线上商品和服务的产权界定模糊，且监督部门对线上平台的监督规则尚未明确，监督力度较小，存在不公平的现象。线上评分机制的兴起也对线下口碑、连锁店和老字号等线下声誉机制带来了巨大挑战。

主要参考文献

［1］蔡继明、刘媛、高宏、陈臣：《数据要素参与价值创造的途径——基于广义价值论的一般均衡分析》，《管理世界》2022 年第 7 期。

［2］陈贵富、韩静、韩恺明：《城市数字经济发展、技能偏向型技术进步与劳动力不充分就业》，《中国工业经济》2022 年第 8 期。

［3］陈晓东、杨晓霞：《数字经济发展对产业结构升级的影响——基于灰关联熵与耗散结构理论的研究》，《改革》2021 年第 3 期。

［4］陈晓红、李杨扬、宋丽洁、汪阳洁：《数字经济理论体系与研究展望》，《管理世界》2022 年第 2 期。

［5］程华、武玛璠、李三希：《数据交易与数据垄断：基于个性化定价视角》，《世界经济》2023 年第 3 期。

［6］邓荣荣、张翱翔：《中国城市数字经济发展对环境污染的影响及机制研究》，《南方经济》2022 年第 2 期。

［7］丁志帆：《数字经济驱动经济高质量发展的机制研究：一个理论分析框架》，《现代经济探讨》2020 年第 1 期。

［8］耿伟、吴雪洁、叶品良：《数字服务贸易网络对出口国内增加值的影响——来自跨国数据的经验证据》，《国际贸易问题》2022 年第 12 期。

［9］何维达、温家隆、张满银：《数字经济发展对中国绿色生态效率的影响研究——基于双向固定效应模型》，《经济问题》2022 年第 1 期。

［10］何玉长、王伟：《数据要素市场化的理论阐释》，《当代经济研究》2021 年第 4 期。

［11］洪银兴、任保平：《数字经济与实体经济深度融合的内涵和途径》，《中国工业经济》2023 年第 2 期。

［12］侯俊军、王胤丹、王振国：《数字贸易规则与中国企业全球价值链位置》，《中国工业经济》2023 年第 4 期。

［13］胡拥军、关乐宁：《数字经济的就业创造效应与就业替代效应探究》，《改革》2022年第4期。

［14］黄勃、李海彤、刘俊岐、雷敬华：《数字技术创新与中国企业高质量发展——来自企业数字专利的证据》，《经济研究》2023年第3期。

［15］江小涓、靳景：《数字技术提升经济效率：服务分工、产业协同和数实孪生》，《管理世界》2022年第12期。

［16］荆文君、孙宝文：《数字经济促进经济高质量发展——一个理论分析框架》，《经济学家》2019年第2期。

［17］李海舰、赵丽：《数据价值理论研究》，《财贸经济》2023年第6期。

［18］李健、张金林、董小凡：《数字经济如何影响企业创新能力：内在机制与经验证据》，《经济管理》2022年第8期。

［19］李金、徐姗、卓子寒、李建平：《数据跨境流转的风险测度与分析——基于数据出境统计信息的实证研究》，《管理世界》2023年第7期。

［20］李三希、黄卓：《数字经济与高质量发展：机制与证据》，《经济学（季刊）》2022年第5期。

［21］李三希、王泰茗、刘小鲁：《数据投资、数据共享与数据产权分配》，《经济研究》2023年第7期。

［22］李晓华：《数字经济新特征与数字经济新动能的形成机制》，《改革》2019年第11期。

［23］李雪松、党琳、赵宸宇：《数字化转型、融入全球创新网络与创新绩效》，《中国工业经济》2022年第10期。

［24］刘斌、甄洋：《数字贸易规则与研发要素跨境流动》，《中国工业经济》2022年第7期。

［25］刘诚、夏杰长：《数字经济发展与营商环境重构——基于公平竞争的一般分析框架》，《经济学动态》2023年第4期。

［26］刘会政、肖音、张鹏杨：《数字贸易、出口多样化与企业产出波动——以加入跨境电商平台为准自然实验》，《国际贸易问题》2022年第12期。

［27］刘涛雄、李若菲、戎珂：《基于生成场景的数据确权理论与分级授权》，《管理世界》2023年第2期。

［28］刘维林、王艺斌：《数字经济赋能城市绿色高质量发展的效应与机制研究》，《南方经济》2022年第8期。

［29］刘小鲁、王泰茗：《数据要素市场中的确权与规制：研究综述》，《中国人民大学学报》2022 年第 5 期。

［30］欧阳日辉、杜青青：《数据要素定价机制研究进展》，《经济学动态》2022 年第 2 期。

［31］齐俊妍、李月辉《数字服务贸易监管异质性对双边价值链关联的影响——基于数字服务行业的实证研究》，《国际贸易问题》2022 年第 12 期。

［32］秦芳、王剑程、胥芹：《数字经济如何促进农户增收？——来自农村电商发展的证据》，《经济学（季刊）》2022 年第 2 期。

［33］任保平、何君聪：《数字经济赋能高质量发展：理论逻辑、路径选择与政策取向》，《财经科学》2021 年第 4 期。

［34］史丹：《数字经济条件下产业发展趋势的演变》，《中国工业经济》2022 年第 11 期。

［35］沈玉良、彭羽、高疆、陈历幸：《是数字贸易规则，还是数字经济规则？——新一代贸易规则的中国取向》，《管理世界》2022 年第 8 期。

［36］石勇：《数字经济的发展与未来》，《中国科学院院刊》2022 年第 1 期。

［37］史宇鹏、王阳、张文韬：《我国企业数字化转型：现状、问题与展望》，《经济学家》2021 年第 12 期。

［38］孙杰：《从数字经济到数字贸易：内涵、特征、规则与影响》，《国际经贸探索》2020 年第 5 期。

［39］谭志东、赵洵、潘俊、谭建华：《数字化转型的价值：基于企业现金持有的视角》，《财经研究》2022 年第 3 期。

［40］唐要家、王钰、唐春晖：《数字经济、市场结构与创新绩效》，《中国工业经济》2022 年第 10 期。

［41］田鸽、张勋：《数字经济、非农就业与社会分工》，《管理世界》2022 年第 5 期。

［42］佟家栋、张千：《数字经济内涵及其对未来经济发展的超常贡献》，《南开学报（哲学社会科学版）》2022 年第 3 期。

［43］万永坤、王晨晨：《数字经济赋能高质量发展的实证检验》，《统计与决策》2022 年第 4 期。

［44］王超贤、张伟东、颜蒙：《数据越多越好吗——对数据要素报酬性质的跨学科分析》，《中国工业经济》2022 年第 7 期。

［45］王颂吉、李怡璇、高伊凡:《数据要素的产权界定与收入分配机制》,《福建论坛（人文社会科学版)》2020 年第 12 期。

［46］王山、余东华:《数字经济的降碳效应与作用路径研究——基于中国制造业碳排放效率的经验方案》,《科学学研究》2023 年第 5 期。

［47］汪晓文:《数字经济、绿色技术创新与产业结构升级》,《经济问题》2023 年第 1 期。

［48］魏丽莉、侯宇琦:《数字经济对中国城市绿色发展的影响作用研究》,《数量经济技术经济研究》2022 年第 8 期。

［49］温军、刘红、张森:《数字贸易对国际贸易壁垒的消解、重构及中国应对》,《国际贸易》2023 年第 2 期。

［50］武常岐、张昆贤、周欣雨、周梓洵:《数字化转型、竞争战略选择与企业高质量发展——基于机器学习与文本分析的证据》,《经济管理》2022 年第 4 期。

［51］武娜、齐俊妍、孟祥涛:《数字贸易规则与服务业增加值贸易关联——基于优惠贸易协定深度的分析》,《国际贸易问题》2023 年第 5 期。

［52］谢丹夏、魏文石、李尧、朱晓武:《数据要素配置、信贷市场竞争与福利分析》,《中国工业经济》2022 年第 8 期。

［53］谢云飞:《数字经济对区域碳排放强度的影响效应及作用机制》,《当代经济管理》2022 年第 2 期。

［54］徐清源、单志广、马潮江:《国内外数字经济测度指标体系研究综述》,《调研世界》2018 年第 11 期。

［55］徐维祥、周建平、刘程军:《数字经济发展对城市碳排放影响的空间效应》,《地望研究》2022 年第 8 期。

［56］徐翔、赵墨非、李涛、李帅臻:《数据要素与企业创新:基于研发竞争的视角》,《经济研究》2023 年第 2 期。

［57］徐晓慧:《数字经济与经济高质量发展:基于产业结构升级视角的实证》,《统计与决策》2022 年第 1 期。

［58］杨刚强、王海森、范恒山、岳子洋:《数字经济的碳减排效应:理论分析与经验证据》,《中国工业经济》2023 年第 5 期。

［59］杨俊、李小明、黄守军:《大数据、技术进步与经济增长——大数据作为生产要素的一个内生增长理论》,《经济研究》2022 年第 4 期。

［60］姚常成、宋冬林:《数字经济与产业空间布局重塑:均衡还是极化》,《财

贸经济》2023 年第 6 期。

[61] 张国峰、蒋灵多、刘双双:《数字贸易壁垒是否抑制了出口产品质量升级》,《财贸经济》2022 年第 12 期。

[62] 张亮、李靖:《国际数字贸易规则:主要进展、现实困境与发展进路》,《学术研究》2023 年第 8 期。

[63] 张文魁:《数字经济的内生特性与产业组织》,《管理世界》2022 年第 7 期。

[64] 张勋、杨紫、谭莹:《数字经济、家庭分工与性别平等》,《经济学(季刊)》2023 年第 1 期。

[65] Acemoglu, D., and P. Restrepo, "The Race between Man and Machine: Implications of Technology for Growth, Factor Shares, and Employment", *American Economic Review*, 2018, 108 (6): 1488-1542.

[66] Acemoglu, D., and P. Restrepo, "Automation and New Tasks: How Technology Displaces and Reinstates Labor", *Journal of Economic Perspectives*, 2019, 33 (2): 3-30.

[67] Aghion, P., A. Bergeaud, T. Boppart, P. J. Klenow, and H. Lim, "A Theory of Falling Growth and Rising Rents", *NBER Working Paper*, 2019: 26448.

[68] Balci, G., "Digitalization in Container Shipping: Do Perception and Satisfaction Regarding Digital Products in a Non-technology Industry Affect Overall Customer Loyalty?", *Technological Forecasting and Social Change*, 2021, 172: 121016.

[69] Barefoot, K., D. Curtis, W. Jolliff, J. R. Nicholson, and R. Omohundro, "Defining and measuring the digital economy", US Department of Commerce Bureau of Economic Analysis, Washington, DC, 2018, 15: 210.

[70] Bhanadwaj, A., and P. A. Pavlou, "Digital Business Strategy: Toward a Next Generation of Insights", *MIS Quarterly*, 2013, 37 (2): 471-482.

[71] Bukht, R., and R. Heeks, "Defining, conceptualising and measuring the digital economy", Development Informatics Working Paper, 2017, 68.

[72] Calvano, E., and M. Polo, "Market Power, Competition and Innovation in Digital Markets", *Information Economics and Policy*, 2021, 54.

[73] Chor, D., K. Manova, and Z. H. Yu, "Growing like China: Firm performance and global production line position", *Journal of International Economics*, 2021, 130.

［74］ Corvello, V., J. Belas, C. Giglio, G. Iazzolino, and C. Troisee, "The Impact of Business Owners' Individual Characteristics on Patenting in the Context of Digital Innovation", *Journal of Business Research*, 2023, 155: 113397.

［75］ Elsig, M., and S. Klotz, "Data Flow-Related Provisions in Preferential Traade Agreements: Trends and Pattern of Diffusion", *Cambridge*: *Cambridge University Press*, 2021.

［76］ Farboodi, M., A. Matray, and L. Veldkamp, "Where Has All the Big Data Gone?", *Working Paper*, 2018.

［77］ Farboodi, M., R. Mihet, T. Philippon, and L. Veldkamp, "Big Data and Firm Dynamics", *AEA Papers and Proceedings*, 2019, 109: 38-42.

［78］ Firk, S., Y. Gehrke, A. Hanelt, and M. Wolff, "Top Management Team Characeristics and Digital Innovation: Exploring Digital Knowledge and TMT interfaces", *Long Range Planning*, 2021, 55 (3): 102166.

［79］ Forboodi, M., D. Singal, L. Veldkamp, and V. Venkateswaran, "Valuing Financial Data", *NBER Working Paper*, 2022: 29894.

［80］ Ghasemaghaei, M., and G. Calic, "Does Big Data Enhance Firm Innovation Competency? The Mediating Role of Data-driven Insights", *Journal of Business Research*, 2019, 104: 69-84.

［81］ Goldfarb, A., and C. Tucker, "Digital Economics", *Journal of Economic Literature*, 2019, 57 (1): 3-43.

［82］ Hagiu, A., and J. Wright, "Data-Enabled Learning, Network Effects and Competitive Advantage", *RAND Journal of Economics*, 2022, 53 (2): 297-327.

［83］ Hanelt, A., S. Firk, B. Hildebrandt, and L. M. Kolbe, "Digital M&A, Digital Innovation, and Firm Performance: an Empirical Investigation", *European Journal of Information Systems*, 2021, 30 (1): 3-26.

［84］ Hukal, P., O. Henfridsson, M. Shaikh, and G. Parker, "Platform Signaling for Generating Platform Content", *MIS Quartely*, 2020, 44 (3): 1177-1206.

［85］ Jones, C., and C. Tonetti, "Nonrivalry and the Economics of Data", *American Economic Review*, 2020, 110 (9): 2819-2858.

［86］ Kohli, R., and N. P. Melville, "Digital Innovation: A Review and Synthesis", *Information Systems Journal*, 2019, 29 (1): 200-223.

［87］ Liu, Y., J. Dong, L. Mei, and R. Shen, "Digital Innovation and Performance of Manufacturing Firms: AnAffordance Perspective", *Technovation*, 2023, 119, 102458.

［88］Marius, F., "Robots andReshoring: Evidence from Mexican Labor Markets", *Journal of International Economics*, 2020, 127.

［89］Nambisan, S., K. Lyytinen, A. Majchrzak, and M. Song, "Digital Innovation Management: Reinventing Innovation Management Research in a Digital World", *MIS Quartely*, 2017, 41 (1): 223-238.

［90］OECD, "Measuring the Digital Economy: A New Perspective", Pairs: DECD Publishing, 2014.

［91］Richter, C., S. Kraus, and A. Brem, "Digital Entrepreneurship: Innovative Business Models for the Sharing Economy", *Creativity and Innovation Management*, 2017, 26 (3): 300-310.

［92］Rubinfeld, D., and M. Gal, "Access Barriers to Big Data", *Arizona Low Review*, 2017, 59 (2): 339-382.

［93］Sandberg, J., J. Holmstrom, and K. Lyytinen, "Digitization and Phase Transitions in Platform Organizing Logics: Evidence from the Process Automation Industry", *MIS Quarterly*, 2020, 44 (1): 129-153.

［94］Song, Y., and M. Zhao, "Dynamic R&D Competition Under Uncertainty and Strategic Disclosure", *Journal of Economic Behavior & Organization*, 2021, 181: 169-210.

［95］Teece, D. J., "Profiting from Innovation in the Digital Economy: Enabling Technologies, Standards, and Licensing Models in the Wireless World", *Research Policy*, 2018, 47 (8): 72-77.

［96］Tumbas, S., N. Barente, and J. Brocke, "Digital Innovation and Institutional Entrepreneurship: Chief Digital officer Oerspective of their Emerging Role", *Journal of Information Technology*, 2018, 33 (3): 188-202.

［97］Vial, G., "Understanding Digital Transformation: A Review and a Research Agenda", *Journal of Strategic Information Systems*, 2019, 28 (2): 118-144.

［98］Yang, C. H., "How Artificial Intelligence Technology Affects Productivity and Employment: Firm - level Evidence from Taiwan", *Research Policy*, 2022, 51 (6): 104536.

［99］Yun, J., "Does Antitrust Have Digital Blind Spots", *South Carolina Law Review*, 2021, 72 (2).

专题三 全球绿色低碳发展

当前，绿色低碳发展已成为国际社会共识和潮流，既是国际社会应对气候变化、环境污染、资源减少的共同选择，更是经济社会未来发展的重大机遇。推动绿色低碳转型，促进经济可持续增长，对于实现中国经济转型，以及加速世界经济复苏具有重要意义。绿色低碳发展是高质量发展的必由之路，是加快转变经济发展方式的根本途径，是加强产业绿色低碳竞争力的重要举措，是保障能源和资源安全的有力手段，因此要积极推动经济社会绿色化、低碳化发展。面对日益严重的环境问题，绿色低碳发展越来越受到世界各国的关注，也是经济学前沿研究关注的重点和热点。本专题从绿色低碳发展的基本内涵出发，总结了现有文献对绿色低碳发展水平的测度，梳理了绿色低碳发展的影响因素和效应研究，探讨了国内外对绿色低碳发展提出的共识和政策，并进一步提出对该领域未来研究的展望。

一、绿色低碳发展的基本内涵

与绿色低碳发展密切相关的是绿色发展、低碳发展、绿色经济、低碳经济等概念，属于本质相同但表现形式有差异的同一谱系概念，都表示以最少的资源消耗和环境污染实现经济、社会、生态间的最大收益。

绿色低碳发展是一场深刻的社会经济领域的系统性改革，会对投资、生产、流通和消费等诸多领域产生冲击和影响。绿色低碳发展，是可持续发展的具体化，是顺应时代潮流和世界格局变化的必然选择。绿色发展是以效率、和谐、可持续为目标的经济社会发展方式；低碳发展，是用更少的、更清洁的能源消费支撑经济社会的可持续发展，本质上是能源绿色化的问题。绿色低碳经济则是在资源、能源、环境承载力的约束下，以保护生态环境、减少环境污染、降低碳排放量、节约能源资源为目的，通过提高能源使用效率、工业技术创新、企业绿色管理等手段发展经济的创新经济发展模式。绿色低碳经济和绿色低碳发展都涉及经济、社会和生态系统的复杂运行（许宪春等，2019），系统将相互作用、相互联系的单个子系统按照某种运行规律整合在一起形成具有一定功能的整体。"发展"一词更强调以人为本，以提升全体人民福利水平为最终目标，而"经济"则侧重于经济领域内的可持续发展。因此，绿色低碳经济更关注生态和经济层面的内容，对社会维度关注较少，而绿色低碳发展则更均衡地考量经济、社会和生态三方面的内容，强调三者协同作用以实现发展模式的科学性（Liao 等，2018）。综上可知，绿色低碳经济是绿色低碳发展过程中的重要环节，是绿色低碳发展在经济领域的重要体现，下文将对绿色低碳发展和绿色低碳经济进行进一步分解和辨析。

（一）绿色低碳发展

绿色低碳发展包含绿色发展和低碳发展两方面的内容。

绿色发展的概念源于 21 世纪初联合国几项重要举措，其中最著名的是"绿色新政"理念，倡导各国采取绿色发展政策，构建绿色化制度体系，实现经济社会可持续发展，进而推动世界范围内的绿色变革（Brown 等，2023）。绿色发展是新发展理念的重要组成部分，以效率、和谐和持续为目标实现经济、社会、环境协同发展，更强调自然系统、生态系统和社会系统的共生性，通过相互作用实现系统的全面发展（许宪春等，2019），是有效应对严峻资源环境形势、主动适应社会主要矛盾变化以及构建现代化经济体系的内在要求。绿色发展的主要目标是节约资源、保护环境、保护生态，要在消费、生产等领域加强生态文明建设，在自然环境承载限度内实现经济增长，可以缓解经济增长和环境保护之间的矛盾（袁华锡和刘耀彬，2019）。企业在绿色发展中承担着重要责任，是实现经济可持续发展的微观主体（王晓红等，2022），只有广大企业积极响应绿色政策，推动企业价值提升，才能形成激励相容的绿色发展机制。长远来看，绿色发展是对传统工业的挑战，促使传统工业向绿色、低碳转型，带动产业结构优化升级，提升工业技术创新。2018 年 1 月 30 日，习近平总书记在中共中央政治局第三次集体学习时首次提出了我国现代化经济体系 "6+1" 战略思想，其中，绿色发展是建设现代化经济体系的生态环境基础。与此同时，在经济从高速向高质量转型的过程中，绿色发展是解决污染问题与推动经济高质量增长协同演进的关键步骤（何爱平和安梦天，2019），是实现经济高质量发展的重要战略，将生态融入政治、经济、社会、文化四个领域，全面推进"五位一体"总体布局，使各领域达到高级最优状态（马宗国等，2022）。

低碳发展既强调降低温室气体排放，又注重经济社会发展，同时兼顾"低碳"和"发展"两个维度，在减排的过程中提升经济效益和竞争力（王星和张乾翔，2022）。王喆等（2023）认为低碳发展的核心要义是碳减源和增碳汇，本质是在产业发展的同时实现节能减排，对经济增长施加碳排放约束，在增加期望产出的同时减少或控制非期望产出（周小亮和宋立，2022）。邬彩霞（2021）指出低碳发展是在"双碳"战略下的重要行动，以节能减排的方式实现经济社会有效运行。节能减排的关键环节是促进科技进步，根本途径是结构调整，二者是实现经济低碳转型和生态文明建设的"双引擎"。而实现"双碳"目标涉及多环节、多层次、多领域，呈现出地域性、联动性、跨期性和系统性特征（陈诗一和祁毓，2022）。当前，碳达峰不仅涉及环境领域，而且是新格局下实现高质量发展与治理的新要求（叶林和邓睿彬，2023）。碳达峰的实现离不开经济方式低碳转型（孙少岩等，2023），有序推进低碳产品和服务开发，加强对碳排放的监管和控制，不仅有助于应对气候变化，也可以带动经济结构转型，培育新的产业和市场。毫无疑问，作为微观市场主体的企业实现低碳转型发展，是达成"双碳"目标的关键所在（于法稳和林珊，2022）。企业碳足迹披露是企业通往碳减排的有效路径之一（Koomen 等，2022）。同时，企业通过创新减排技术，将碳减排与生产活动相结合，推动生产结构低碳化转型（宋华等，2023）。

（二）绿色低碳经济

绿色低碳经济包含绿色经济和低碳经济两方面的内容。构建绿色经济和低碳经济是坚持不懈推动绿色低碳发展的重要路径。绿色经济和低碳经济是两个既相关又不同的概念，但都是推动经济社会可持续发展的必由之路。

绿色经济的概念最早出现在 20 世纪 80 年代末，由英国环境经济学家 Pearce 在其著作《绿色经济蓝图》中提出，将绿色经济视为是经济与生态环境的有机统一，认为良好的经济运行必须以优良的生态环境为支点，并将其描述为可持续的经济增长模式（Pearce 等，1989）。而这一概念真正被各界关注是在 2012 年的联合国可持续发展大会上，并由此成为经济发展的主流理念。联合国环境规划署（UNEP）将绿色经济定义为提高人类福祉和社会公平，同时显著降低环境风险和减少生态稀缺的经济发展模式，欧盟环境署对绿色经济的定义是"通过低碳政策和绿色创新，推动社会有效利用资源、以包容的方式提高人民福祉，同时保护自然系统的可持续性"。我国著名生态经济学家刘思华教授将绿色经济定义为可持续经济的实现形态和形象概况，其本质是以生态经济协调发展为核心的可持续发展经济（商迪等，2020）。由于全球气候问题愈演愈烈和经济恢复动力不足，部分学者将绿色发展视为经济增长的新动力，试图通过绿色经济革命打破经济危机和应对气候问题的挑战（Attahiru 等，2019）。随着绿色经济的外延不断扩大，绿色经济的内涵从"经济—社会—生态环境"向"经济—生态—环境"转变（商迪等，2020）。绿色经济更加强调绿色消费模式，通过绿色消费理念和绿色消费行为实现环境保护和经济增长的新局面（Merino-Saum 等，2019）。徐晓光等（2021）将绿色经济的内涵分为两方面，一方面是经济发展水平与环境承载力相互作用的均衡发展模式；另一方面则是以环保活动促进经济增长的新路径，是一种兼顾经济发展与环境保护双重目标的新兴发展方式。

低碳经济的概念最初来源于英国政府 2003 年发布的能源白皮书《我们能源的未来：创建低碳经济》，白皮书指出低碳经济是通过更少的资源消耗和更少的环境污染，获得更多的经济产出。此后，低能耗、低排放、低污染成为环境经济学中的热门词汇。低碳经济是以低排放、低污染、低耗能为基本特征的经济形势的总和，不仅能够减少碳排放，还能促进经济社会及消费方式的全方位转变（王贞洁和王惠，2022）。唐晓旺（2022）提出低碳经济的内容十分丰富，不仅涉及新能源发电、环保设备、节水节电等方面，还涵盖碳能源系统、低碳产业体系和低碳技术等领域。当前，学者对低碳经济的研究各有不同，但本质内涵与西方研究有相似之处，即低碳经济是通过不同渠道创新从而在经济活动的各个环节中实现低碳化发展经济模式，最终达到经济增长和生态环保的双赢局面（贺丹等，2022）。一些研究从社会发展视角出发，认为低碳经济是以可持续发展为最终目标，努力探索经济与低碳协同发展的有效路径，旨在建设生态文明从而实现社会转型（邬彩霞，2021），另一些研究则基于经济发展视角，认为低碳经济在生产、分配、交换和消费四个领域中实现低碳化发展，加速创新以新能源为核心的技术和业态，促进新能源和产业深度融合，从而推动经济社会低碳转型（王锋和葛星，2022）。沙文兵和彭徐彬（2023）认为发展低碳经济的主要手段就是实现产业低碳化、淘汰落后产能，通过提高关键技术的创新来提高产品质量，进而实现整个社会经济的发展。

二、绿色低碳发展指标测算

现有对于绿色低碳发展指标的测度和衡量，主要分为三种。一是直接测量污染物排放（张荣博和钟昌标，2022；景国文，2023；王帅龙，2023；杨友才和牛晓童，

2023；郑惠泽等，2023）。已有研究主要通过工业固体废弃物排放、工业废水排放、工业废气排放、SO_2 和 CO_2 等指标测度绿色低碳发展质量。陈志远等（2022）选取 SO_2 排放量、工业废水排放量、工业烟（粉）尘排放量，采用熵值法构建环境污染排放的综合指数，在一定程度上避免主观因素造成的测量偏误，可以客观地确定污染指标的权重。王奕淇和段洋洲（2023）在贸易环境效应一般均衡模型的分析框架下，分析中国双向 FDI 协调发展对碳排放总量的影响。宋鹏等（2023）将可再生能源补贴和统一碳市场纳入一般均衡模型，并通过计算碳交易部门的总排放量分析两者叠加对于碳排放的影响。

二是测算绿色低碳绩效和效率，包括碳排放强度、生态效率、绿色发展效率、绿色低碳创新等指标（Su 和 Xu，2022；安梦天和何爱平，2022；李旭辉和陶贻涛，2023；李振冉等，2023；苏振等，2023；张可云和张江，2022）。余娟娟等（2023）运用空间 DID 评估了"一带一路"倡议对共建国家碳排放强度的影响，以每单位 GDP 的碳排放量表示碳排放强度。孙少岩等（2023）从生产率、强度和总量三个维度衡量绿色信贷的碳减排效应，分别体现了经济增长低碳转型程度、经济增长与碳排放的关系以及 CO_2 排放绝对量。而现有碳强度指标忽略了固定资产折旧过程中所产生的碳排放，孙慧等（2023）利用投入产出法将各部门的固定资产折旧引致的碳排放纳入完全碳排放核算范围，计算出各部门的完全碳排放量、完全碳排放系数和完全强度。多数研究在投入产出框架下基于数据包络分析法从不同的空间尺度对绿色经济效率进行测度（刘强等，2022），或基于期望产出的超效率 SBM 模型测算碳排放效率（高洪玮和吴滨，2022；沈丽和范文晓，2023）。此外，部分学者使用全要素碳排放绩效衡量绿色低碳发展，相对于传统 CO_2 测算指标而言，将碳排放和能源要素融入全要素生产率框架中，可以更加准确地测算经济发展方式是否符合经济增长和环境保护的双重要求，被用于反映绿色生产率增长、环境保护和经济发展的协调性以及经济增长的可持续性（张宁等，2022；张杰和范雨婷，2023）。

三是从多维度视角出发构建综合指标。马宗国等（2022）从绿色创新、协调、开放和共享四个维度构建高质量绿色发展水平评价体系。郄彩霞（2022）从社会经济、资源流和能源流三个维度出发构建"一带一路"共建国家低碳经济发展水平，共构建了 11 个二级指标，测量了一国经济社会的发展水平、资源丰富程度和能源使用效率。王晓红等（2022）构建了包括经济发展、社会进步、生态环境以及市场机制 4 个子系统 20 个测度指标在内的城市层面绿色发展评价指标体系。陆扬和王育宝（2023）基于绿色低碳经济、绿色低碳环境和绿色低碳社会三个维度构建绿色低碳发展指数，借助熵值法测度绿色低碳发展水平。

三、绿色低碳发展的影响因素

绿色低碳发展是应对气候变化的必然选择，而对于影响绿色低碳发展的因素，学者们展开了丰富的研究，主要聚焦于制度、生产力要素、数字经济、绿色金融等领域。

在制度层面，分为政府补贴和环境规制两个方面。就政府补贴而言，Xiang 等（2022）认为政府补贴可以弥补市场失灵的不足，可以对企业开展绿色研发活动和促进技术创新产生激励效应，一定程度上缓解了企业创新活动中所面临的风险和不确定性。而 Xia 等（2022）则认为政府补贴对企业绿色创新产生"挤出"效应，不利于全社会的绿色低碳发展。造成这种相互冲突结论的原因可能在于，缺少从动机角度分析企业开展创新活动的行为，由于绿色创新动机之间存在差异，企业对政府补贴的利用程度也不一致，所以会影响最终绿色创新绩效（王永贵和李霞，2023）。就环境规制而言，多数研究认为环境规制可以促进绿色低碳发展，认为其可以通过"创新补偿"效应激发市场主体实现技术创新，从而间接推动社会的可持续发展（陆扬和王育宝，2023）。但是也有部分研究认为环境规制在某种程度上阻碍了经济社会的绿色低碳发展，"遵循成本"效应降低了企业创新的积极性，并且地方政府在环境治理中一直存在"逐底竞争"的特征，导致绿色低碳发展效率低下（Petroni，2019）。汪明月等（2022）将政策实施分为两个阶段，研究结果表明短期内"挤出效应"明显，但随着环保投资增幅下降之后，创新补偿效应可以通过额外利润促进企业绿色技术的提升，从而推动企业绿色低碳发展。由于受到更多的政府管制，国有企业承受的"挤出效应"远远高于非国有企业（王分棉和贺佳，2022）。不同环境规制对于绿色低碳发展的影响也具有异质性，张明等（2021）认为命令强制型和市场激励型规制工具有助于加快绿色低碳发展，而公众参与型规制工具的作用尚不明显。

在生产力要素层面，技术、人力、资本作为生产力三要素，在推动绿色低碳发展的过程中起着基础性作用。加快绿色低碳技术创新，是促进产业链供应链绿色化低碳化转型的关键做法。李新安和李慧（2022）对中国 27 个制造业面板数据模型进行了实证检验，研究结果表明 FDI 通过技术溢出效应、技术进步偏向等路径影响制造业的碳排放，通过引入清洁生产技术改变产业结构，从源头减少污染物排放，最终实现碳减排。在数字化时代下，培育复合型和跨界型人才是提高城市能源效率、提升居民绿色素养的重要路径之一（孔令章和李金叶，2023），通过推进人才开发路线图、构建高效人才开发体系、延揽全球产业高端创新人才、培育造就大批产业紧缺人才、有效配置利用国内外两种人才资源等方法推动绿色低碳产业发展（刘敏，2022）。曹泽和刘兴（2022）将人力资本结构划分为资源转换型、资源配置型和资源利用型三种，运用空间杜宾模型分析人力资本对绿色全要素生产率的影响，研究结果表明三种类型具有路径差异性，资源转换型人力资本和资源利用型人力资本对绿色全要素生产率具有促进作用，而资源配置型人力资本对绿色全要素生产率具有抑制作用。资本为绿色低碳发展提供了强有力的支撑。资本市场开放通过降低信息不对称、增强管理层环保意识、提高分析师的关注等机制促进企业绿色低碳发展（李青原和吴滋润，2022），对于促进绿色开放和实现"双碳"目标具有重要作用。徐永慧等（2023）提出资本有机构成对绿色全要素生产率的提高具有推动作用，静态视角下，资本有机构成通过优化资源配置效率提升绿色全要素生产率；动态视角下，资本有机构成在禀赋结构发生"错位"的情形下不断自我调整，诱使内生技术进步从而矫正要素配置扭曲状态。

在数字经济层面，"双碳"时代数字经济赋能绿色低碳发展，数字技术对经济绿色转型和低碳可持续发展提供了强大的推动力。学术界围绕数字经济和绿色低碳发展的研究进行了多角度的分析和探讨（Liu等，2022）。一方面探究数字经济对碳排放的直接影响，徐维祥等（2022）运用空间DID模型实证分析了数字经济对城市碳排放产生的空间效应，发现数字经济具有显著的空间溢出效应，不仅能降低本地的碳排放水平，还对邻近地区的碳排放水平产生负向影响。魏丽莉和侯宇琦（2022）通过构建数字经济综合指标和绿色发展效率指标，探讨了数字经济对于中国城市绿色发展水平的影响，结果表明数字经济有助于推动城市绿色发展，但是具有空间异质性，主要节点城市、东部沿海、长江中游经济带等地区影响更为显著，而对中部、西部、东北地区的影响不明显。另一方面基于技术创新、结构优化、市场整合等中介机制和有效手段探究数字经济对绿色低碳发展的间接影响。数字经济对于绿色低碳发展具有放大效应、创新效应和渗透效应，主要原因如下：其一，大数据、云计算、智能化、自动化等数字技术，对绿色产品信息和绿色消费偏好进行搜寻和整合，帮助企业对绿色创新方向、绿色创新潜力和绿色创新路径进行判断，有助于加快生产生活方式绿色化转型、赋能生态文明高质量建设（陈伟雄等，2023）。其二，企业在践行绿色低碳发展的过程中会遇到成本高、收益不确定等问题，数字金融可以通过降低门槛、提高融资易得性为企业进行绿色技术创新活动提供资金支持（聂秀华等，2021）。其三，数字经济促进了新模式、新业态的产生，推动了产业结构优化升级，产业结构高级化具体表现为资源效率的提升、技术密集型产业占比上升，而此类多为高效率、低排放的清洁产业，有利于减少资源浪费和降低污染物排放（冯兰刚等，2023）。其四，数字经济很重要的一个特征就是打破了时空限制，增强区域之间的连通性、提高信息传输效率、提高数据的流动性和获得性，借助空间溢出效应实现区域污染联防联控，提高周边绿色生产率（刘华军和乔列成，2021）。

在绿色金融层面，金融业为实现经济绿色低碳的高质量发展发挥了示范作用。气候变化导致极端天气增多，进而会影响金融稳定性（张涛等，2023）。政府及金融机构通过政策优化金融资源配置，调节资金流向绿色低碳领域（何德旭和程贵，2022），从而实现绿色低碳和经济高质量发展的双重目标。绿色金融试点地区的臭氧污染明显低于非试点地区，协同环境规制有助于促进工业污染治理，有效降低碳排放强度（张振华等，2022）。绿色金融包括绿色信贷、绿色保险、绿色证券、绿色基金、碳金融产品等金融工具，旨在为应对气候变化、改善生态环境提供金融支持，兼具传统金融和环境规制双重功能，既是对传统金融功能的深化，又是对环境规制政策的有益补充（斯丽娟和曹昊煜，2022；李俊成等，2023；许艺煊等，2023；周肖肖等，2023）。首先，绿色金融可以通过扩展融资渠道、降低融资成本、缓解融资约束来降低企业创新成本。黄秀路等（2023）利用合成控制法评估了绿色金融改革创新试验区的节能效应，结果表明绿色金融为企业融资提供了更为充分的市场化条件，可以有效解决环境项目的外部性，改善能源利用效率。也有学者认为更加严苛的融资条件会抑制高耗能企业的研发投入，使其难以进行绿色创新活动，因而又陷入无法获得融资的循环怪圈当中（Wen 等，2021）。部分企业甚至存在获得融资成本后没有实质性的绿色创新的"漂绿"行为（Flammer，2021）。其次，绿色金融对技术创新具有激励效应，通过技术进步实现成本补偿（金环等，2022）。其中，绿色信贷通过严格把控企业排污程度拒绝给予高污染企业信贷支持，成本上升倒逼企业优化产品结构、提升绿色低碳水平、提高绿色全要素生产率，短期内绿色信贷的惩罚效应还有助于督促企业淘汰落后产能（苏冬蔚和连莉莉，2018），从而使企业管理朝着绿色化、低碳化的方向发展。同时，绿色金融通过环境信息的资金配置信息，提高企业投资风向，促使资金流向长期低耗能的绿色清洁企业，在企业间掀起"绿色竞争"效应，进而带动整个行业、社会的可持续发展（沈璐和廖显春，2020）。最后，金融发展通过调整结构和拉动经济增长影响碳排放（邵帅等，2022）。绿色金融可以通过扩张效应、技术效应和反馈效应优化能源消费结构和调整产业结构实现碳减排，帮助绿色产业加快发展从而实现产业结构高级化。王遥等（2019）通过扩展的 DSGE 模型分析绿色信贷激励政策的影响机制，发现激励政策可以优化经济结构、稳定经济增长，同时提升环境质量。而李楠博等（2023）则认为企业金融化发展抑制了低碳技术创新，不利于全社会绿色低碳发展。

此外，还有学者探究了知识产权制度（张磊等，2021）、对外直接投资（孙传旺和张文悦，2022）、产业集聚（袁华锡等，2022）、智能制造（林熙等，2023）、开发区升级（刘秉镰和孙鹏博，2023）、区域协调发展（韩超和陈震，2023）、文化（李俊成等，2023）等对绿色低碳发展的影响。李强和唐幼明（2023）运用多期双重差分方法实证检验了知识产权保护制度的碳减排效应，研究结果表明知识产权制度对碳排放有明显的抑制作用，通过机制分析可知，知识产权制度建设主要通过促进绿色创新的直接效应和提升城市产业及其配套设施升级的间接效应来抑制污染物的排放。米明金程和赵忠秀（2022）认为产业集聚可以助力外贸企业实现"增长"和"绿色"的协调发展，逐步推动企业从不脱钩、弱脱钩向强脱钩发展，在稳出口增长的同时，通过减排技术升级和能源结构调整优化出口碳脱钩状态。王洪庆和郝雯雯（2022）探索了高新技术产业集群模式对绿色创新效率的影响，发现两者之间存在倒"U"形的关系，其中专业化集聚与绿色创新之间存在非线性关系，而多样化集聚与绿色创新之间存在正向关系，因此要适当打造高技术产业多层次、网络化的集聚发展模式，助推企业绿色转型。

四、绿色低碳发展的效应研究

绿色低碳发展的效应研究主要集中于生态效应、创新效应和经济效应。

就生态效应而言，绿色低碳发展理念的贯彻可以通过产业结构升级和技术创新有效提升生态效率，并且具有空间溢出效应，因此要加强生态环境保护意识旋转，扩大低碳城市试点范围，充分发挥绿色低碳发展的生态效应（郭炳南等，2023）。Liu 等（2023）利用中国 279 个城市数据，实证检验了智慧城市建设对城市绿色经济发展的影响，结果表明，智慧城市对促进绿色经济发展具有显著影响，能有效降低污染排放和能源强度。同时，倡导绿色的消费模式能够提升生态福利绩效，在绿色消费观念的传播和灌输下，消费者会提高对产品质量和环保的要求，从而倒逼企业生产绿色产品，达到改善环境的目的。张兵兵等（2023）从出口绿色技术复杂度视角探究了绿色进口促进碳减排以及实现碳达峰的理论机制，发现绿色进口具有显著的生态环境效应，可以通过优化要素投入和产品配置促进碳减排，从而有序推进碳达峰目标的实现，其中，进口绿色技术复杂度的提高对秦岭淮河一线以南城市、京津冀城市群、沿海开放城市以及非资源型城市的碳减排作用更加明显。碳城市试点政策显著降低了污染物排放、提高了碳排放效率，但是这种碳减排的效应在省级层面具有差异性，碳排放强度越高的省区减排空间越大，且工业占比越低的地区越有利于控制人均碳排放，经济水平越高的地区越有利于控制碳强度（董梅和李存芳，2020）。同时，在绿色低碳发展过程中，要充分发挥人工智能改善生态环境的作用，人工智能在传统产业和绿色产业之间搭建了技术交流桥梁，能够实现智能减排，将绿色技术融入企业生产过程中，加速实现绿色产业智能化（金祥义和张文菲，2023）。人工智能具有明显的劳动替代现象，可以降低对传统劳动力要素的需求（陈诗一等，2021），实现智能化和自动化发展，有效缓解企业的生产成本压力和经营风险，同时促进企业在生产末端实现碳减排。

就创新效应而言，在全球绿色低碳发展的浪潮中，绿色创新是实现"双碳"目标的基础和关键，也是绿色低碳发展的重要产物。绿色创新包括对产品的创新和对技术的创新（李爽和王劲文，2023），该促进作用在技术研发阶段和成果转化阶段均有涉及（胡求光和马劲韬，2022）。对于创新效应的研究主要分为两个方向，一个方向是评估政策的绿色创新效应，尤其是对于高碳产业、非国有企业和中小企业的绿色技术创新激励更加明显（Pan 等，2022）。在讨论绿色低碳发展对于企业技术创新的影响时，侧重于机制分析和异质性分析。在作用机制方面，低碳城市试点政策不仅可以通过完善环境信息匹配制度产生绿色创新效应，还可以加强政府对科技行业的补贴和投入促进企业绿色创新（Zou 等，2022）。张海玲和李漫兮（2023）认为作为绿色低碳发展模式的主要代表，低碳城市试点政策在激励企业绿色创新行为中起到了显著作用，通过增加研发资金投入和拓展海外业务鼓励出口企业绿色创新，同时提升创新数量、创新治理和创新效率。在异质性分析方面，徐佳和崔静波（2020）评估了低碳城市试点政策对于企业绿色技术创新的影响机制，认为企业的绿色技术创新主要体现在节约能源和替代能源两种类型的专利上，异质性分析表明试点政策对高碳行业、非国有企业绿色技术创新的推动作用更加明显，因为这些企业碳排放基数高且受政策约束程度低，具有更大的自主能动性。作者还进一步分析了不同类型的政策工具对企业绿色技术创新影响的差异性，命令控制型政策对企业绿色技术的影响较市场型和资源型更为明显，在政策执行的过程中应充分发挥不同类型政策的协同创新作用。另一个方向是探究其他环境政策和措施对创新的影响。赵文霞和刘洪愧（2022）将环境贸易措施作为绿色低碳发展的策略支持，基于微观视角探究环境贸易措施对企业绿色创新的影响，一方面，作为限制性措施，环境贸易措施会提高企业的生产成本、降低企业绿色创新的积极性；另一方面，贸易措施会倒逼企业进行绿色技术创新、生产绿色产品从而提升竞争力，因此要善用环境贸易措施、加快构建绿色贸易体系，以激发企业创新的内生动力。万煊和王俊（2022）通过匹配中国海关进出口数据库和工业企业数据库实证检验了碳排放交易政策通过产品转换率的调节效应可以提高出口企业绿色创新能力，并且这种效应对高污染、单一产品和非国有资本类型的企业的绿色创新作用更加明显。

就经济效应而言，绿色低碳发展具有一定的经济效应，在可持续发展的过程中刺激经济增长。现有研究从不同机制和路径分析绿色低碳对经济的影响。周新苗等（2021）运用 FAVAR 模型，通过分析不同机制下绿色金融发展方式对中国宏观经济的影响，发现市场需求、政府引导和金融行业自身绿色转变这三种驱动机制的经济效应具有差异，其中行业自身绿色转型对于中国宏观经济发展具有长期向好的推动作用，能够刺激宏观经济的活跃度并缓解通胀问题。廖文龙等（2020）通过分析中国省级层面数据可知，实行碳排放交易的绿色低碳发展模式能提升经济增长效率，一条途径是创新投入的综合效应，另一条途径是增加专利数量并转化为绿色产品，二者共同作用于经济效率的提升。还有部分学者着重分析绿色低碳对于贸易的影响，并且更多地集中于出口方向。刘家悦和谢靖（2018）基于要素投入结构的异质性视角主要探讨环境规制对于企业出口质量的影响，认为环境规制与企业出口质量之间呈现"U"形关系，最终影响需要同时考量"抵消效应"和"补偿效应"，初期"抵消效应"占主体地位，随着一系列政策措施的落地，创新的"补偿效应"会逐渐超越"抵消效应"，最终实现从"中国制造"到"中国创造"的跨越，增强出口企业在国际上的竞争力。沙文兵和彭徐彬（2023）从贸易高质量发展维度探究低色低碳发展的经济效应，从企业层面来看，绿色低碳转型有效提升企业出口产品质量，从产品层面来看，绿色低碳经济转型可以通过优化资源配置来实现高质量产品升级，因此要重视绿色低碳发展过程中的政策实施和引导作用。

五、全球绿色低碳发展共识

气候与环境问题是当前全球治理中的重点问题，减缓全球变暖、实现绿色低碳发展是当务之急（Zhang 等，2023）。2017 年，党的十九大提出"建立健全绿色低碳循环发展的经济体系"，将绿色发展、低碳发展和循环发展三者有机结合，协同推进以破解环境资源约束问题从而推动经济高质量发展。2020 年，党的十九届五中全会提出加快推动绿色低碳发展，深入实施可持续发展战略，促进经济社会发展全面绿色转型。2020 年 9 月，习近平主席在第七十五届联合国大会上宣布"中国力争 2030 年前 CO_2 排放达到峰值，努力争取 2060 年前实现碳中和目标"（即"双碳"目标）。2021 年，"十四五"规划和 2035 年远景目标着重强调推动绿色发展、促进人与自然和谐共生。中共中央、国务院相继出台《关于完整准确全面贯彻新发展理念做好碳达峰碳中和工作的意见》《2030 年前碳达峰行动方案》，共同构建了中国碳达峰、碳中和"1+N"政策体系的顶层设计，并对重点领域和行业绿色低碳转型进行了相关工作部署（陈迎，2022）。"双碳"目标是中国积极应对气候变化，努力践行国际责任，推动构建人类命运共同体，实现全球可持续发展而作出的庄严承诺，彰显了中国的大国担当和建设生态文明的决心。2022 年，党的二十大报告指出"推动经济社会发展，绿色化、低碳化是实现高质量发展的关键环节"，这是基于加快发展绿色转型的战略部署以及建设人与自然和谐共生的中国式现代化本质要求作出的重大判断。2023 年，《政府工作报告》进一步强调加强生态环境保护、促进绿色低碳发展，提出要"坚持绿水青山就是金山银山的理念，健全生态文明制度体系，处理好发展和保护的关系，不断提升可持续发展能力"。可见，绿色低碳发展是我国实现绿色转型、推动经济可持续发展的新引擎，推动经济社会发展绿色化、低碳化是实现高质量发展的关键环节，以绿色低碳为内核的高质量发展是全面建设社会主义现代化国家的首要任务。推动绿色低碳发展，必须深入剖析"绿水青山就是金山银山"的深远意义，必须深刻理解"改善生态环境就是发展生产力"的科学内涵。

与此同时，绿色低碳转型已成为全球共识。2015 年，联合国大会第七十届会议发表《2030 年可持续发展议程》，坚持走绿色、低碳、循环、可持续发展的道路，为构筑绿色低碳、和平和谐、共同繁荣的世界新格局提供了方向。2022 年 WTO 在 COP27 峰会上积极呼吁建立更加绿色的市场和物流以推进低碳转型，推动贸易可持续发展。国际货币基金组织（IMF）在《全球金融稳定报告（2021）》中提到可持续主体的基金有助于为绿色经济转型提供融资，并避免气候变化带来的一系列负面影响。同时，IMF 致力于构建 ESG 金融工具的适当分类体系，在减少排放、增强韧性、获得气候融资以及确保公平转型等方面，帮助成员国采取实现绿色可持续发展所需的政策行动。世界银行也呼吁完善全球绿色债券相关标准体系。2022 年世界银行举办"全球环境基金第七期绿色与碳中和城市项目"启动会，旨在支持中国政府促进高质量发展、建设生态文明与实现"双碳"目标。2023 年联合国可持续发展高级别政治论坛能源主题边会，会议提出了《共建零碳能源体系 共促可持续发展》的联合倡议，倡议各方坚持绿色发展，增进能源转型共识；坚持开放合作，构建零碳能源体系；坚持创新引领，加快能源科技革命；坚持人人共享，实现人类共同发展。

六、实现绿色低碳发展的路径与政策

碳排放具有明显负外部性特征，对经济、社会产生巨大的边际成本，造成市场失灵。随着经济迅速发展、工业蓬勃发展、城市化进程加快，CO_2 排放量急剧增加，空气污染、气候变化等现象对人类社会的发展产生巨大的影响。因此减少雾霾、CO_2、SO_2 的排放量是当前各国亟待解决的问题（Nawaz 等，2021）。与行政式命令的环境规制政策相比，经济学家们更倾向于通过完善市场机制和采取激励政策达到经济效益和生态效益双提升的局面（陈诗一，2022）。传统的以行政命令式进行规制的环境政策，具有机械、迟滞的特征，属于事后救济，并且公众参与型环境规制对绿色低碳发展的影响较为有限（张明等，2021）。一方面，高昂的遵循成本和执行成本对企业和政府都造成了严重的负担，企业可能会产生懈怠行为，而政府也无法提供长期动态监管；另一方面，政府和企业在采取环境规制中的力度不一致，可能导致实际结果和预计方向有所偏差甚至朝反方向运行。而经济手段则可以在一定程度上激励企业自愿选择绿色低碳发展道路，具有灵活性、适应性的特征，运用财政、信贷、消费、保险等经济手段促进市场主体开展治污活动，是环境保护的新路径。现阶段实现绿色低碳发展的经济手段，聚焦于碳税政策、碳交易政策以及建立实现财政和货币政策的试点，这些政策都被证明是加快建立绿色低碳循环发展的重要工具。

碳税政策是一种"价格型"政策，旨在解决环境治理的外部性，核心是价格控制，政府根据企业碳排放程度设置税率，不设置排放总量上限，通过价格干预引导经济主体优化生产行为，从而实现碳减排目的。李萌等（2022）通过设置反事实分析探究碳税政策对于制造业产业链韧性的传导机制，并进一步将碳税分为总值核算方法和增加值核算方法，结果表明基于产业链总值的碳税政策会导致中国制造业产业链波动，并且政策成本会导致跨区域的转移现象，造成不对称减排的问题，而基于增加值核算的碳税政策，在一定程度上可以解决产业链"碳泄漏"的问题，有利于实现"碳公平"，减少碳税政策对产业链的冲击。林星阳（2022）分析中国进行碳征税的必要性，发现征收碳关税是基于对国家政治、经济、安全的全方位考量，对外可以发挥国内税法的宣示作用，对内可以兼顾经济效应和环境效益，但是在实现"双碳"目标的同时，要以 WTO 相关原则为基准，避免出现重复征税、贸易歧视的问题，加快构建以碳关税为中心的多边气候共治机制。还有学者基于博弈论探究碳税在多方主体之间的影响。闫佳彤等（2022）将碳税融入中央政府的策略集合中，提出在高耗能企业节能减排的过程中，提升地方政府对税收的共享比例可以加大其监管力度从而促进绿色低碳发展，在征收碳税的同时要给予一定的补贴，保证企业具有推动节能减排的积极性。与碳税相对应的是碳补贴，蔡栋梁（2019）比较了碳排放补贴、碳税以及两者之间的混合政策对于生态环境的影响，发现这两种政策既可能改善环境，也可能恶化环境，还可能产生不确定性影响，而本专题认为实行对高碳排放企业征收碳税、对低碳排放企业给予补贴的混合政策可以同时实现经济增长和改善环境质量的双目标。

除中国以外，其他国家和地区也积极开展碳税政策以实现绿色低碳发展。为了实现"双碳"目标，2020 年日本发布了《2015 年碳中和绿色增长战略》，通过财政政策，清洁生产、新能源推广等取得了优异的成绩，主要运用财政补贴、税收优惠、能源转型税鼓励企业节能减排，加强对民间企业创新的引导，一方面可以将排放主体形成的社会成本内部化；另一方面通过征收碳税降低对企业其他税种或者实施其他税收优惠。随着 2019 年《欧洲绿色新政》的发布，欧盟加快了节能减排的步伐（杨超等，2022）。2021 年 3 月 10 日，欧盟正式通过了碳边境调节机制议案，2023 年 5 月 16 日，对外公布了《建立碳边境调节机制》的正式法令，意味着全球首个具有"碳关税"意义的气候贸易机制"靴子落地"，对全球绿色贸易将产生深远影响。魏守道（2020）构建序贯博弈模型探究了南北国家之间差异化的碳税政策所带来的经济效应和环境效应，并进一步根据生产者责任和消费者责任将碳税政策分为生产型碳税政策和消费型碳税政策，研究结果表明，差异化碳税政策对北方国家产生福利效应的可能性较大，而对南方产生环境效应的可能性较大。

碳交易政策是一种"数量型"政策，本质上是一项政府制定、市场运行的制度安排，能够约束市场主体碳排放行为。碳市场覆盖范围广泛，大部分碳市场涵盖工业、电力、航空、建筑等领域，还有部分碳市场已经扩展至能源、林业、农业等领域（ICAP，2021）。碳排放权交易试点对生态环境（吴茵茵等，2021）、技术创新（余典范等，2023；曹翔和苏馨儿，2023）、能源利用效率（Hong 等，2022）、可再生能源发展（Zhang 等，2022）、产业结构（刘满凤和程思佳，2022）等领域产生积极影响。宋德勇（2021）将碳排放配额纳入分析框架，发现碳排放权交易在实现碳减排的同时，提高了企业绿色创新绩效，且不同的分配方法对企业绿色创新的影响存在显著差异。大部分文献肯定了碳交易政策对于碳减排效应的正向影响，张国兴等（2022）认为碳交易政策不仅可以减少碳排放，还可以减少 $PM_{2.5}$ 和 SO_2 等污染物的排放，并且碳交易政策对污染物的减排作用对西部最为明显，中部次之，东部最小，因此要充分发挥市场机制在环境治理中的作用，扩大碳排放交易市场空间，不断完善现有碳排放权交易制度，激励市场主体加快绿色转型。许文立和孙磊（2023）证明了碳排放权交易试点为代表的市场激励型环境规制政策可以有效推动能源结构转型从而实现绿色低碳发展。由于我国碳市场起步晚、相关体系建设不完全、缺乏管理经验等问题，需要通过"有形的手"进行干预以到达减排目的。而通过清洁生产补贴会影响市场机制的要素配置，导致清洁行业和企业分到了更多的"蛋糕"，其余企业则承担着过重的成本，各主体之间的收入差距不断扩大，碳排放权交易市场的建设为解决这一不公平现象提供了有效渠道（范庆泉等，2022）。一方面，碳交易解决了市场机制运行中的效率问题（公维凤等，2022）；另一方面，碳交易弥补了各主体之间的利益差距。因此，诸多学者对中国碳交易市场效率和风险水平进行了研究。马勇和李美仪（2023）对中国碳交易市场的运行效率和市场风险水平进行了测算，并与国际水平进行了比较，结果表明中国免费分配碳排放额造成市场运行效率低下且定价功能尚不完全，同时由于交易市场相关风险管理机制不完善导致碳价波动较大，相较发达市场仍具有较大的提升空间。

部分研究侧重于比较碳税和碳交易两种政策。截至 2022 年底，全球有 70 个国家和地区实施或计划实施碳定价政策，世界银行发布的《2022 年碳定价现状与趋势》报告显示，目前全球运行的直接碳定价机制共计 68 种，包括 36 种碳税和 32 种碳排放交易体系。王博和徐飘洋（2021）进一步比较了碳税政策和碳交易政策，研究发现，两种政策短时间内不利于推动经济高质量发展，而长期则会有效减轻碳排放技术冲击所导致的经济波动。张希良等（2021）比较了碳税和碳市场两种市场机制，厘清了中国碳市场建设的基本原理，认为两者之间最大的区别在于减排量和碳价的不确定性，碳税属于由主管部门设定税率、市场主体决定碳排放量的价格政策，而碳市场属于主管部门设定碳排量范围、市场决定碳价的数量政策。支持碳税的学者认为碳税具有灵活性、成本低、协调性的特征，税收收入还可以进一步用于减排，实现"双重红利"（Goulder 和 Schein，2013）；支持碳交易的学者则认为免费碳分配额更易受到企业青睐和支持，并且通过国际合作还能提高全球减排效率（Schmalensee 和 Stavins，2017），有利于解决经济和减排两难问题（詹诗渊，

2023）。

在环境政策的推动下，诸多学者通过政策评估探讨环境政策对于绿色低碳发展的影响（张艳等，2022），其中低碳城市试点是实现绿色低碳高质量发展的先行示范区。低碳城市试点政策的有效性多集中于环境治理效应（王连芬等，2022；Wu等，2023）、经济效应（范贤贤和郭平，2023）、绿色技术创新效应（肖仁桥等，2023）等，同时还能实现城市高质量发展（张明斗和王亚男，2023）、提高 FDI 质量（孙林和周科选，2020）和影响劳动就业（闫里鹏和牟俊霖，2023）。王连芬等（2022）探究了低碳试点的减排效果及其实现机制，发现低碳试点显著降低了城市的 CO_2 排放，但是具有城市异质性，政策对不同城市的影响效果不一致，此外还进一步分析了低碳城市在生产层面、居民层面、行政方面的减碳分别来自生产能源节约、生活能源节约以及所见行政成本。李爽和王劲文（2023）分别从供给端和需求端深度分析低碳试点政策对企业绿色技术创新的路径和机制，发现政策的实施通过提高居民"低碳素养"显著促进了企业绿色创新活动，并且通过异质性分析，发现城市居民受教育水平越高、城市经济发展水平越高、企业技术水平越高，政策的绿色低碳促进作用越明显。Yin 等（2023）评估了低碳城市试点对绿色创新的影响，发现低碳城市试点政策通过环境监管机制、治理机制和环境意识机制对企业绿色创新产生了积极的影响，并且对国有企业的绿色创新效果更加明显。而现有研究更多探讨低碳试点城市政策对于当地所产生的影响，忽视了政策的外部性。郑汉和郭立宏（2022）探究低碳城市试点对邻接非试点城市碳排放的外部影响，研究发现，首先，低碳城市试点会导致邻接非试点城市成为污染避难所，产生挤出效应，提升邻接非试点城市的碳排放；其次，试点城市会对邻接城市产生知识溢出效应，降低邻接非试点城市的碳排放；最后，低碳试点城市会产生"鲇鱼效应"，带动邻接非试点城市的环境治理能力，从而降低邻接非试点城市的碳排放。因此，在政策评估过程中，不仅要考虑试点地区，还要考虑政策对其他地区的影响。

七、总结性评述与研究展望

本专题梳理了绿色低碳发展的相关研究成果，现有研究主要从绿色低碳发展背后的影响因素、绿色低碳发展的效应研究以及对如何实现绿色低碳发展的政策进行分析。从影响因素来看，主要聚焦于制度、生产力要素、数字经济、绿色金融等方面，也有学者从文化、集聚、智能化角度探究对绿色低碳发展水平的影响。大部分因素会对绿色低碳发展造成正、反两方面的影响，一条路径是通过挤出效应降低绿色低碳发展水平，另一条路径则是通过创新补偿效应、竞争效应提升绿色低碳发展水平，并且这两种效应在不同类型企业、不同地区、不同行业之间具有差异，因此在分析绿色低碳发展背后的影响因素时，要考虑其产生的双重影响以及进一步进行异质性分析。从效应研究来看，主要集中于生态效应、创新效应和经济效应。绿色低碳发展理念渗透到生产、消费、交换和分配四个环节，不仅对当地的经济、社会产生影响，还具有空间溢出效应，影响邻近地区的环境保护、经济发展以及技术创新。其中，绿色低碳发展对经济发展和技术创新的影响也具有双重效应，一方面，高昂的环保支出会降低企业出口、创新的积极性；另一方面，绿色低碳转型可以提升企业产品质量、倒逼企业技术创新。从政策路径来看，与传统的行政命令式和环境规制政策相比，市场激励型的环境政策更能产生"立竿见影"的效果（陈诗一，2022）。其中，碳税政策和碳交易政策可以有效激发市场节能减排和资源优化配置，通过释放统一的价格信号进行市场机制的调节。此外，低碳城市试点政策是现有研究的热点，在一定程度上有利于实现经济、社会和环境的协调发展。但是关于绿色低碳的研究尚有进一步挖掘的空间，主要包括以下四个方面。

第一，完善绿色低碳发展指标测度。绿色低碳发展是一个涵盖经济、社会、环境等多方面的主题，在构建指标时，不仅要考虑经济效益，还要考虑环境治理和社会福利等方面，既注重指标构建的全面性，又要突出重点。而目前对于绿色低碳发展水平的测度，缺乏权威、全面的综合指标，导致部分研究针对同一话题出现不一致的结论，因此需进一步考量。

第二，丰富绿色低碳发展的研究内容。一是影响因素的研究主要以单个因素为主，对协同效应的研究较少，而现实中各个影响因素之间相互作用，对绿色低碳水平的影响也是多重的。二是效应研究侧重于对环境、经济的影响，而对社会福利的关注较少，例如对就业、贫困、基础设置等。三是研究领域局限在少数行业和地区，例如，现有对绿色低碳发展的测度主要集中于制造业，应当加强不同技术、不同行业、不同区域的差别化和特征化研究。四是研究范围集中于一国或者一个区域内部，鲜有文章从全球层面出发测量全球绿色低碳发展指标并且比较不同国家和地区之间的减排绩效，可以将研究范围扩大至全球层面，以网络视角分析一国环境政策对于其他国家的影响，以及国家间合作所产生的影响。

第三，加强学科交叉研究。绿色低碳发展属于新兴交叉学科，集经济、金融、生态、环境、社会于一体，在今后的研究中，要从多学科视角对绿色低碳发展的多重影响以及多重效应展开细致的分析，寻找新的视角和新的分析方法。

第四，构建系统性理论框架。现有对绿色低碳的研究多为实证分析，并且研究视角较为分散和多元，并未构建起系统性的理论框架，更多是对现状的研究和评估，缺乏理论基础。理论支撑可以使论文内容更加充实，提高结论的可信度。

主要参考文献

［1］安梦天、何爱平：《欲速则不达：地方政府经济预期目标与绿色发展效率》，《中国人口·资源与环境》2022 年第 10 期。

［2］蔡栋梁、闫懿、程树磊：《碳排放补贴、碳税对环境质量的影响研究》，《中国人口·资源与环境》2019 年第 11 期。

［3］曹翔、苏馨儿：《碳排放权交易试点政策是否促进了碳中和技术创新？》，《中国人口·资源与环境》2023 年第 7 期。

［4］曹泽、刘兴：《人力资本结构对绿色全要素生产率影响的空间计量分析》，《科技管理研究》2022 年第 19 期。

［5］陈诗一：《低碳经济》，《经济研究》2022 年第 6 期。

［6］陈诗一、祁毓：《"双碳"目标约束下应对气候变化的中长期财政政策研究》，《中国工业经济》2022 年第 5 期。

［7］陈诗一、张建鹏、刘朝良：《环境规制、融资约束与企业污染减排——来自排污费标准调整的证据》，《金融研究》2021 年第 9 期。

［8］陈伟雄、李宝银、杨婷：《数字技术赋能生态文明建设：理论基础、作用机理与实现路径》，《当代经济研究》2023 年第 9 期。

［9］陈迎：《碳中和概念再辨析》，《中国人口·资源与环境》2022 年第 4 期。

［10］陈志远、丁小珊、韩冲、于皓：《制造业集聚、污染关联机制与绿色发展实践路径——基于空间溢出模型的研究》，《统计研究》2022 年第 9 期。

［11］董梅、李存芳：《低碳省区试点政策的净碳减排效应》，《中国人口·资源与环境》2020 年第 11 期。

［12］范庆泉、刘净然、王竞达：《清洁生产补贴、收入分配失衡与碳排放权再分配机制研究》，《世界经济》2022 年第 7 期。

［13］范贤贤、郭平：《低碳城市试点政策对城市经济高质量发展的影响》，《经济经纬》2023 年第 4 期。

［14］冯兰刚、阳文丽、王忠、樊向波：《中国数字经济与城市碳排放强度：时空演化与作用机制》，《中国人口·资源与环境》2023 年第 1 期。

［15］高洪玮、吴滨：《长江经济带高铁开通对制造业绿色转型的影响》，《中国人口·资源与环境》2022年第8期。

［16］公维凤、王丽萍、王传会、高仲芳：《我国碳排放权市场交易价格波动特征研究——对5个碳交易试点的实证分析》，《中国软科学》2022年第4期。

［17］郭炳南、唐利、张浩：《城市低碳治理对生态效率的影响——基于低碳城市试点政策的准自然实验》，《华东经济管理》2023年第8期。

［18］韩超、陈震：《在平衡中推动绿色发展：偏向西部的区域协调发展是否促进污染物减排?》，《经济学（季刊)》2023年第3期。

［19］何爱平、安梦天：《地方政府竞争、环境规制与绿色发展效率》，《中国人口·资源与环境》2019年第3期。

［20］何德旭、程贵：《绿色金融》，《经济研究》2022年第10期。

［21］贺丹、唐娅华、胡绪华：《绿色服务产业政策对中国低碳经济增长的影响》，《资源科学》2022年第4期。

［22］胡求光、马劲韬：《低碳城市试点政策对绿色技术创新效率的影响研究——基于创新价值链视角的实证检验》，《社会科学》2022年第1期。

［23］黄秀路、武宵旭、袁圆、王小雨：《绿色金融改革的节能效应与机制》，《中国人口·资源与环境》2023年第8期。

［24］金环、于立宏、徐远彬：《绿色产业政策与制造业绿色技术创新》，《中国人口·资源与环境》2022年第6期。

［25］金祥义、张文菲：《人工智能与企业污染减排：智能治理的环境效应》，《中国人口·资源与环境》2023年第8期。

［26］景国文：《国家自主创新示范区的碳减排效应》，《中国人口·资源与环境》2023年第6期。

［27］孔令章、李金叶：《城市数字经济发展的"减排"与"增效"效应》，《中国人口·资源与环境》2023年第7期。

［28］李俊成、彭俞超、王文蔚：《绿色信贷政策能否促进绿色企业发展？——基于风险承担的视角》，《金融研究》2023年第3期。

［29］李俊成、彭俞超、杨璐：《非正式制度、儒家文化与企业绿色创新》，《武汉大学学报（哲学社会科学版）》2023年第5期。

［30］李萌、何宇、潘家华：《"双碳"目标、碳税政策与中国制造业产业链韧性》，《中国人口·资源与环境》2022年第9期。

［31］李楠博、徐喆、李书：《企业金融化抑制了低碳技术创新吗？——来自"动机背景"视角的观察与诠释》，《中国人口·资源与环境》2023 年第 3 期。

［32］李强、唐幼明：《知识产权制度建设与工业排放污染》，《中国人口·资源与环境》2023 年第 7 期。

［33］李青原、吴滋润：《资本账户开放与资源配置效率——来自跨国样本的经验证据》，《中国工业经济》2022 年第 8 期。

［34］李爽、王劲文：《低碳城市试点政策、居民低碳素养与企业绿色技术创新》，《中国人口·资源与环境》2023 年第 4 期。

［35］李新安、李慧：《外资引入、技术进步偏向影响了制造业的碳排放吗？——来自我国 27 个制造行业面板数据模型的实证检验》，《中国软科学》2022 年第 1 期。

［36］李旭辉、陶贻涛：《"双碳"目标下中国绿色低碳创新发展测度、区域差异及成因识别》，《中国人口·资源与环境》2023 年第 1 期。

［37］李振冉、宋妍、岳倩、张明：《基于 Sfa-Ckc 模型评估中国碳排放效率》，《中国人口·资源与环境》2023 年第 4 期。

［38］廖文龙、董新凯、翁鸣、陈晓毅：《市场型环境规制的经济效应：碳排放交易、绿色创新与绿色经济增长》，《中国软科学》2020 年第 6 期。

［39］林熙、刘啟仁、冯桂媚：《智能制造与绿色发展：基于工业机器人进口视角》，《世界经济》2023 年第 8 期。

［40］林星阳：《"碳中和"目标下中国开征碳关税研究》，《国际贸易》2022 年第 5 期。

［41］刘秉镰、孙鹏博：《开发区"以升促建"如何影响城市碳生产率》，《世界经济》2023 年第 2 期。

［42］刘华军、乔列成：《中欧大气污染的空间交互影响网络与双边合作治理——基于大数据因果推断技术的实证研究》，《统计研究》2021 年第 2 期。

［43］刘家悦、谢靖：《环境规制与制造业出口质量升级——基于要素投入结构异质性的视角》，《中国人口·资源与环境》2018 年第 2 期。

［44］刘满凤、程思佳：《碳排放权交易促进地区产业结构优化升级了吗?》，《管理评论》2022 年第 7 期。

［45］刘敏：《产业创新人才开发路线图的方法与实践——以"双碳"背景下粤港澳大湾区绿色低碳产业创新人才开发路线图为例》，《科技管理研究》2022 年第

21 期。

[46] 刘强、马彦瑞、徐生霞：《数字经济发展是否提高了中国绿色经济效率?》,《中国人口·资源与环境》2022 年第 3 期。

[47] 陆扬、王育宝：《绿色低碳发展、环境规制与企业绿色创新——基于中介效应与门槛效应的实证分析》,《大连理工大学学报（社会科学版)》2023 年第 4 期。

[48] 马勇、李美仪：《中国碳交易市场的运行效率与风险测算》,《国际金融研究》2023 年第 8 期。

[49] 马宗国、赵倩倩、蒋依晓：《国家自主创新示范区绿色高质量发展评价》,《中国人口·资源与环境》2022 年第 2 期。

[50] 米明金程、赵忠秀：《产业集聚与企业出口碳脱钩》,《国际贸易问题》2022 年第 9 期。

[51] 聂秀华、江萍、郑晓佳、吴青：《数字金融与区域技术创新水平研究》,《金融研究》2021 年第 3 期。

[52] 沙文兵、彭徐彬：《低碳经济转型与企业出口产品质量：基于低碳城市试点的准自然实验》,《世界经济研究》2023 年第 4 期。

[53] 商迪、李华晶、姚珺：《绿色经济、绿色增长和绿色发展：概念内涵与研究评析》,《外国经济与管理》2020 年第 12 期。

[54] 邵帅、范美婷、杨莉莉：《经济结构调整、绿色技术进步与中国低碳转型发展——基于总体技术前沿和空间溢出效应视角的经验考察》,《管理世界》2022 年第 2 期。

[55] 沈丽、范文晓：《中国碳排放效率与金融业高质量发展的时空耦合协调》,《中国人口·资源与环境》2023 年第 8 期。

[56] 沈璐、廖显春：《绿色金融改革创新与企业履行社会责任——来自绿色金融改革创新试验区的证据》,《金融论坛》2020 年第 10 期。

[57] 斯丽娟、曹昊煜：《绿色信贷政策能够改善企业环境社会责任吗——基于外部约束和内部关注的视角》,《中国工业经济》2022 年第 4 期。

[58] 宋华、韩梦玮、胡雪芹：《供应链金融如何促进供应链低碳发展? ——基于国网英大的创新实践》,《管理世界》2023 年第 5 期。

[59] 宋鹏、陈光明、尹梦蕾、黄婉婷：《电力行业可再生能源补贴与全国碳市场协同减排效应》,《中国人口·资源与环境》2023 年第 7 期。

[60] 苏冬蔚、连莉莉：《绿色信贷是否影响重污染企业的投融资行为?》,《金融

研究》2018 年第 12 期。

[61] 苏振、郑应宏、郭峦：《数字经济对旅游业碳排放效率的影响及门槛效应》，《中国人口·资源与环境》2023 年第 8 期。

[62] 孙传旺、张文悦：《对外直接投资与企业绿色转型——基于中国企业微观数据的经验研究》，《中国人口·资源与环境》2022 年第 9 期。

[63] 孙慧、丁辰鑫、王芝炜、宫圆圆、闫新杰、沈云鹏：《固定资产引致碳排放与部门完全碳强度——基于投入产出法的测算与分析》，《中国人口·资源与环境》2023 年第 5 期。

[64] 孙林、周科选：《中国低碳试点政策对外商直接投资质量影响研究——来自"低碳城市"建设的准自然实验证据》，《东南学术》2020 年第 4 期。

[65] 孙少岩、王笑音、高翠云：《绿色信贷能发挥碳减排效应吗?》，《中国人口·资源与环境》2023 年第 8 期。

[66] 唐晓旺：《促进低碳经济发展的企业所得税优惠政策研析》，《税务研究》2022 年第 4 期。

[67] 万煊、王俊：《碳排放交易策、产品转换与绿色产品创新——来自中国出口企业的经验与启示》，《国际贸易问题》2022 年第 4 期。

[68] 汪明月、李颖明、王子彤、刘释疑：《政治嵌入、外部融资对环境规制与绿色技术创新关系的影响》，《中国人口·资源与环境》2022 年第 8 期。

[69] 王博、徐飘洋：《碳定价、双重金融摩擦与"双支柱"调控》，《金融研究》2021 年第 12 期。

[70] 王分棉、贺佳：《地方政府环境治理压力会"挤出"企业绿色创新吗?》，《中国人口·资源与环境》2022 年第 2 期。

[71] 王锋、葛星：《低碳转型冲击就业吗——来自低碳城市试点的经验证据》，《中国工业经济》2022 年第 5 期。

[72] 王洪庆、郝雯雯：《高新技术产业集聚对我国绿色创新效率的影响研究》，《中国软科学》2022 年第 8 期。

[73] 王帅龙：《数字经济之于城市碳排放："加速器"抑或"减速带"?》，《中国人口·资源与环境》2023 年第 6 期。

[74] 王晓红、张少鹏、李宣廷：《创新型城市建设对城市绿色发展的影响研究》，《科研管理》2022 年第 8 期。

[75] 王星、张乾翔：《经济增长压力下金融集聚对碳排放效率的影响》，《中国

人口·资源与环境》2022 年第 3 期。

［76］王遥、潘冬阳、彭俞超、梁希:《基于 Dsge 模型的绿色信贷激励政策研究》,《金融研究》2019 年第 11 期。

［77］王奕淇、段洋洲:《中国双向 Fdi 协调发展的碳减排效应》,《中国人口·资源与环境》2023 年第 4 期。

［78］王永贵、李霞:《促进还是抑制:政府研发补助对企业绿色创新绩效的影响》,《中国工业经济》2023 年第 2 期。

［79］王喆、余紫菱、马莉莉:《中国自贸试验区的设立推动城市低碳发展了吗?》,《中国人口·资源与环境》2023 年第 8 期。

［80］王贞洁、王惠:《低碳城市试点政策与企业高质量发展——基于经济效率与社会效益双维视角的检验》,《经济管理》2022 年第 6 期。

［81］魏丽莉、侯宇琦:《数字经济对中国城市绿色发展的影响作用研究》,《数量经济技术经济研究》2022 年第 8 期。

［82］魏守道:《南北国家差异化碳税政策的经济—环境效应——基于碳排放责任视角的序贯博弈分析》,《西安交通大学学报（社会科学版)》2020 年第 5 期。

［83］邬彩霞:《"一带一路"共建国家低碳经济发展水平测度与对比分析》,《贵州社会科学》2022 年第 10 期。

［84］邬彩霞:《中国低碳经济发展的协同效应研究》,《管理世界》2021 年第 8 期。

［85］吴茵茵、齐杰、鲜琴、陈建东:《中国碳市场的碳减排效应研究——基于市场机制与行政干预的协同作用视角》,《中国工业经济》2021 年第 8 期。

［86］肖仁桥、马伯凡、钱丽、沈佳佳:《低碳城市试点政策对企业绿色创新的影响及其作用机制》,《中国人口·资源与环境》2023 年第 5 期。

［87］徐继祥、周建平、刘程军:《数字经济发展对城市碳排放影响的空间效应》,《地理研究》2022 年第 1 期。

［88］徐晓光、樊华、苏应生、郑尊信:《中国绿色经济发展水平测度及其影响因素研究》,《数量经济技术经济研究》2021 年第 7 期。

［89］徐永慧、赵燕、邓格致:《资本有机构成深化与绿色全要素生产率增长:基于 2004—2019 年中国地级及以上城市的实证研究》,《南方经济》2023 年第 6 期。

［90］许文立、孙磊:《市场激励型环境规制与能源消费结构转型——来自中国碳排放权交易试点的经验证据》,《数量经济技术经济研究》2023 年第 7 期。

［91］许宪春、任雪、常子豪：《大数据与绿色发展》，《中国工业经济》2019 年第 4 期。

［92］许艺煊、毛顺宇、李军林：《双重激励下的企业绿色创新——绿色信贷和财政补贴的政策协同效应与机制》，《国际金融研究》2023 年第 4 期。

［93］闫佳彤、黄书培、李文龙：《双碳目标下基于演化博弈的高耗能企业节能降碳机制》，《资源科学》2022 年第 8 期。

［94］闫里鹏、牟俊霖：《低碳城市试点对劳动就业的影响机制及其异质性》，《中国人口·资源与环境》2023 年第 7 期。

［95］杨超、王斯一、程宝栋：《欧盟碳边境调节机制的实施要点、影响与中国应对》，《国际贸易》2022 年第 6 期。

［96］杨友才、牛晓童：《社会信任对环境规制碳减排效果的影响——基于中国 281 个地级市的面板数据》，《中国人口·资源与环境》2023 年第 4 期。

［97］叶林、邓睿彬：《城市绿色治理何以可能？——"双碳"目标下的城市治理转型》，《同济大学学报（社会科学版）》2023 年第 3 期。

［98］于法稳、林珊：《"双碳"目标下企业绿色转型发展的促进策略》，《改革》2022 年第 2 期。

［99］余典范、蒋耀辉、张昭文：《中国碳排放权交易试点政策的创新溢出效应——基于生产网络的视角》，《数量经济技术经济研究》2023 年第 3 期。

［100］余娟娟、余东升、张辉：《"一带一路"倡议对沿线国家碳排放的影响》，《中国人口·资源与环境》2023 年第 5 期。

［101］袁华锡、封亦代、罗翔勇、刘耀彬：《制造业集聚如何影响区域绿色发展福利？》，《中国人口·资源与环境》2022 年第 5 期。

［102］袁华锡、刘耀彬：《金融集聚与绿色发展——基于水平与效率的双维视角》，《科研管理》2019 年第 12 期。

［103］詹诗渊：《碳排放权市场的规范性构建》，《中国人口·资源与环境》2023 年第 8 期。

［104］张兵兵、王捷、闫志俊：《绿色进口如何驱动碳减排及碳达峰目标实现——基于进口绿色技术复杂度视角》，《南开经济研究》2023 年第 8 期。

［105］张国兴、樊萌萌、马睿琨、林伟纯：《碳交易政策的协同减排效应》，《中国人口·资源与环境》2022 年第 3 期。

［106］张杰、范雨婷：《创新型城市绿色发展：效率测算、外部性与提升路

径》,《中国人口·资源与环境》2023 年第 2 期。

[107] 张可云、张江:《城市群多中心性与绿色发展效率——基于异质性的城镇化空间布局分析》,《中国人口·资源与环境》2022 年第 2 期。

[108] 张磊、许明、阳镇:《知识产权保护的雾霾污染减轻效应及其技术创新机制检验》,《南开经济研究》2021 年第 1 期。

[109] 张明、张鹭、宋妍:《异质性环境规制、空间溢出与雾霾污染》,《中国人口·资源与环境》2021 年第 12 期。

[110] 张明斗、王亚男:《低碳政策试点、区域非均衡与城市财富增长》,《山西财经大学学报》2022 年第 8 期。

[111] 张宁:《碳全要素生产率、低碳技术创新和节能减排效率追赶——来自中国火力发电企业的证据》,《经济研究》2022 年第 2 期。

[112] 张荣博、钟昌标:《智慧城市试点、污染就近转移与绿色低碳发展——来自中国县域的新证据》,《中国人口·资源与环境》2022 年第 4 期。

[113] 张涛、侯宇恒、曲晓溪、张卓群:《碳循环、气候变化与金融风险——基于 Dsge 模型》,《中国人口·资源与环境》2023 年第 8 期。

[114] 张希良、张达、余润心:《中国特色全国碳市场设计理论与实践》,《管理世界》2021 年第 8 期。

[115] 张艳、郑贺允、葛力铭:《资源型城市可持续发展政策对碳排放的影响》,《财经研究》2022 年第 1 期。

[116] 张振华、汪京、冯严超、田文佳:《绿色金融改革创新试验区对臭氧污染的影响效应》,《中国人口·资源与环境》2022 年第 12 期。

[117] 赵文霞、刘洪愧:《中国环境贸易措施与企业绿色创新》,《国际贸易问题》2022 年第 3 期。

[118] 郑汉、郭立宏:《低碳城市试点对邻接非试点城市碳排放的外部效应》,《中国人口·资源与环境》2022 年第 7 期。

[119] 郑惠泽、王辉、王金平、李宇航、王文涛:《碳中和背景下金砖国家气候政策、能源结构与碳排放的比较》,《中国人口·资源与环境》2023 年第 6 期。

[120] 周小亮、宋立:《中国工业低碳转型:现实分析与政策思考》,《数量经济技术经济研究》2022 年第 8 期。

[121] 周肖肖、贾梦雨、赵鑫:《绿色金融助推企业绿色技术创新的演化博弈动态分析和实证研究》,《中国工业经济》2023 年第 6 期。

［122］周新苗、刘慧宏、唐绍祥、盛沛锋：《不同驱动机制下绿色金融发展的宏观经济效应研究》，《中国软科学》2021 年第 12 期。

［123］朱民、Nicholas Stern、Joseph E. Stiglitz、刘世锦、张永生、李俊峰、Cameron Hepburn：《拥抱绿色发展新范式：中国碳中和政策框架研究》，《世界经济》2023 年第 3 期。

［124］Attahiru, Y. B., M. M. A. Aziz, K. A. Kassim, S. Shahid, W. A. W. A. Bakar, T. F. Nsashruddin, F. A. Rahman, and M. I. Ahamed, "A Review On Green Economy and Development of Green Roads and Highways Using Carbon Neutral Materials", *Renewable & Sustainable Energy Reviews*, 2019, 101: 600−613.

［125］Brown, D., M. C. Brisbois, M. Lacey−Barnacle, T. Foxon, C. Copeland, and G. Mininni, "The Green New Deal: Historical Insights and Local Prospects in the United Kingdom (Uk)", *Ecological Economics*, 2023, 205: 107696.

［126］Flammer, C., "Corporate Green Bonds", *Journal of Financial Economics*, 2021, 142 (2): 499−516.

［127］Goulder, L. H. and A. R. Schein, "Carbon Taxes Vs. Cap and Trade: A Critical Review", *Climate Change Economics*, 2013, 3 (4): 1350010.

［128］Hong, Q., L. Cui, and P. Hong, "The Impact of Carbon Emissions Trading On Energy Efficiency: Evidence From Quasi−Experiment in China? S Carbon Emissions Trading Pilot", *Energy Economics*, 2022, 110: 106025.

［129］ICAP., "Emissions trading worldwide: Status report 2021", *Berlin: International Carbon Action Partnership*, 2021.

［130］Liao, Z., C. Xu, H. Cheng, and J. Dong, "What Drives Environmental Innovation? A Content Analysis of Listed Companies in China", *Journal of Cleaner Production*, 2018, 198: 1567−1573.

［131］Liu, K., C. Meng, J. Tan, and G. Zhang, "Do Smart Cities Promote a Green Economy? Evidence From a Quasi−Experiment of 253 Cities in China", *Environmental Impact Assessment Review*, 2023, 99: 107009.

［132］Liu, L., Y. Zhang, X. Gong, M. Li, X. Li, D. Ren, and P. Jiang, "Impact of Digital Economy Development On Carbon Emission Efficiency: A Spatial Econometric Analysis Based On Chinese Provinces and Cities", *International Journal of Environmental Research and Public Health*, 2022, 19 (22): 14838.

［133］Koomen, A., Y. Bouchery, and T. Tan, "Framework for Selecting Carbon Emission Abatement Projects in Supply Chains", *Supply Chain Forum: An International Journal*, 2022: 1-17.

［134］Merino-Saum, A., J. Clement, R. Wyss, and M. G. Baldi, "Unpacking the Green Economy Concept: A Quantitative Analysis of 140 Definitions", *Journal of Cleaner Production*, 2020, 242: 118339.

［135］Nawaz, M. A., U. Seshadri, P. Kumar, R. Aqdas, A. K. Patwary, and M. Riaz, "Nexus Between Green Finance and Climate Change Mitigation in N-11 and Brics Countries: Empirical Estimation through Difference in Differences (Did) Approach", *Environmental Science and Pollution Research*, 2021, 28 (6): 6504-6519.

［136］Pan, A., W. Zhang, X. Shi, and L. Dai, "Climate Policy and Low-Carbon Innovation: Evidence From Low-Carbon City Pilots in China", *Energy Economics*, 2022, 112: 106129.

［137］Pearce, D., A. Markandya, and E. Barbier, "Blueprint for a green economy", London: Earthscan Publication Limited, 1989.

［138］Petroni, G., B. Bigliardi, and F. Galati, "Rethinking the Porter Hypothesis: The Underappreciated Importance of Value Appropriation and Pollution Intensity", *Review of Policy Research*, 2019, 36 (1): 121-140.

［139］Schmalensee, R. and R. N. Stavins, "Lessons Learned From Three Decades of Experience with Cap and Trade", *Review of Environmental Economics and Policy*, 2017, 11 (1): 59-79.

［140］Su, Y. and G. Xu, "Low-Carbon Transformation of Natural Resource Industry in China: Determinants and Policy Implications to Achieve Cop26 Targets", *Resources Policy*, 2022, 79: 103082.

［141］Wen, H., C. Lee, and F. Zhou, "Green Credit Policy, Credit Allocation Efficiency and Upgrade of Energy—Intensive Enterprises", *Energy Economics*, 2021, 94: 105099.

［142］Wu, Q., Z. Sun, L. Jiang, and L. Jiang, " 'Bottom-Up' Abatement On Climate From the 'Top-Down' Design: Lessons Learned From China's Low-Carbon City Pilot Policy", Empirical Economics. Xiang, X., Liu, C. and Yang, M., 2022, "Who is Financing Corporate Green Innovation?", *International Review of Economics & Finance*,

2023, 78: 321-337.

［143］Xia, L., S. Gao, J. Wei, and Q. Ding, "Government Subsidy and Corporate Green Innovation—Does Board Governance Play aRole?", *Energy Policy*, 2022, 161: 112720.

［144］Xiang, X., C. Liu, and M. Yang, "Who is Financing Corporate Green Innovation?", *International Review of Economics & Finance*, 2022, 78: 321-337.

［145］Yin, H., Y. Qian, B. Zhang, and R. Perez, "Urban Construction and Firm Green Innovation: Evidence From China's Low—Carbon Pilot City Initiative", *Pacific-Basin Finance Journal*, 2023, 80: 102070.

［146］Zhang, M., Y. Ge, L. Liu, and D. Zhou, "Impacts of Carbon Emission Trading Schemes On the Development of Renewable Energy in China: Spatial Spillover and Mediation Paths", *Sustainable Production and Consumption*, 2022, 32: 306-317.

［147］Zhang, Q., R. Wang, D. Tang, and V. Boamah, "The Role and Transmission Mechanism of Forest Resource Abundance On Low—Carbon Economic Development in the Yangtze River Delta Region: Insights From the Cop26 Targets", *Resources Policy*, 2023, 85: 103944.

［148］Zou, C., Y. Huang, S. Wu, and S. Hu, "Does 'Low-Carbon City' Accelerate Urban Innovation? Evidence From China", *Sustainable Cities and Society*, 2022, 83: 103954.

专题四 全球产业链价值链韧性与重构

20世纪80年代以来，全球产业链价值链逐步成为国际分工的主导形态，并在迅猛发展和深度演进中为世界经济的繁荣发展作出了巨大贡献。然而，近年来国际形势发生了重大而深刻的变化，世界百年未有之大变局加速演进，叠加全球疫情和地缘政治冲突对全球经济与贸易产生的巨大冲击，触发国际分工体系加速调整，全球产业链和价值链正在经历新一轮的结构化调整与重构。一方面，全球贸易保护主义抬头，逆全球化浪潮不断涌现，世界经济进入深度调整期，全球产业链价值链将进一步向本土化、多元化和区域化方向迈进；另一方面，新一轮科技革命和产业变革深入发展，全球产业链价值链将朝向数字化、服务化和绿色化方向转型升级。在全球产业链价值链这一调整和重构过程中，"韧性"（Resilience）将被全球各主要经济体视为衡量价值链竞争优势的最核心要素。产业链价值链"韧性"，可以理解为当产业链遭受外部冲击时，产业链通常具备较强的抵御风险能力与自我恢复能力，能够较快地回归之前的运行路径以保持链条的稳定性或者重新配置资源拓展新的增长路径以实现产业链升级（陈晓东等，2022；Shen和Sun，2023；吕越和张杰，2023）。在产业链韧性偏好下，各国将更加强调产业安全和本国利益优先，这促使全球产业链价值链重构趋势呈现出更为复杂的方式。当前，全球产业链价值链韧性与重构已成为世界经济学科发展的热点议题，引起了学术界的广泛讨论。众多学者纷纷从全球产业链价值链的重构趋势、驱动因素以及影响等方面展开探讨，从国内文献来看，学者们侧重于探讨基于全球产业链价值链重构趋势下寻求产业链"韧性"的中国方案。

一、全球产业链价值链重构的趋势

（一）规模萎缩与扩张趋缓

20世纪80年代以来，跨国公司为了寻求效率而跨越国界在全球范围内投资生产，由此全球价值链活动得以在全球范围内扩张。国际金融危机发生以后，经济"逆全球化"特征显现，全球贸易和投资活动下降，全球价值链逐渐呈现收缩态势（渠慎宁和杨丹辉，2022）。据《全球价值链发展报告（2021）》数据，2000—2010年，全球总出口额年均增速高达 8.7%，全球贸易活动呈高速增长态势；2010 年以来，全球总出口额年均增速仅为 3.7%，全球贸易活动逐渐转向中低速增长。同时，报告还显示，全球价值链参与率和全球价值链长度增势均在 2010 年后趋于回落，2020 年更是大幅下降（吴迪，2023）。从经济因素来看，全球跨境贸易与投资下降是全球价值链规模萎缩的直接原因（李坤望等，2023）。2008 年全球金融危机爆发以来，全球贸易和投资活动低迷，而以跨国投资活动、中间品贸易驱动为特征的全球价值链由此步入深度结构调整期（贺俊，2020），表现为全球价值链扩张步伐停滞甚至呈现阶段性收缩。张辉等（2022）指出全球价值链活动在经历过去三十年的快速扩张后逐渐转向停滞和收缩，表现为全球各类型活动在过去十年中的全球价值链参与率均呈下降趋势。根据《世界发展报告（2020）》，2012 年以来全球价值链参与率平均每年下降 1.6 个百分点。从非经济因素看，新冠疫情、大国战略博弈等外部冲击通过全球价值链网络加剧了对全球生产、贸易和投资活动的破坏性影响，在很大程度上扭曲了全球价值链，并削弱和破坏了全球价值链的稳定与扩张（余南平，2021；庞珣和何晴倩，2021）。

（二）本土化、多元化和区域化趋势加强

众多研究表明，各国基于提升产业链"韧性"的战略考量，将加速全球价值链的区域布局，新一轮全球价值链将朝着本土化、多元化和区域化的方向发展（盛朝迅，2021）。一是本土化发展趋向。2008 年国际金融危机之后，部分发达国家意识到早期去工业化战略所带来的"产业空心化"后果的严重性，于是出于产业安全考虑，开启重振制造业计划、促进制造业产业回流（张二震和戴翔，2022）。2020 年新冠疫情冲击叠加地缘政治冲突阻断了全球供应链，产业链供应缺位、供应依赖等问题进一步凸显，迫使相关国家将相关产业和产品相关生产环节迁回本土生产，以强化产能的本土化部署（刘志彪，2020；杨耀武等，2020；余南平，2021）。例如，美国政府在 2022 年 8 月出台《芯片和科学法案》，以巨额补贴支持美国在芯片领域的生产和研发，以提高美国国内的芯片制造产能；日本实施"供应链改革计划"，拨出巨额贷款用于鼓励本国企业回迁本土，并倡导在半导体、电池、医疗等重点领域重新构建产业链。二是供应链多元化布局。新冠疫情冲击暴露了供应链集中化可

能产生的断供风险，促使各国更加审视其产业链的脆弱性，实现供应链的多元化布局、保障产业链各个环节和阶段均具有可替代性成为各国统筹分工效率和安全的重点战略（杨丹辉和渠慎宁，2021；戴翔等，2022；周祺，2022）。例如，以美、日、欧为代表的发达国家出台各种政策举措加速供应链多元化布局调整。日本设立"海外供应链多元化项目"，将越南、泰国等东盟国家作为海外投资生产基地；美国政府以修复供应链中断风险为由，对国内六个关键行业、四大类关键产品启动供应链安全和韧性审查，试图推动构建垂直一体化的生产供应链；欧盟于2021年启动"供应链多元化计划"，意图降低其在原材料、电池、活性药物成分、氢气、半导体和云及边缘计算技术6个战略性领域的对外依赖性。三是区域化特征明显。杨丹辉和渠慎宁（2021）指出，与全球价值链收缩态势形成鲜明对比的是基于区域分工的价值链体系显现出较高的效率和活力。近年来，在新型多边贸易协定，如《全面与进步跨太平洋伙伴关系协定》（CPTPP）、《美墨加自由贸易协定》（USMCA）、《区域全面经济伙伴关系协定》（RCEP）以及《印太经济框架倡议》（IPEF）等的引领下，全球产业分工逐渐回缩到一个区域内形成集聚（刘志彪，2020），从而使得整个产业链的空间布局从全球分工的碎片化趋势逐步转向区域化趋势（阳镇等，2022）。目前，在全球化过程已经确定形成以美国为中心的北美区域、以德国为中心的欧洲区域和以中国为中心的亚洲区域三大区域价值链，这三大区域价值链通过投入产出关联构成新的全球产业链价值链体系（杨耀武等，2020），并且呈现出区域内关联程度高于区域外关联程度的显著特征（张二震和戴翔，2022；Fan等，2023）。

（三）数字化、服务化和绿色化转型加速

新一轮信息技术革命不断深入，加速传统全球价值链的数字化、服务化和绿色化转型，有助于提升产业链价值链的"韧性"。一是数字化转型趋向。大数据、云计算、物联网、区块链、人工智能等数字技术逐渐渗透到全球经济活动中，在全球价值链的社会生产端、组织端、消费端引发"数字化"过程。首先，在社会生产端，生产设备与控制过程的全流程实现数字智能化，促使生产的范围经济效应与规模经济效应放大（荆林波和袁平红，2019；余南平，2021；杨丹辉和渠慎宁，2021）。其次，数字技术加速在各产业领域融合渗透，一方面可以推动传统产业的数字化转型、网络化转型、智能化转型以及服务化转型等步伐加快；另一方面还会催生出一系列新业态，促进产业分工进一步深化和向专业化发展，进而彻底改变产业的生产组织范式（戴翔等，2022；张二震和戴翔，2022）。最后，从消费端来看，

人工智能、大数据、云计算等数字技术的应用能够实现对海量个性化消费需求的精准洞察和捕捉，并通过数字平台直接连接生产者和消费者，通过建立实时互动和信息反馈的渠道连接，帮助生产企业更好地响应消费者需求，从而实现企业的研发设计与制造过程和售后服务的深度融合，进而大大扩延整个产业链和价值链空间（Alfaro 等，2019；Szalavetz，2019；杨继军等，2022；吕越和张杰，2023）。二是服务化发展趋向。伴随技术进步，全球价值链分工活动进一步由制造业领域向服务业领域拓展和延伸，促使服务业逐步渗透到价值创造活动，在协调价值链活动和制造、创造产品价值方面发挥着重要作用（张二震和戴翔，2022；王飞等，2023）。沈铭辉和李天国（2023）指出，从产品的研发、营销，再到财务和人力资源投入等环节，服务业的价值创造渗透到物质产品的不同生产环节，构成非常重要的中间投入，不仅提升了产品的附加值，也推动了全球生产分工向差异化和深度化发展。三是绿色化升级趋向。当前，全球 130 多个国家和地区宣布了"碳中和"目标，各国基于碳中和目标达成的国际共识将在中长期内直接影响全球生产和消费方式，促使能源转型和绿色创新成为跨国公司投资的重点领域和国际生产体系调整的重要方向，进而推动全球产业链价值链实现绿色化升级（杨丹辉和渠慎宁，2021；吕越和邓利静，2021；杨丹辉，2022；沈铭辉和李天国，2023；吴迪，2023）。

二、全球产业链价值链重构的驱动因素

全球产业链价值链重构受到多重力量驱动。通过梳理近几年来有关全球产业链价值链的研究脉络，可以将其背后驱动因素大致归为技术进步、要素禀赋变化、制度变迁等内源性因素以及外部环境变动等外源性因素两大类。

（一）内源性因素

1. 技术进步

技术进步是推动国际分工演进的最根本力量，也是新一轮全球产业链价值链重构的核心因素（戴翔等，2022；倪红福，2022）。早期国际分工理论认为，当技术进步带来的生产效率提升足以弥补生产环节被分割并配置到不同国家和地区带来的交易成本上升时，生产分工活动得以细化和演进。20 世纪 80 年代以来信息通信技术的发展，不仅促进了产品生产过程中生产效率的提高，还大幅降低了生产分工环节之间以及跨区域配置的交易成本，使全球产业链布局突破了地理空间的约束，在世界范围内引发产业结构升级和产业转移，成为价值链分工活动全球扩张的根本动

力（石建勋等，2022；戴翔等，2022）。当前，以数字技术为代表的新一轮信息技术革命正在迅速发展，数字技术主要通过要素重组效应、产业链赋能效应与规则引导效应来改变全球价值链产业组织范式与分工格局（戴翔和李亚，2022；易子榆等，2022）。要素重组效应是指数字技术发展不仅拓展了生产要素范畴，形成了数据资源这一新型生产要素，还改变了要素的相对重要性，推动生产要素组合的结构性变化，从而引发全球新的生产关系形成，进而重塑整个全球产业链价值链的分工格局（余南平，2021；阳镇等，2022；戴翔等，2022）。产业链赋能效应是指数字技术深入渗透到全球产业链的生产、制造、交易、分配等各个环节，深刻改变了传统产业链固有的分工与运作模式，促使产业链各环节的效率不断提升，进而改变全球产业链的附加值结构，促进全球价值链深度调整乃至重构（余南平，2021；戴翔和李亚，2022）。黄亮雄等（2023）通过实证研究表明，发展中经济体应用工业机器人能够显著缩小与经济体国家之间的全球价值链议价能力，这有助于突破其在全球价值链上与发达经济体对立的二元结构，改善全球价值链不利地位。规则引导效应是指数字技术发展催生出的数字经济新业态，在数据跨境流动、数据安全、数字贸易等领域对全球价值链的治理规则和框架提出了全新要求，各国对数字经济规则与治理框架的探索与完善必定会对价值链的空间长度和分布产生影响，进而促使全球价值链治理模式深度调整乃至重构（戴翔和李亚，2022）。因此，在新一轮信息技术革命下，数字技术发展必定会推动全球产业链价值链发生重构。

2. 要素禀赋变化

传统国际贸易理论认为，要素禀赋是影响国际生产分工的关键力量。20世纪80年代以来，全球各国间在不同要素禀赋（诸如自然资源、劳动力、资本、技术等）基础上形成的生产率差异与成本差异成为跨国公司选择离岸经营活动的重要因素（张辉等，2022）。随着以FDI为表现形式的生产要素跨国流动性日益增强，不同国家和地区秉承各自的要素禀赋优势，参与产业链分工的相应环节，以此塑造各自在全球产业链上的分工地位并获得相应增值，从而推动全球价值链分工的演进和发展（戴翔和张二震，2018）。然而，近年来新兴经济体迅速崛起，各国之间的要素成本差异缩小（麦肯锡全球研究院，2019a），削弱了新兴经济体与发达经济体间成本差距的竞争力，从而降低了资本跨国流动寻求离岸经营的动力。与此同时，以数字技术为代表的新一轮信息技术革命正在影响不同生产要素的相互替代性和相对重要性，进而促使不同国家间的资源禀赋优势发生变化，最终影响新的产业分工格局形成（杨耀武等，2020）。具体来说，一方面，数字技术的发展将强化数据作为新型关键生产要素的重要作用，从而重塑各经济体间的要素禀赋优势，进而以全新的生产逻辑引发全球产业链价值链重构（余南平，2021；余南平和冯峻锋，2022）。另一方面，数字技术的大规模使用增加了资本对劳动的替代率，弱化了中低技能劳动力的地位，从而削弱发展中国家在传统劳动密集型产业上的比较优势，减少这些国家的价值链分工收益（Acemoglu 等，2019；马盈盈和崔晓敏，2021；杨丹辉和渠慎宁，2021）。郭周明和裘莹（2020）指出，数字技术发展通过改变劳动和资本的报酬比引起要素结构变化，最终改变价值链空间布局、长度和治理结构。戴翔等（2022）认为，在产业智能化发展方向下，除数字技术外的其他要素禀赋优势将难以继续成为跨国公司布局全球生产网络考虑的重点因素。

3. 制度变迁

制度因素在驱动全球价值链分工演进中同样发挥着极为关键的作用（Antràs，2020；戴翔等，2022；郭周明和裘莹，2020）。张二震和戴翔（2022）认为，制度因素在推动经济全球化和国际分工演变方面比技术因素更为重要。目前多数研究认定，近年来，贸易保护主义的政策环境转向、国家干预政策加强、新型区域贸易协定层出叠见，WTO 框架下的多边贸易规则边缘化，这些制度因素的变化均在不同程度上影响着全球产业链价值链的分布和走向（黄鹏，2021；张辉等，2022；郭周明和裘莹，2020；倪红福和张志达，2022）。张辉等（2022）认为，出口管制、出口补贴、许可证限制、外商投资限制、非关税措施等贸易壁垒不仅会对全球价值链分工产生累积和放大效应（倪红福等，2018；段玉婉等，2018），导致贸易成本激增，还会沿着供应链扩散对价值链上其他贸易伙伴产生连锁反应，加剧贸易保护措施对全球价值链分工的负面影响，动摇全球价值链的构建基础，从而造成巨大的福利损失（Antras 和 Gortari，2020；Cappariello 等，2020）。当保护过"重"时，甚至会矫枉过正，导致供应链中断，进而引发全球价值链向本土化、多元化方向发展。另外，区域贸易协定层出叠见，促使全球价值链的核心环节在不同区域沉淀，美、日、欧等发达国家正依靠不断增加的深度区域贸易协定，对全球生产网络进行分割和重新组合（荆林波和袁平红，2019；张辉等，2022）。张中元（2019）通过实证研究表明，新型区域贸易协定下由发达经济体主导并制定的与非关税壁垒、服务业开放、边境后措施等议题挂钩的国际经贸新规则制约了部分发展中经济体融入全球价值链分工体系。倪红福和张志达（2022）指出，CPTPP、USMCA、RCEP 等新型区域贸易协定大行其道，致使国际贸易倾向于在区域贸易协定内发展，从而形成区域性的生产和贸易中心，推动全球产业链价值链的转移和重构。索维和张亮（2022）认为，RCEP 将有利于加速以中国为核心的亚太区域价值链融合发展，并推动亚洲、北美和欧盟三大自贸区"三足鼎立"格局的形成。更为重要的是，原有保障全球分工体系演进与发展的 WTO 国际经贸规则和治理体系，在驱动新一轮国际分工演进方面的作用显著下降（杨丹辉和渠慎宁，2021；张二震和戴翔，2022）。黄鹏（2021）指出，当日趋复杂和紧密的世界生产关系逐渐向服务市场开放和向边境内延展时，WTO 治理体系却仍停留在商品全球化的阶段，这也导致越来越多的、原本坚持多边立场的发达经济体（如欧盟和日本）和发展中经济体主动寻求加入区域/双边贸易协定的谈判队伍，最终造成了现阶段全球经济治理"区域/双边贸易规则盛行、WTO 多边贸易规则边缘化"的局面（陈靓和黄鹏，2019）。

（二）外源性因素

在技术、成本和制度等推动全球产业链价值链重构的核心因素发生变化的同时，新冠疫情、大国竞争加剧以及地缘政治冲突等外部冲击，也加剧了全球产业链价值链重构态势（倪红福，2021；张二震和戴翔，2022；石建勋等，2022；Khorana 等，2022；张兴祥和杨子越，2023）。从表面影响来看，疫情造成的生产停滞，俄乌冲突造成的石油、粮食等国际大宗商品供应短缺直接对全球贸易和投资活动造成巨大冲击，致使全球产业链价值链规模进一步收缩、扩张停滞（倪红福，2021）。从深层次影响来看，外部冲击暴露了全球价值链的脆弱性，促使各国从国家战略层面高度关注产业链的安全稳定和自主可控（杨耀武等，2020；杨丹辉和渠慎宁，2021；戴翔等，2022），从而引发其对国内产业链进行区域化重构或"去全球化"重构的政策转向（甄珍等，2022）。另外，中美博弈走向或成为未来国际环境最大的不确定性因素，将对全球产业链价值链的调整及重构产生长期影响（贺俊，2020；杨长春等，2022）。部分文献基于中美贸易摩擦的视角，指出全球两个最大贸易国之间的贸易摩擦在全球范围内引发了贸易、投资和产业转移效应，从而对全球价值链分工产生冲击，使原本正常运转的全球价值链断裂并"被动重构"（Fajgelbaum 和 Khandelwal，2022；袁振邦和张群群，2022；金仁淑和赵敏，2022），甚至引发国际经贸规则体系重构（竺彩华和刘让群，2021）。另一部分文献基于当前中美科技战略竞争的事实，认为中美之间全面展开的科技战略竞争将引发全球范围内两种相互隔离式的科技创新体系形成，进而驱动产业链供应链分工体系发生收缩、挤压和重构（张杰，2022；沈尤佳和陈若芳，2023）。

三、全球产业链价值链重构的影响

（一）对世界的影响

1. 世界经济格局发生重大变化

第一，国际分工格局面临重塑。全球产业链价值链重构过程将受到各国产业链韧性偏好的影响，推动全球价值链分工活动沿着"区域间减弱、区域内增强"的趋势，加速国际分工格局朝"区块化"格局方向演变（鞠建东等，2020a，2020b；臧新和刘佳慧，2021）。鞠建东等（2020b）认为，全球贸易、生产和消费网络已出现区域聚集特征，并已形成北美、欧洲和亚洲三大区域。余南平（2022）认为，欧洲基于"战略安全"考量，对产业链体系进行重构与区域化部署，这不仅会强化已经出现的全球价值链"区域化"特征，还会增加欧洲在全球价值链中的参与度，进而摆脱传统上美国的控制和依赖，同时与中国实现"战略平衡"。索维和张亮（2022）也认为，近年来亚洲区域价值链崛起，逐渐与北美区域价值链和欧洲区域价值链并驾齐驱，形成以美国、德国和中国为中心节点的"北美—欧洲—亚洲"三足鼎立的全球价值链分工新格局。第二，国际货币及金融格局加速演化。有学者指出，随着全球产业链格局的重构与调整，国际货币体系格局也面临新变局。保建云（2023）认为，乌克兰危机爆发加速了国际货币体系的"去美元化"趋势，美元的国际货币地位持续下降。张明和王喆（2022）认为，随着北美、欧洲、亚洲三大区域分工网络的巩固和深化，可以预见未来国际货币体系格局将从美元一家独大向多极化的方向演进，以配合区域化的国际分工体系。此外，全球产业链价值链的数字化转型趋势将自下而上地引发世界要素市场、生产体系、贸易体系、货币体系以及经济治理体系等世界经济体系发生数字化重构，从而推动世界经济格局发生深刻调整和变化（Kano 等，2020；保建云，2022）。

2. 全球经济治理体系遭遇挑战

基于马克思主义政治经济学逻辑，全球价值链本质上是世界各国生产关系的总和，属于世界范围的经济基础（黄鹏，2021；余南平，2021），它与全球经济治理体系之间的关系符合马克思"经济基础与上层建筑关系"理论，即随着全球价值链分工的演进和重构，全球经济治理体系也要相应地发生变革和重塑。然而，现有的全球经济治理体系无法有效地应对全球产业链价值链的调整，这种世界经济基础演进与上层建筑规则构建滞后的不同步、不协调对未来的全球经济治理提出了挑战

（张韦恺镝和黄旭平，2021）。第一，全球产业链价值链重构引发全球经济治理基础发生转变。王中美（2022）提出，在全球产业链价值链重构趋势下，各国强化产业链供应链韧性的战略目标取代了过去以推动贸易和投资自由化为核心的自由市场经济理想，促使全球经济治理基础从"自由化"转向"安全"。第二，全球产业链价值链重构引发全球经济治理机制发生变革。近期研究表明，区域贸易协定的兴起和活跃，促使全球贸易投资规则在区域内部叠加和深化，"意大利面碗"效应不断凸显，导致全球经济治理体系趋于分散化、碎片化和多极化（张韦恺镝和黄旭平，2021）。第三，全球产业链价值链的数字化趋势对构建统一且适用的全球经济治理体系提出新挑战。余南平（2021）认为，数字技术深入渗透到全球产业链价值链的同时，全球数字经济治理制度框架尚缺乏共识，这就导致数字经济价值链在割裂、无监管的模式下进行自我塑造，由此产生的"数字经济垄断"和"不对称发展"问题将成为未来全球经济治理的隐患。可见，全球产业链的重构将解构传统的全球经济治理体系，推动全球经济治理体系发生深刻变革（Dai 和 Zhang，2021；石建勋等，2022）。

（二）对中国的影响

1. 全球产业链重构给中国产业链安全稳定带来挑战

第一，"去中国化"风险冲击我国产业链供应链的稳定性。产业迁出和回流现象引发了学界内对各国追逐供应链"去中国化"的担忧。所谓"去中国化"，是指世界主要国家加大全球产业链上的经济安全和经济权力博弈，使得对供应链过度依赖的国家开始有意识地对中国的价值链和产业链进行拆解和重组（余南平，2021）。2020 年以来，美国加速通过贸易结盟和科技竞争两种手段推动全球生产网络体系从中国逐步转移的步伐，力图实现对中国战略和市场切割（沈国兵，2023；蒋瑛等，2023）。同时，日本为重塑供应链安全所推出的"供应链改革计划"、印太框架下印日澳三国启动的"弹性供应链倡议"以及近年来越南积极承接美日欧等地从中国迁出的产业和工厂等多重力量相互叠加，给中国产业链供应链的稳定施加了一定压力（苏杭和于芳，2022；李金锋，2023）。张二震和戴翔（2020）认为，在全球产业链重构趋势下，产业回流会动摇我国产业发展根基。还有学者认为，从中长期来看，低端制造业迁出、国外高技术制造业回流势必减弱我国产业链的外循环动力，从而对国内产业链供应链的稳定性造成冲击（倪红福和张志达，2022；戴翔，2020）。

第二，全球产业链重构加剧大国战略竞争影响，中国产业链升级面临严峻压力。

虽然目前中国是世界上唯一的全产业链国家，但在产业基础和产业技术领域与发达国家仍存在较大差距。随着全球产业链重构叠加中美之间大国竞争加剧，产业链"大而不强""全而不精"的问题进一步凸显，中国产业链升级将面临严峻的压力。石建勋等（2022）认为，新一轮全球产业链重构已成为大国战略竞争的主战场，原有的全球产业分工中的互补关系逐渐发展为竞争合作关系，全球产业链分工体系也不再仅仅局限为"经济利益"，而是通过发达国家的再工业化战略被赋予更多的"政治利益"。张二震和戴翔（2022）指出，在新一轮全球价值链分工演进中，部分主要国家所采取的不正当技术竞争手段阻碍了技术进步，也阻碍了新一轮经济全球化的步伐，同时对中国产业链供应链升级也会带来消极影响。近年来，美国先后采取"全面脱钩"到"精准脱钩"的对华关键技术封锁政策，通过"小院高墙"战略不断地在 5G、人工智能、芯片等关键技术领域对中国进行封锁和围堵，还试图拉拢利益同盟一起对中国从技术、市场等方面进行遏制（李晓华，2021）。张杰（2022）认为，中美之间这种持续性的科技创新战略竞争，会削弱中国利用外部创新合作网络体系促进科技创新自主能力提升的机会，限制中国利用既有的全球分工体系实施价值链升级的空间。

2. 全球产业链重构为中国产业链转型升级提供机遇

第一，超大市场规模和全产业链优势明显，为中国进一步留住产业链、扎根价值链和巩固分工地位带来机遇。一方面，中国已经具备超大市场规模优势，本土市场规模优势可以转化为中国参与国际竞争的新优势，帮助中国在新一轮全球产业链价值链重构中发挥积极作用。具体来说，全球需求市场重心的变化是引领全球产业链价值链重塑的重要力量之一（UNCTAD，2013；马盈盈和崔晓敏，2021）。20 世纪 80 年代以前，发达国家曾是全球需求的主导力量，但 80 年代以后发达国家需求逐渐停滞，金融危机之后又进一步下降，与此同时，亚洲新兴经济体的崛起带动全球产业链向新兴市场集聚（Cuervo-Cazurra 和 Pananond，P.，2023）。根据麦肯锡全球研究院（2019b）的报告，预计到 2030 年，发展中国家的市场需求规模将占据全球一半以上，其中中国占比将达到 16%，中国已经具备超大市场规模优势。发挥本土市场规模优势，不仅可以通过充分发挥规模经济效应、需求引致创新效应等传统母市场理论所揭示的作用机制，而且在全球价值链分工条件下，伴随本土市场规模扩大，还能够产生诱发价值链中高端向国内转移等重要作用机制（张二震和戴翔，2022）。戴翔等（2017）早先通过理论和经验模型验证了发展中国家本土市场规模扩大对制造业全球价值链攀升的影响效应及作用机制，发现发展中国家本土市场规模扩大会诱发价值链高端生产环节梯度转移，从而推动该国制造业在全球价值链中高端攀升。可以预见，中国具备的超大市场规模优势可以转化为中国参与国际竞争的新优势，为中国在新一轮全球产业链价值链重构中抢占制高点带来机遇。另一方面，中国是目前世界上工业体系最为健全的国家，拥有独立完整的全产业门类工业体系，这种全产业链优势或取代传统的劳动力总量和成本比较优势，成为中国深度参与全球价值链分工的新比较优势（倪红福和田野，2021；张辉等，2022；倪红福和张志达，2022）。张辉等（2022）指出，中国的全产业链优势意味着我国产业链供应链韧性高、抗风险能力强，更适合未来全球价值链配置中基于产业安全的考量。戴翔（2020）认为，尽管重构趋势会在短期内对我国产业链供应链的稳定性造成一定冲击，但中国的全产业链优势也让中国具备了进一步留住产业链、扎根价值链和巩固分工地位的机遇。

第二，数字经济发展带来重要战略机遇。当前，数字经济已经成为重组全球要素资源、重塑全球经济结构、改变全球竞争格局的关键力量（中国信息通讯研究院，2022）。习近平总书记曾多次在重要场合论述发展数字经济的重要性和紧迫性，强调"当今时代，数字技术、数字经济是世界科技革命和产业变革的先机，是新一轮国际竞争的重点领域"，"发展数字经济是把握新一轮科技革命和产业变革新机遇的战略选择"。《数字中国发展报告（2022年）》数据显示，2022年中国数字经济规模达50.2万亿元，占GDP比重上升到41.5%，总量稳居世界第二，与美国同处于数字经济全球第一梯队（李晓华，2019）；与此同时，数字产业化和产业数字化发展双双进入加速轨道，数字经济已经成为中国经济稳增长和促转型的重要引擎。郭周明和裘莹（2020）认为，数字经济将有益于中国持续提升全要素生产率，推动中国产业转型升级。李晓华（2021）认为，通过数字技术与制造业的深度融合加快制造业的服务化转型，能不断提高中国产业链供应链的柔性和韧性。戴翔等（2022）认为，在数字技术推动下的全球价值链重构阶段，中国数字经济发展拥有先发优势，中国应牢牢抓住全球新一轮技术革命和产业变革的这一重大战略机遇，夯实数字产业化和产业数字化所需赋能的数字基础，提升重构全球价值链的能力，开拓中国产业链升级新空间。可以预见，在新一轮全球产业链价值链重构中，数字经济先发优势或将成为中国参与全球价值链的新增长点，重塑中国在全球产业链价值链上的竞争优势。

第三，全球经济治理体系面临重构为提高中国在全球治理中的制度性话语权带来机遇。在全球产业链价值链重构背景下，以往基于合作、互惠、协商的多边主义全球经济治理体系趋于分散化、碎片化和区域化。有研究表明，当全球经济治理出现局限和缺失时，区域经济治理将成为全球化的新趋势，继续补充和推动全球经济治理体系向前发展（樊勇明和沈陈，2013）。对于中国而言，区域贸易协定 RCEP 的生效和"一带一路"倡议的实施赋予了中国影响区域经济治理的规则引导权，能够为中国提升在全球经济治理中的话语权带来重大机遇（张杰，2022）。一方面，RCEP 作为区域经济治理关键性的助推力量，有助于中国破除参与全球经济治理体系改革所面临的机制设计障碍、单边主义障碍和多边政治互信障碍等，提高中国在全球经济治理中的制度性话语权（韩永辉等，2021；余南平，2021）；另一方面，"一带一路"倡议作为中国参与全球经济治理的重要平台，在全球产业链价值链区域化趋向下迎来了发展的重要窗口期（吴迪，2023）。"一带一路"倡议强调开放、平等、包容，通过与各国实施"战略"对接，为沿线各国提供技术和制度供给，是中国在新的历史发展时期，作为负责任的大国向国际社会提供的公共产品，也是在全球经济治理困境下推动全球治理体系趋向包容均衡的重要举措（石静霞，2021；孙吉胜，2023）。此外，在 2020 年新冠疫情全球大流行中，中国所采取的疫情防控战略让中国在全球治理体系中展示了自身的意愿、实力和能力，极大地提升了国际话语权和影响力。可以预见，在全球经济治理体系亟待重构背景下，中国凭借在区域经济治理中的话语权和自身的国际地位，积极参与并引领全球经济治理体系的重构，是中国在"强起来"过程中的重大战略选择，也是提升全球治理体系主导权的重大战略机遇（秦亚青等，2022；石建勋等，2022）。

四、全球产业链价值链重构下的中国方案

抓住机遇，迎接挑战，打造更注重"韧性"和自主可控的产业链和价值链，这不仅是中国在新形势下攀升全球价值链的必由之路，也是推动和引领全球价值链重构并在挑战和优化全球价值链中作出更大贡献的必由之路。既有文献沿着"维护产业链供应链的安全稳定，促进产业链升级、向价值链中高端攀升，增强产业链的自主可控能力"的总体目标，分别从以下几个方面提出方案策略。

（一）以更高水平开放的姿态融入新一轮全球价值链分工

生产要素流向决定了产业链的转移和布局，因此扩大开放是中国主动融入和推动经济全球化发展的前提条件，也是进一步吸引全球产业链生产要素源源不断流入中国，稳定全球价值链分工的现实需要（石建勋等，2022；戴翔和张二震，2023）。

为此，中国要充分利用各种开放平台在更大范围、更宽领域和更深层次进一步向世界开放，做到向发达国家开放与扩大与其他发展中国家和地区的合作并重、制造业对外开放与扩大服务业有序开放并重、商品和要素流动型对外开放与规则等制度型开放并重。第一，在顺应和引领区域经济价值链趋势中抓住机遇，深化实施国家间的自由贸易区战略，推进"一带一路"建设、亚洲基础设施投资银行建设等，主动加强与周边国家的经贸和技术合作，形成和加强区域价值链中心地位（张二震和戴翔，2022）。具体而言，在 RCEP 合作框架内，加强东亚区域价值链合作，推动构建东亚国际经济循环体系，强化中国在东亚生产网络中的节点地位，提升对产业链的控制力（戴翔等，2022）；推进中日韩自由贸易区建设，充分释放中日韩供应链协作潜力（荆林波和袁平红，2019；沈铭辉和李天国，2023）。在"一带一路"倡议框架下，根据各国不同要素禀赋优势，通过差异化战略与沿线各国开展制造业产能合作，加快推进"向西开放"，发挥其"内外联通"的枢纽作用，推动中国与发展中国家之间互联互通、互惠互利的经贸合作，凭借强大的生产体系，与资源丰富但工业化程度相对落后的亚非拉发展中国家形成优势互补，将更多国家纳入国际分工体系（石建勋等，2022；沈铭辉和李天国，2023）。第二，充分利用自贸试验区和自由贸易港等开放平台和载体，推动国内自贸区和产业园区改革，加快建设高水平自贸区，为中国产业链升级提供更加完善的环境保障（石建勋等，2022）。第三，以 RCEP 生效、申请加入 CPTPP 和 DEPA 谈判为契机，积极参与、引领和主导新兴产业标准、技术标准、产品标准、监管标准和贸易规则等的制定，积极参与和引领全球产业链价值链重构中的规则重构，有效提升中国在全球经济治理体系中的话语权、主导权和影响力。

（二）充分发挥超大市场规模和全产业链优势

发挥超大市场规模优势和全产业链优势，一方面能够推动国内消费升级，另一方面能够虹吸全球高端生产要素，促进产业链供应链升级。要充分发挥这一优势，必须以扩大内需作为中国产业链升级的战略基点，从深化体制机制改革、畅通国内大循环、充分释放内需等方面采取有力举措。第一，深化体制机制改革，打破市场分割，构建国内统一大市场（张群等，2022；吕越和邓利静，2021）。石建勋等（2022）认为，要深化市场体制机制改革以加快各类要素市场即时更新换代，促进生产要素自由流动，以统一、开放、有序、竞争的市场体系提高产业链的配置效率。倪红福和张志达（2022）指出，破除地方保护、行业垄断和市场分割，消除生产要素跨区域流动和合理配置的瓶颈制约，促进经济循环和产业关联畅通，构建国内统一大市场，有助于更好地发挥我国超大市场规模优势。戴翔等（2022）指出，只有进一步通过深化市场体制机制改革，尤其是要素市场改革，打破行政壁垒和地方保护，尽快推动形成国内统一大市场，才能更好地发挥本土市场规模效应，真正使超大本土市场规模优势成为动态培育竞争新优势的来源。第二，需求侧和供给侧并重，融通生产和消费，强化国内经济循环的主导作用。刘志彪（2020）指出，要改进收入分配机制激发消费需求，依托国内经济大循环来实现"市场强链"战略。张辉等（2022）指出，融通生产与消费，促进生产规模扩张和消费需求增长之间的良性循环互动，有助于充分发挥广阔市场空间和完整产业配套的新比较优势，吸引全球高端要素资源向我国经济领域集聚，加快构建一批"以我为主"并"为我所用"的产业链、价值链与创新链。石建勋等（2022）认为，以扩大内需推动产业链升级，一方面要注重需求侧管理，发挥消费对产业链升级的基础作用，发挥巨大内需消费市场对产业链升级的带动作用；另一方面要优化供给结构，增强产业链应对国内需求的适配性，发挥投资对产业链升级的引导和促进作用。第三，加快国内区域协调发展，合理布局产业链，巩固和发挥全产业链优势。张二震和戴翔（2022）指出，加快推动中国产业链供应链升级并不等于完全放弃低端制造业和产品生产的低端环节，而是在现有基础上进一步实现产业链供应链的升级，为此需要推动国内区域间的有效分工协作关系，合理布局产业链，通过加快国内区域协调发展打造良好的、更为完整的产业生态系统，进而为产业链供应链升级提供更加坚实的基础。倪红福和张志达（2022）也认为，要在维护好我国产业链供应链完整性、全面性的基础上促进产业转型升级，这就需要我国一方面继续推进消费升级，以广阔的国内市场留住高端制造业，另一方面重视优质产业链的培育，把控好低端制造业外迁的限度。

（三）数字经济赋能产业链供应链升级

数字经济赋能产业链，有助于夯实中国在区域价值链中的中心地位，实现在全球价值链分工中的"低端锁定"破局（郭周明和裘莹，2020）。要最大限度促使数字经济赋能产业链，必须大力发展数字经济，打造数字经济赋能产业链升级的新优势增长点，需从加速推动数字产业化、推进产业数字化转型、积极参与全球数字规则制定等方面采取有力的举措。第一，加速数据生产要素集聚，培育全新比较优势。戴翔和李亚（2022）提出，要从构建数据要素市场规则、创新数据要素开发利用机制、加强数据要素与其他要素深度融合等方面着手，切实提高将数字资源转化为数字资本与数据智能的能力，加速数据要素集聚。郭周明和裴莹（2020）提出，要在注意保护数字主权和隐私的基础上，加强将数据资源转化为数字智能，最后投入产业层面实现数字化应用的能力，进而将中国互联网产业优势转化为数据要素的全新比较优势。第二，发挥数字技术的高渗透性，加快推进产业数字化转型升级。倪红福和张志达（2022）提出，要充分发挥工业互联网平台全要素、全产业链、全价值链的"连接"优势，推动人工智能、5G、工业互联网等新兴数字技术在制造业领域的广泛应用以及对制造业产业链的改造和升级，加快推动产业链供应链数字化、智能化转型。石建勋和朱婧池（2022）指出，数字信息基础设施建设能够为产业数字化转型提供长期的底层支撑，因此我国应积极部署新型数字基础设施体系，深刻把握新型数字基础设施在不同产业的融合方式和应用规律，大力推动数据在传统行业的应用和渗透。第三，积极参与数字规则制定，稳步扩大制度型开放。侯俊军等（2023）研究发现，签署和制定数字贸易规则能够显著促进中国企业往全球价值链地位的攀升，并提出未来要重点关注电子商务、知识产权保护、大数据相关货物贸易、跨境数据流动等数字规则，以保证中国企业全球价值链位置提升的核心利益。因此，我国要凭借数字经济发展优势，抓住新一轮全球经济治理体系重塑和变革的机遇，尽快探索出与数字经济适配的规则框架，及时解决数据主权、数字竞争与垄断和数字平台治理等难题，并加快推进制度性开放，积极参与全球数字经济治理体系的构建（戴翔和李亚，2022）。

（四）构建自主可控的产业链创新链融合体系

提高中国产业链自主创新能力是全球产业链价值链重构背景下，实现关键技术领域"卡脖子"破局的根本路径。因此，中国必须采取以技术创新驱动产业链供应链升级的措施，全面构建自主可控的产业链创新链融合体系。第一，在国家宏观层面，要加强国家科技战略力量，加强基础研究。戴翔和张雨（2022）认为，要全面加强基础研究，注重原始创新，优化学科布局和研发布局，推进学科交叉融合，完善共性基础技术供给体系，以加强国际科技战略力量。张杰等（2022）认为，要从加大各级政府在各领域的基础研究投入，鼓励本土高科技跨国企业、龙头企业、专精特新企业增加基础研究投入规模等全面促进基础研究创新能力措施上施力，进一步强化国家自主创新体系。第二，在企业微观层面，深化企业的科技创新主体地位，夯实产业链创新链融合的微观基础。戴翔和张雨（2022）认为，要推动创新要素向企业集聚，促进产学研用深度融合，加快建立以企业为主体、市场为导向、产学研用深度融合的技术创新体系。戴翔（2020）、石建勋等（2022）认为，要加强知识产权法制保障，进一步优化创新环境，健全市场创新机制以充分激发各类市场参与主体参与创新的积极性和主动性。莫西（2023）、尹西明等（2023）指出，要通过市场化手段，鼓励头部企业和科研机构在产业链中建立创新联合体，共同开展核心技术攻关。第三，在制度设计层面，强化国家科技战略力量的顶层设计，打造产业链创新链融合体系的战略支撑力量。张辉等（2022）、倪红福和张志达（2022）认为，在事关产业发展全局的战略性领域，要完善新型科技举国体制，集中国家科技力量予以协同攻关突破，推动产业链关键核心技术自主可控。林善浪（2022）提出，要进一步深化科技体制改革，包括推进科研机构分类改革、科研管理体制改革、健全资源配置机制等措施，以破除引进、跟踪和模仿技术创新的路径依赖，实现更多的颠覆性技术创新。同时，也要注重加强国际科技创新合作。张杰（2022）认为，中国应继续加强与欧盟、新兴市场和发展中国家的科技创新合作关系，强化与其打造产业链、供应链和创新链的协同分工、互利共赢体系，以对抗全球产业链供应链中的"去中国化"威胁。

主要参考文献

［1］阿林·杨格、贾根良：《报酬递增与经济进步》，《经济社会体制比较》1996年第2期。

［2］保建云：《供应链危机、数字经济发展与世界经济格局数字化重构》，《人民论坛·学术前沿》2022年第7期。

［3］陈靓、黄鹏：《WTO现代化改革——全球价值链与多边贸易体系的冲突与协调》，《国际展望》2019年第1期。

［4］陈晓东、刘洋、周柯：《数字经济提升我国产业链韧性的路径研究》，《经济体制改革》2022年第1期。

［5］戴翔、李亚：《数字技术、全球价值链重构与中国开放战略调整》，《治理现代化研究》2022年第5期。

［6］戴翔、张二震：《逆全球化与中国开放发展道路再思考》，《经济学家》2018年第1期。

［7］戴翔、张二震：《以高水平开放提升我国产业链韧性与安全水平》，《开放导报》2023年第2期。

［8］戴翔、张雨、刘星翰：《数字技术重构全球价值链的新逻辑与中国对策》，

《华南师范大学学报（社会科学版）》2022 年第 1 期。

［9］段玉婉、刘丹阳、倪红福：《全球价值链视角下的关税有效保护率——兼评美国加征关税的影响》，《中国工业经济》2018 年第 7 期。

［10］樊勇明、沈陈：《全球经济治理结构重组是中国的新战略机遇》，《国际观察》2013 年第 3 期。

［11］郭周明、裘莹：《数字经济时代全球价值链的重构：典型事实、理论机制与中国策略》，《改革》2020 年第 10 期。

［12］贺俊：《从效率到安全：疫情冲击下的全球供应链调整及应对》，《学习与探索》2020 年第 5 期。

［13］侯俊军、王胤丹、王振国：《数字贸易规则与中国企业全球价值链位置》，《中国工业经济》2023 年第 4 期。

［14］黄亮雄、林子月、王贤彬：《工业机器人应用与全球价值链重构——基于出口产品议价能力的视角》，《中国工业经济》2023 年第 2 期。

［15］黄鹏：《重构全球化：全球经济治理的改革取向》，《探索与争鸣》2021 年第 2 期。

［16］蒋瑛、谢勇、常群：《美国制造业回流对中国供应链安全的影响研究》，《亚太经济》2023 年第 2 期。

［17］金仁淑、赵敏：《中美贸易摩擦对中日产业链重构的影响研究》，《国际贸易》2022 年第 9 期。

［18］荆林波、袁平红：《全球价值链变化新趋势及中国对策》，《管理世界》2019 年第 11 期。

［19］鞠建东、彭婉、余心玎：《"三足鼎立"的新全球化双层治理体系》，《世界经济与政治》2020 年第 9 期。

［20］鞠建东、余心玎、卢冰、李昕：《全球价值链网络中的"三足鼎立"格局分析》，《经济学报》2020 年第 4 期。

［21］李金锋：《美国对华半导体产业链竞争：东亚地区的视角》，《外交评论（外交学院学报）》2023 年第 3 期。

［22］李坤望、马天娇、黄春媛：《全球价值链重构趋势及影响》，《经济学家》2021 年第 11 期。

［23］李晓华：《数字经济新特征与数字经济新动能的形成机制》，《改革》2019 年第 11 期。

［24］李晓华：《制造业全球产业格局演变趋势与中国应对策略》，《财经问题研究》2021 年第 1 期。

［25］林善浪：《中国应对全球产业链重构的破局之策》，《人民论坛·学术前沿》2022 年第 7 期。

［26］刘志彪：《新冠疫情下经济全球化的新趋势与全球产业链集群重构》，《江苏社会科学》2020 年第 4 期。

［27］吕越、邓利静：《新发展格局推动中国向价值链高端跃升》，《中国社会科学报》2021 年第 11 期。

［28］吕越、马明会：《切实保障产业链供应链安全稳定》，《中国社会科学报》2022 年 8 月 24 日。

［29］吕越、张杰：《人工智能与产业链韧性提升》，《西安交通大学学报（社会科学版）》2023 年第 7 期。

［30］马盈盈、崔晓敏：《全球产业链的发展与重构：大趋势与新变化》，《全球化》2021 年第 2 期。

［31］麦肯锡全球研究院：《转型中的全球化：贸易和价值链的未来》2019 年 1 月。

［32］麦肯锡全球研究院：《中国与世界：理解变化中的经济联系》2019 年 7 月。

［33］莫西：《中国式现代化产业链韧性建构：挑战与应对》，《中国商论》2023 年第 16 期。

［34］倪红福：《全球产业链呈现三个新态势》，《经济导刊》2021 年第 4 期。

［35］倪红福：《新发展格局下构建开放型经济体系：一个逻辑框架》，《经济体制改革》2022 年第 3 期。

［36］倪红福、龚六堂、陈湘杰：《全球价值链中的关税成本效应分析——兼论中美贸易摩擦的价格效应和福利效应》，《数量经济技术经济研究》2018 年第 8 期。

［37］倪红福、田野：《新发展格局下中国产业链升级和价值链重构》，《中国经济学人》2021 年第 5 期。

［38］倪红福、张志达：《全球价值链重构与提高产业链供应链稳定性》，《清华金融评论》2022 年第 10 期。

［39］庞珣、何晴倩：《全球价值链中的结构性权力与国际格局演变》，《中国社会科学》2021 年第 9 期。

［40］秦亚青、金灿荣、倪峰、冯仲平、孙壮志、吴志成：《全球治理新形势下大国的竞争与合作》，《国际论坛》2022年第2期。

［41］渠慎宁、杨丹辉：《制造业本地化、技术反噬与经济"逆全球化"》，《中国工业经济》2022年第6期。

［42］沈国兵：《美国供应链政策战略调整与中国应对》，《人民论坛·学术前沿》2023年第3期。

［43］沈铭辉、李天国：《全球价值链重构新趋势与中国产业链升级路径》，《新视野》2023年第2期。

［44］沈尤佳、陈若芳：《中美竞争背景下中国产业链供应链安全：困境与出路》，《福建论坛（人文社会科学版）》2023年第8期。

［45］盛朝迅：《新发展格局下推动产业链供应链安全稳定发展的思路与策略》，《改革》2021年第2期。

［46］石建勋、卢丹宁、徐玲：《第四次全球产业链重构与中国产业链升级研究》，《财经问题研究》2022年第4期。

［47］石建勋、朱婧池：《全球产业数字化转型发展特点、趋势和中国应对》，《经济纵横》2022年第11期。

［48］石静霞：《"一带一路"倡议与国际法——基于国际公共产品供给视角的分析》，《中国社会科学》2021年第1期。

［49］苏杭、于芳：《全球产业链、供应链重构背景下日本供应链安全保障的新动向》，《日本学刊》2022年第1期。

［50］孙吉胜：《数字时代"一带一路"倡议的国际传播》，《当代世界》2023年第9期。

［51］索维、张亮：《RCEP、全球价值链重构及中国的应对策略》，《江苏社会科学》2022年第5期。

［52］王飞、姜佳彤、林桂军、裴建锁：《全球价值链视角下的中国制造业服务化：1995—2019》，《国际经贸探索》2023年第6期。

［53］王中美：《RCEP对亚洲供应链的影响：兼论"中国加一"策略》，《亚太经济》2022年第3期。

［54］吴迪：《全球价值链重构背景下我国实现高水平对外开放的战略选择》，《经济学家》2023年第2期。

［55］阳镇、陈劲、李纪珍：《数字经济时代下的全球价值链：趋势、风险与应

对》，《经济学家》2022 年第 2 期。

［56］杨丹辉：《全球产业链重构的趋势与关键影响因素》，《人民论坛·学术前沿》2022 年第 7 期。

［57］杨丹辉、渠慎宁：《百年未有之大变局下全球价值链重构及国际生产体系调整方向》，《经济纵横》2021 年第 3 期。

［58］杨继军、艾玮炜、范兆娟：《数字经济赋能全球产业链供应链分工的场景、治理与应对》，《经济学家》2022 年第 9 期。

［59］杨耀武、倪红福、王丽萍：《后疫情时期的全球产业链的演变逻辑、趋势和政策建议》，《财经智库》2020 年第 6 期。

［60］杨长春、张潇、何明珂：《大变局下全球中高端制造供应链重构趋势及我国对策》，《经济管理》2022 年第 5 期。

［61］易子榆、魏龙、蔡培民：《数据要素如何重构全球价值链分工格局：区域化还是碎片化》，《国际贸易问题》2022 年第 8 期。

［62］尹西明、孙冰梅、袁磊、陈雷：《科技自立自强视角下企业共建创新联合体的机制研究》，《科学学与科学技术管理》2023 年第 6 期。

［63］余南平：《全球数字经济价值链"轴心时代"的塑造与变革》，《华东师范大学学报（哲学社会科学版）》2021 年第 4 期。

［64］余南平：《新冠疫情下全球价值链结构调整特征与未来挑战》，《国际关系研究》2021 年第 1 期。

［65］余南平：《全球价值链对国际权力的形塑及影响》，《中国社会科学》2022 年第 12 期。

［66］余南平、冯峻锋：《数字经济时代的新型国际竞争》，《现代国际关系》2022 年第 1 期。

［67］袁振邦、张群群：《贸易摩擦和新冠疫情双重冲击下全球价值链重构趋势与中国对策》，《当代财经》2022 年第 4 期。

［68］臧新、刘佳慧：《全球价值链区块化：理论机理与定量测度》，《江海学刊》2021 年第 1 期。

［69］张二震、戴翔：《全球产业链供应链调整新趋向及其对策》，《经济学动态》2022 年第 10 期。

［70］张辉、吴尚、陈昱：《全球价值链重构：趋势、动力及中国应对》，《北京交通大学学报（社会科学版）》2022 年第 4 期。

［71］张杰：《中美科技创新战略竞争驱动下的全球产业链演变格局与应对策略》，《世界经济与政治论坛》2022 年第 4 期。

［72］张明、王喆：《俄乌冲突对国际货币体系的冲击与人民币国际化的新机遇》，《辽宁大学学报（哲学社会科学版）》2022 年第 4 期。

［73］张群、邱斌、孙少勤：《全国统一大市场建设与全球价值链重构》，《苏州大学学报（哲学社会科学版）》2022 年第 4 期。

［74］张韦恺镝、黄旭平：《基于价值链重构的全球经济治理体系调整的趋势与出路》，《世界经济与政治论坛》2021 年第 6 期。

［75］张兴祥、杨子越：《地缘政治冲突与全球供应链安全及中国的应对策略》，《亚太经济》2023 年第 2 期。

［76］张宇燕：《理解百年未有之大变局》，《国际经济评论》2019 年第 5 期。

［77］张中元：《基础设施互联互通对出口经济体参与全球价值链的影响》，《经济理论与经济管理》2019 年第 10 期。

［78］甄珍、王凤彬、杨威：《新冠疫情冲击下全球价值链重构：更具韧性商业生态系统的涌现》，《经济理论与经济管理》2022 年第 7 期。

［79］中国信息通讯研究院：《中国数字经济发展报告（2022 年）》，2023 年 4 月。

［80］周禛：《全球产业链重构趋势与中国产业链升级研究》，《东岳论丛》2022 年第 12 期。

［81］竺彩华、刘让群：《中美博弈对国际经贸规则体系重构的影响》，《太平洋学报》2021 年第 4 期。

［82］戴翔、李亚：《数字技术、全球价值链重构与中国开放战略调整》，《治理现代化研究》2022 年第 5 期。

［83］张明、王喆：《俄乌冲突对国际货币体系的冲击与人民币国际化的新机遇》，《辽宁大学学报（哲学社会科学版）》2022 年第 4 期。

［84］蒋瑛、谢勇、常群：《美国制造业回流对中国供应链安全的影响研究》，《亚太经济》2023 年第 2 期。

［85］张兴祥、杨子越：《地缘政治冲突与全球供应链安全及中国的应对策略》，《亚太经济》2023 年第 2 期。

［86］Acemoglu, D., S. Naidu, P. Restrepo, and J. A. Robinson, "Democracy Does Cause Growth", *Journal of Political Economy*, 2019, 127 (1): 47-100.

［87］Alfaro, L., D. Chor, P. Antras, and P. Conconi, "Internalizing Global Value Chains: A Firm-Level Analysis", *Journal of Political Economy*, 2019, 127 (2): 508-559.

［88］Antràs, P., "De-globalisation? Global Value Chains in the Post-COVID-19 Age", *National Bureau of Economic Research*, 2020: 28115.

［89］Antràs, P., and D. G. Alonso, "On the Geography of Global Value Chains", *Econometrica*, 2020, 84 (4): 1553-1598.

［90］Cappariello, R., S. Franco-Bedoya, V. Gunnella, and G. I. Ottaviano, "Rising Protectionism and Global Value Chains: Quantifying the General Equilibrium Effects", *Bank of Italy Temi di Discussione Working Paper*, 2020: 1263.

［91］Cuervo-Cazurra, A., and P. Pananond, "The rise of emerging market lead firms in global value chains", *Journal of Business Research*, 2023, 154: 113327.

［92］Dai, X., and Y. Zhang, "Global Value Chain Restructuring: Challenges, Opportunities and Strategies for China", *China Economist*, 2021, (5): 132-158.

［93］Fajgelbaum, P. D., and A. K. Khandelwal, "The Economic Impacts of the US-China Trade War". *Annual Review of Economics*, 2022, 14: 205-228.

［94］Fan, Z., S. Peng, and W. Hu, "How Does the Regional Comprehensive Economic Partnership Affect the Restructuring of Global Value Chains", *China & World Economy*, 2023, 31 (3): 140-172.

［95］Kano, L., E. W. K. Tsang, and H. W. Yeung, "Global Value Chains: A Review of the Multi—disciplinary Literature", *Journal of International Business Studies*, 2020, 51: 577-622.

［96］Khorana, S., H. Escaith, S. Ali, S. Kumari, and Q. Do, "The Changing Contours of Global Value Chains Post—COVID: Evidence from the Commonwealth", *Journal of Business Research*, 2022, 153: 75-86.

［97］RIGVC, "Global Value Chain Development Report 2021: Beyond Production", *Research Institute for Global Value Chains at the University of International Business and Economics*, 2021.

［98］Shen, Z. M., and Y. Sun, "Strengthening Supply Chain Resilience During COVID-19: A Case Study of JD. Com", *Journal of Operations Management*, 2023, 69 (3): 359-383.

［99］Szalavetz，A.，"Digitalisation，Automation and Upgrading in Global Value Chains—Factory Economy Actors Versus Lead Companies"，*Post-Communist Economies*，2019，31（5）：646-670.

［100］UNCTAD，"World Investment Report 2013：Global Value-chains：Investment and Trade for Development"，*United Nations Conference on Trade and Development*，2013.

［101］WBG，"World Development Report 2020：Trading for Development in the Age of Global Value Chains（English）"，*World Bank Group*，2019.

专题五　经济全球化与逆全球化

　　近年来，地缘政治冲突、新冠疫情持续、经济周期滞缓等多重因素导致世界经济增速明显下滑，全球经济前景不容乐观。在经历深度衰退后，2021年世界经济大幅反弹，实现了"过去80年中最为强劲的衰退后复苏"，但经济社会的活力并没有彻底恢复。2022年，世界经济增长动力明显不足，增速大幅下降。在如此复杂的全球经济形势下，大国博弈与地缘政治冲突频发，特别是俄乌冲突的爆发，更是冲击了本就脆弱的国际经济秩序，致使全球通胀持续攀升，金融市场动荡加剧，对世界经济造成严重的负面影响。IMF预测，2023年至少三分之一的经济体将陷入衰退。

　　世界经济的疲软态势引发了全世界人民对经济全球化的悲观情绪。全球化是一把"双刃剑"，在提高生产力、带动全球经济繁荣的同时，也加剧了不同阶级与国家之间的不平等现象。王跃生（2023）指出，自2008年金融危机后，以新自由主义理论为指导的经济全球化结构本身固有的稳定性差、机制僵化等缺陷已然暴露无遗。严峻的国际经济形势导致经济全球化的负面效应被进一步放大，新一轮保护主义悄然抬头，逆全球化浪潮迭起。然而，作为世界历史发展的必然结果，经济全球化是大势所趋，逆全球化也绝不会成为改变世界经济发展方向的主导力量。短期内，由于资本主义在世界格局中长久占据的优势地位，尽管受到越来越多的质疑和挑战，旧的经济全球化运行机制作为资本主义的统治工具不会被轻易放弃。资本主义的内部矛盾仍会对国际经济形势持续影响，支持与反对经济全球化的力量不断碰撞，难分胜负。从长远看，经济全球化仍是世界发展的主流趋势，在经过部分调整后，经济全球化的运行机制将会更加合理，从而使世界经济焕发出新的活力。

　　本专题对现有关于经济全球化与逆全球化的文献进行梳理，阐释了经济全球化的发展逻辑，对逆全球化现象的演变历程和产生原因进行分析，并以此为切入点，深入探究现实困境中经济全球化发展的新阶段，力求为世界经济的健康发展寻求理论指导，让中国在逆流中积极应对可能遇到的机遇和挑战。

一、经济全球化的发展现状

全球化作为一个描述人类活动跨越民族国家界限、相互融合的用语，包含经济、政治、文化等多方面内容，它们互相影响、互相促进，致使全球经济和社会的融合（Moghadam，2020）。在全球化过程中，由于商品、服务和资本的国际流动，世界各国在以经济为主的诸多领域里的相互依赖性不断增强。由于经济要素跨国流动的过程受到大众关注，所以经济全球化是全球化领域的重要研究话题。

经济全球化的内涵会随着历史进程不断改变。胡键（2022）认为，人类文明以及如新冠疫情的外在"异类文明"，都对经济全球化内容产生了影响。伴随着全球经济体系的逐渐形成，学者们也不断对经济全球化的内涵进行概括与更新。就其本质而言，多数学者将经济全球化视为一个动态发展的过程，是社会化大生产发展到一定阶段所出现的一种必然的历史发展趋势。经济全球化，即国际商品、劳动力和资本市场的一体化，意味着人类社会主要的生产活动、贸易活动、投资活动、服务活动、金融活动等，都早已突破了国家的界限，在全球范围内进行流动、配置、重组，形成经济相互融合、相互依赖、相互竞争和制约的局面（薛荣久，1998；Siwek，2009；裴长洪，2010；陈江生，2021；王智强和袁怡，2022；Stanojevic 和 Zakic，2023；吴志成，2023）。宋国友（2023）特别强调，伴随着全球经济结构的不断调整，信息和数据的全球化将在未来成为经济全球化的新型指标，极大地拓展经济全球化的原有空间概念。

（一）当前经济全球化的发展困境

面对疫情反复和地缘政治冲突等新一轮冲击，全球贸易流动性明显下滑，全球供应链的扩张也受到阻碍，全球供给和需求之间的动态平衡被打破。俄乌冲突的爆发致使能源及大宗商品成本与工资螺旋上升，大国竞争加剧，以国家安全取代经济的趋势正在进一步损害跨境投资、贸易和资本流动。目前，整个世界经济循环尚未恢复常态，世界经济遭遇衰退和通胀的双重压力，由西方发达国家主导和推动的经济全球化模式所带来的经济低迷、贫富分化、阶级对立、社会撕裂、金融动荡和生态灾难等负面冲击日益显现，世界经济的复苏遥遥无期（吴志成，2023）。

当前世界经济正处于经济全球化的第三阶段，而该阶段是以新自由主义为理论基础推动全球经济的全面发展（陈江生，2021；马超和王岩，2021；黎峰，2022；

杜焕芳等，2022）。经济全球化的第三阶段开始于 20 世纪 70 年代，两个平行世界市场的世界格局在"冷战"结束后不复存在。以美国为首的发达资本主义国家以新自由主义为理论纲要，建立起一整套多边机制和国际规范，塑造了符合其利益偏好和意识形态的"自由主义国际秩序"（王玉主和王伟，2021；李罗力，2022）。在新自由主义指导下，全球经济经历了重大的、内生的制度变革，使凯恩斯主义无法解决的滞胀局面得以缓解。李其庆（2003）曾明确表示，新自由主义理论有助于资本打破资本积累中的空间障碍，是经济全球化条件下资本主义的必然选择。为融入资本主义世界市场，各民族国家制度多数都在不同程度上进行了新自由主义改革，这正是陈宗胜和李瑞（2023）所认为的世界经济发展的内在驱动力，即资本的增殖逻辑与各民族国家制度体制变革与逐步统一。在此背景下，以跨国公司为载体的全球产业链定位、生产布局和销售网络的兴起，成为主导经济全球化的核心力量，各国相互依存大幅加强，世界经济迎来"超级全球化"时代（霍建国，2018；王晋斌，2022）。

然而，2008 年全球金融危机打破了这一进程，马丹和何雅兴（2019）将此次金融危机视为本轮经济全球化的一个重要分水岭。在此之后，全球经济陷入了持续的动荡之中，经济全球化走势急转直下。发达国家和新兴市场挑战者之间的竞争开始显现，且呈现出日益激烈的趋势，美国经济霸权受到挑战而日渐衰落，由美国主导的全球经济运行机制失灵，多边贸易协议不断被破坏，商品、资本和劳动力等生产要素跨国流动的壁垒愈发明显，大国之间的冲突逐步升级。甚至在发达国家内部，不同群体对待全球化的态度也存在严重分歧。英国退欧、中美经贸摩擦等事件的发生不仅使全球价值链被大幅缩减和分割，更是标志着经济全球化所面临的"反自由贸易、反一体化"的民粹主义挑战已在欧美发达国家内部出现。

伴随世界经济复苏无力，经济增长不确定性的增强引发了各国对经济一体化的担忧，经济全球化发展遭受前所未有的困境。基于马克思主义政治经济学，蒋茜（2023）分析了经济全球化面临的技术困境、发展困境、治理困境等多重困境。而归根结底，当前经济全球化所面临的困境，是由于资本主义内部以资本利益导向而产生的根本矛盾所致，这是当前研究的普遍共识（谢长安，2021；高疆，2022；袁志刚，2022；Chase-Dunn 等，2023；葛浩阳，2023）。

马克思主义经济全球化理论认为，资本的全球扩张必然会塑造出"资本"与"国家"这两个影响经济全球化的重要角色。当国家利益与市场利益趋同的时候，经济全球化可以迅猛地发展，但是当两者的利益不同的时候，国家的意志可以让市场力量发生改变（李晓，2023）。Naseemullah（2023）认为，资本主义全球化积累的必然结果是利益分配不均，这极大程度上分裂了集体行为者的一致性，从而使全球市场及其代理人与各国政府和企业的关系更为复杂。王跃生（2023）从国际战略结构角度出发，对新自由主义经济全球化进行分析，研究表明新自由主义理论有着原则偏狭，包容不足的局限性，严重破坏了国际贸易规则，并最终导致世界各国对于现有经济运行体系信心缺失，使其不再能成为新时期经济全球化的基础，反而成为阻碍经济全球化的桎梏。由于当前世界经济不确定性增加，国家主权与以资本利益为导向的全球化之间的冲突愈演愈烈，而这种冲突在资本主义全球化的框架内是无解的。在未加干预的情况下，这种困境很有可能进一步恶化，未来时代很有可能被"民族主义、军国主义和帝国主义的有毒混合物"蹂躏（Mariotti，2022）。

（二）经济全球化的发展态势

2008 年金融危机爆发后，世界经济增长乏力，出现疲软态势，世界各国及各国内部各利益集团之间的力量对比发生了巨大变化。作为"冷战"后全球化关键推动者的美国，在特朗普上台执政后，却开始奉行贸易保护主义，大力推行"美国优先"的贸易保护战略，经济全球化发展的步伐进一步放缓。2022 年，世界经济运行中的各种矛盾并未得到缓解，受宏观政策收紧、新冠疫情反复、乌克兰危机升级等因素冲击，一些深层次矛盾和结构性问题日益凸显（曹远征，2023）。越来越多的人站到全球化的对立面，甚至有人认为全球化已经到了最后时刻。

然而，对过往文献进行回顾，我们不难发现，经济全球化所遭遇的困境并不意味着全球化时代的终结，很多学者对经济全球化的结束与逆转持否定态度。经济全球化是社会生产力发展的客观要求，也是科技进步的必然结果。未来，经济全球化仍是世界发展的主流趋势，其内容和体系会在一定程度上有所调整，但绝不可能被逆转（Dover，2022；吴志成，2023；金碚，2023；葛浩阳，2023；王孝松和陈燕，2023）。现如今经济全球化所遭遇的困境，只是世界经济在经历了爆炸性增长之后回归到正常发展速度，一体化进程虽然缓慢但仍在继续前进，处于"缓慢平衡（Slowbalization）"的阶段（Arslan 等，2018；王晋斌，2022；朱燕和纪飞峰，2023）。Dover（2022）也表示赞同，指出国际经济活动并未普遍下降，只是增速放缓。

纵观历史，全球化进程遇到过重大障碍，甚至有完全崩溃的时刻，尽管如此，全球化作为一个动态过程，从未失败过。Kornprobst 和 Paul（2021）认为，全球化的方向有正有负，可能是积极的，也可能是消极的，其发展速度也不是恒定的。

Antràs（2020）也认为反对全球化的现象本质上是经济全球化过程中的利益博弈问题，可以将这种反对力量视作全球化的一部分。曹远征（2022）指出，在过去几年内，面对频发的非常态全球性冲击事件，经济全球化的结构仍旧展现出惊人的韧性，可见全球化的基本原理并未被削弱。陈宗胜和李瑞（2023）也对未来全球化的发展充满信心，认为当前全球化所面临的困境绝不会逆转经济全球化的总体趋势，反而会对已经存在的不合理因素产生冲击，并最终跃升到更高水平的新型全球化。李侠（2023）依据范式不可通约性理论，推测由于中美两国制度中的核心价值观差异，全球化的范式将不再以经济利益为核心主旨。换言之，全球化仍是未来发展的主流，只是在某些形式上有所调整。金碚（2023）强调，目前世界上的大多数国家，包括中国和美国在内，经济活动的取向仍旧是全球化。Contractor（2022）认为随着科学技术水平的不断提高，空间障碍将进一步缩减，全球协调对于应对未来流行病、气候变化、新兴技术和国际税收的政府间集体行动将变得更加重要，全球化的需求和效用将会更大。

美国基于安全和竞争的考虑试图重建"西方主导型全球化"，借此完成"美国霸权"体制的战略回归，是以美国为典型代表的资本主义国家因无法畅通经济循环、刺激经济复苏的无奈之举（王智强和袁怡，2022）。这种试图脱离世界经济市场发展轨迹的行为本质上是对经济全球化大势的悖逆，可以预见其结果必然是徒劳的。目前来看，最为有效的解决办法是把经济全球化从资本主导的发展桎梏中解放出来，在新自由主义全球化和国内自给自足的两个极端之间寻求一种合理的经济与产业政策，引导推动经济全球化健康发展。

二、逆全球化思潮的演进机理

逆全球化作为与全球化相对的概念，是一个较为持久的、可以改变整个国际经济体系的过程。当前，全球经济整体处于疫情消化期、经济周期虚弱复苏期和科技发展瓶颈期，世界经济整体处于动荡之中。国际贸易、资本流动、移民政策、全球合作与全球治理等指标纷纷出现停滞甚至下滑，逆全球化现象已然无法被忽视（何伟文，2018；王晋斌，2022；Stanojevic 和 Zakic，2023；于春海和杨雯琦，2023；袁志刚，2023；王跃生，2023；吴志成，2023）。正如前文所说，经济全球化步入挑战和机遇并存的关键时期，发达国家以资本利益导向推动的经济全球化模式正遭遇越来越多的发展困境，逆全球化浪潮迭起，越来越多的学者开始关注逆全球化的内在本质。

（一）逆全球化的演变

经济全球化的进程并不是一个简单的线性趋势，其运动是波动的，开放与封闭、释放市场力量与社会保护交替是全球化曲折前行的表现形式。自 19 世纪以来，全球化的发展充满了曲折，其周期呈现出一个倒"U"形（Bordo 和 Schenk，2021；马丹和何雅兴，2019）。

一些文献（陈伟光和郭晴，2017；马超和王岩，2021）从经济史的角度出发，对照全球化与逆全球化在不同历史条件下的发展演变，将其分为三个阶段，分别是由英国主导的古典自由主义的全球化及其逆转时期（1870—1945 年）；在布雷顿森林体系支撑下的内嵌的自由主义全球化及其陷入困境时期（1945—1980 年）；由美国主导的新自由主义全球化到当前逆全球化思潮兴起时期（1980 年至今）。不难看出，如果将全球化进程的每个阶段视作一个完整的周期，那么逆全球化就是这个周期的衰退阶段。经济全球化的起点通常处于国际秩序的更迭期，并伴随着秩序企稳进入高速发展阶段，当经济全球化缺乏赖以发展的秩序基础时，其进程就会受到阻碍（王玉主和王伟，2021）。

从反对全球化的程度来看，这股力量大致经历了从"反全球化""去全球化"再到"逆全球化"的演变过程。反全球化的支持者多数是受全球化影响的弱势群体，其最终的目标只是对资本主义所领导的全球化进行改革，让全球化的利益得到平等分配。去全球化则已经从群体运动上升到国家的政策层面，政府常常将民众对全球化的负面情绪转化为国家政策，以应对民众反对全球化的舆论压力。逆全球化作为全球化现象发展到一定历史阶段所衍生出来的一种较为高级的思想趋势或倾向，是主观意识上反感全球化的政治立场，并最终在执政理念及政策的实施中得以体现（马超和王岩，2021）。陈伟光和郭晴（2017）简要归纳了这个过程：由于存在国内治理失范、国内治理与全球治理失调、全球治理与全球化不匹配等问题，导致反全球化运动的兴起。为了缓解民众对全球化的负面情绪，西方发达国家制定了去全球化政策。这些政策对全球化的发展产生了一定的负面影响，并最终导致逆全球化的产生。总体而言，反全球化强调社会运动，去全球化强调政策和规则，逆全球化强调结果和效应。

由于资本主义依然在当今世界居于统治地位，处于优势地位的西方发达国家成为推动全球化或者逆全球化进程发展的主导力量，并深刻影响着世界经济格局的未来发展。自"冷战"结束，经济全球化已然成为全球主要经济体的广泛共识，并由美国政府提供全球领导力，主导着全球贸易活动，直到 2008 年的金融危机刺破了全球化快速增长所带来的泡沫。随着资本主义全球化陷入困境，越来越多人意识到，所谓"全球化自由市场经济"带来诸多好处的同时，也带来了国家之间和国家内部严重的收入不平等、不公平竞争等问题（Mariotti，2023）。本轮逆全球化兴起于 2008 年的国际金融危机，凸显于 2016 年开始的一系列国际贸易摩擦，并加速于 2020 年的新冠疫情。在特定的现实主体、存在场域、生存土壤、生成动力和价值诉求等内外因素交织影响下，本次逆全球化浪潮愈演愈烈，而其实质则是国家间根据价值观与意识形态的相似度重新组队（李侠，2023）。

（二）逆全球化的生成根源

逆全球化思潮是当代全球化发展到极限在欧美社会中的集中体现，从本质上讲，逆全球化作为上层建筑，是资本运动规律内在矛盾尖锐化的必然结果（何伟文，2020）。经济全球化对于不同国家和不同的社会阶层和利益群体存在着不同影响和效应，这使得全球化的利益无法得到广泛的分配（徐明棋，2017；黎峰，2022；葛浩阳，2023）。这种不均衡的影响的层面是广泛的，不论从个人层面还是从国际层面，这个过程都可以创造新形式的阶级关系和阶级划分（Chase-Dunn 等，2023）。

1. 贫富差距扩大和阶级分化

不能否认，过去 40 年，几乎每个国家都因为全球化而变得更为富裕（Irwin，2022）。Harr（2023）更是声称如果全球化停止或衰退，将对大多数国家和大多数收入群体产生深远的负面影响，贫困人数将会增加。然而，随着经济全球化的不断发展，资本的逐利本质导致贸易差距、工资不平等和不断上升的失业率等问题所带来的影响不断放大，全世界民众的痛苦将日益加剧（Garg，2022）。

经济全球化的发展意味着资源在全球范围的不断配置，在促进全球经济繁荣的同时，其带来的不平等影响被全面暴露。传统行业就业减少、贫富差距拉大，以及少数金融科技寡头暴富，导致寡头资本与广大民众包括中产阶级之间的矛盾尖锐化（何伟文，2018）。经济全球化陷入一种对资本有利而对劳动严重不利的境地，新自由主义政策倾向大大挤压了劳工群体的利益，使得贫富差距不断拉大（葛浩阳，2019）。20 世纪 90 年代以来，跨国公司加速推动全球价值链分工及国际生产外包，在降低生产成本的同时，大量工作机会由发达国家转移至广大发展中国家。一些美欧发达国家部分行业萎缩，相关行业工人失业率持续增长，无疑将进一步加剧发达国家的国内收入不平等（黎峰，2022）。然而，发展中国家的贫富分化问题也并未被解决。Raikhan 等（2014）表示作为国际贸易体系的被动接受者，尽管经济全球化给这些国家带来了更广阔的市场和机会，但是贸易和投资体系的世界规则主要仍是由发达国家或由发达国家主导的国际组织制定的，所以在大部分时间里，发达国家从经济全球化中受益较多，发展中国家则被边缘化，最贫穷的国家则被抛在后面。

不难看出，伴随经济全球化过程中，无论是发达国家还是发展中国家，占全球人口比重较大的中下层阶级并未从全球化的发展中受益，反而成了利益上的受损者。Moghadam（2020）声称经济全球化本质上是一个精英项目，是上层精英对普通民众的一种变相剥削手段，而普通民众其实是被迫卷入了全球化的浪潮中。因此，阻碍全球化发展的主要反对者是受到全球化发展负面影响的处于社会中下阶层的群体，而促使这个群体不断壮大的根源则是在不加干预的情况下，资本主义经济全球化的逐利本质会进一步扩大贫富差距的负面影响（Steger 和 James，2019）。只有当各国政府能够对贫富差距问题予以重视，并保护脆弱行业的工人免受失业带来的破坏性影响，缓解少数受益者与多数受损者因收入差距产生的潜在对立时，才能将这股逆全球化的力量转化成保障全球化发展的力量（Grosse 等，2022）。

2. 全球化与国家主权的矛盾

Rodrik（2011）关于三元悖论的观点很好地阐释了全球化发展进程中与国家主权的矛盾。三元悖论的本质是完全意义上的世界经济一体化、国家主权、民主制度这三者不可得兼。葛浩阳（2019）则表示，全球经济的"三元悖论"不过是资本和劳动矛盾在国际范围内的展开。主权国家对经济全球化持一种矛盾的态度，既希望通过全球化谋求本国的经济利益，又担心膨胀的跨国资本权力会影响自身主权。尽管有学者认为，资本利益是经济全球化走向的决定性因素，资本逻辑可以凌驾于国家主权之上（蒋茜，2023），但多数文献仍认为各国政府的意识形态和开放决策完全可以控制资本的行为（Butollo 和 Staritz，2022；Chase-Dunn 等，2023；Gao 等，2023；金碚，2023）。李晓（2023）更是认为全球化的发展使国家的地位和作用遭到了削弱的这种说法是一种不切实际的幻想。

全球化带来的世界经济繁荣的景象并不能掩盖经济带来综合国力的变化所引发的权力矛盾，国家层面的干预会严重阻碍经济全球化的发展。Kriesi 等（2006）认为，全球化导致了一种新的结构性分歧，即全球化赢家与输家的分歧。两者间立场对立的不断加剧导致了逆全球化现象的产生，最终演变成对现行经济运行机制的挑战。随着新兴市场的崛起，欧美等发达国家所主导的"超全球化"形态与发展中国家所需要的"全球化+国家自治"变得难以兼容，发达国家与发展中国家对全球化及多边主义态度开始出现严重分裂（杜焕芳等，2022）。全球一体化的政治共识消亡，维持其发展的经济合作机制也遭受破坏，甚至停摆，"逆全球化""反全球化"问题在美欧发达国家变得更加突出。

短期内，全球化的反对浪潮会愈演愈烈，这是因为在一定时期内，在一定价值观主导下的全球化是可以调整和变换的（Chase-Dunn 等，2023）。为了平复国内民众的情绪和限制新兴经济体的蓬勃发展，西方大国对其现有的全球化模式进行调整，淡化和忽视以 WTO 规则为代表的多边贸易协定，限制对外投资和移民，以实现自身利益的最大化。但从长远看，这并不能解决根本问题，世界经济持续低迷的根本原因不在于自由贸易与否，而在于资本主义国家的普遍生产过剩（王智强和袁怡，2022）。Contractor（2022）更是直言，至少在未来十年内，全球化仍然是世界经济发展主要动力。

三、全球化分裂

经验数据显示，在经历了一个快速发展期后，经济全球化已然进入了瓶颈期。但是，现在断言世界体系是否已经完全进入逆全球化时期还为时尚早。Butollo 和 Staritz（2022）认为，全球化是多种因素和政治力量共同塑造的现象，因此政府间的动态博弈决定了全球化过程能否实现，经济全球化与逆全球化的优先顺序在短期内并不明朗。作为两个超级大国，全球化和逆全球化逻辑之间的等级关系将在很大程度上取决于指导中美两国的"安全逻辑"（Vertinsky 等，2023）。Gao 等（2023）以全球半导体行业为例，证实了一个行业的发展不再仅由全球需求、产品质量和成本驱动，更是越来越受到国家安全问题的驱动以及地缘政治威胁。而 Lewin 等（2023）认为，地缘政治压力与经济理性之间的动态关系将导致全球化与逆全球化逻辑之争的持续发酵，一种局部分歧的新版"（逆）全球化"很可能会出现。结合上述背景，有学者认为经济全球化发展已然到了一个新的阶段——全球化分裂。所谓全球化分裂，即世界主要大国之间不再有统一的有关全球经济发展的价值观或者共识，各经济体发展的根本方向只能是和而不同，并且在参加一体化市场经济时尽最大可能谋求自身利益最大化（李晓，2018；Li 等，2022；王智强和袁怡，2022；Cui 等，2023；陈宗胜和李瑞，2023；Vertinsky 等，2023；李忠远和孙兴杰，2023；魏旭，2023）。

（一）全球化分裂的新特征

伴随着世界格局的巨大变化，全球经济发展动力越来越从发达国家转向发展中国家，新兴经济体的崛起使美欧发达国家认识到对利益分配的期待与现实结果之间的距离过大。由于国家之间的经济矛盾变得越来越多，过去支持开放的世界经济的广泛共识被打破，支撑全球经济发展的主流价值观发生了重大分裂（Bowen 和 Broz，2022）。为解决其内部日益深化的产业空心化矛盾和逐渐缩小的优势地位，发达国家内部保护主义盛行，并试图通过制裁、贸易战、军事冲突等方式遏制新兴国家发展（李罗力，2022；朱燕和纪飞峰，2023）。然而，发达和发展中经济体之间存在着供需互补的结构性特征（曹远征，2022），Grosse 等（2022）更是指出这种依赖仍在不断加深，对全球供应链的需求在此次新冠疫情中得到了印证。虽然全球化的反对力量逐渐壮大，但脱离世界经济体系所面临的成本是巨大的。这方面的政治努力仍受到现有全球经济发展路径以及与之相关的力量平衡的限制，多数全球化的支持者仍在积极地寻找破解当前全球化困境的方法，全球化分裂的现状短期内仍会持续。而在两种力量的博弈下，经济全球化将会出现以下新特征。

1. 推动经济全球化的力量转移，全球经济治理失灵

金碚（2023）认为，如果将经济全球化视作一个建构性过程，经济全球化就是在主权国家自觉或不自觉的制度安排和规则博弈中推进的，人的意志行为和叙事观念对其规则秩序的形成和维持发挥着实质性的作用。在过去，主张全球化的力量是经济发达的国家，庞大的海外市场和丰富的海外资源使得发达国家成为自由贸易的倡导者（Antràs，2020）。然而，经济全球化的发展，使新兴经济体在经济总量中占比越来越高，其影响力变得越来越大。2008 年次贷危机使美国等发达国家在全球经济和政治中所能发挥的作用不断下降，政治家们意识到经济全球化所带来的经济繁荣并不稳定。在新兴市场国家仍在走向全球化的时候，发达国家已开始采取预防措施，以遏制新兴国家挑战其经济霸权的潜在可能（Garg，2022）。不仅如此，Schöfer 和 Weinhardt（2022）特别提到了发展中国家的"毕业困境"问题：现有的许多国际制度为发展中国家保留了部分制度"特权"，而这种发展中国家的地位所赋予的发展中国家特权也引起了发达国家对全球化的不满情绪。

Bordo 和 Schenk（2021）表示，反对全球化的主要行动者正是过去倡导和推动全球化的那些力量。为了维持自身的优势地位，欧美国家表现出回归"国家主义"的逆全球化趋势，相反，新兴国家逐渐成为经济全球化 3.0 新时代的主导力量（李

罗力，2022）。英国脱欧和特朗普提出的"美国优先，美国第一"原则正是这种价值观分裂的反映。随着新兴国家的崛起，尤其是中国崛起以及以中国为代表的二十国集团力量的日益强大，美国认定它曾经支持并主导的 WTO 规则已对其造成重大的利益损害，必须重新制定并由其主导新的全球贸易规则（Schöfer 和 Weinhardt，2022；魏旭，2023）。

实际上，美国等发达国家从自我利益出发，对全球经济进行干预的方式并不能解决国内矛盾，反而造成全球治理失灵。以美国为主导的经济全球化思想逻辑是不成立的，迫使不同经济体系和制度安排同质化是缺乏现实性的（李晓，2023；金碚，2023）。葛浩阳（2023）指出，经济全球化绝不仅仅是由西方发达国家主导和推动的一种潮流，因此以美国为中心的全球经济治理体系已滞后于现实需要，亟须变革。

2. 地缘冲突加剧，经贸问题政治化现象日益显著

国际合作的关系往往是复杂的、不稳定的，这使得经济全球化的未来变得不可预测。随着美国政府的全球领导力不断降低以及中国为首的第三世界的崛起，国际秩序陷入不稳定状态（王玉主和王伟，2021）。根据现实主义的全球化观点，第二次世界大战后全球治理和贸易的现行规则和秩序只有在美国这样的自由、民主和全球霸权国家对中国这样的非自由和非民主挑战者拥有绝对权力优势的情况下才能继续存在（Gao 等，2023）。因此，面对新兴经济体的崛起，美国等发达国家在与其的竞争关系中开始处于劣势时，全球化分裂的现象就会出现并持续扩大，导致世界各国被拖入地缘政治冲突的陷阱。

Bowen 和 Broz（2022）表示当前世界正在经历着一种与战后历史不同的新型经济保护主义，大国博弈和疫情的"双重冲击"使得世界各国间的地缘政治压力不断加深。特别是乌克兰危机的爆发，以美为首的西方国家对俄罗斯采取了前所未有的制裁，更是加速了不同意识形态的政治集团化的分裂（朱燕和纪飞峰，2023）。这种全方位的集团化分裂趋势导致地缘政治冲突加剧，很有可能演变成世界贸易活动中的政治驱动分裂（Butollo 和 Staritz，2022）。对此，李晓（2023）也表示了同样的担忧，全球经济和政治秩序日益失衡，会使得世界从"全球化分裂"向地缘政治冲突转变。

3. 全球产业链与全球供应链受到冲击，区域全球化或成主流趋势

经济全球化是一种经济规律，是生产力的发展跨越国界形成全球的分工交换进而形成的全球供应链和价值链。近年来的贸易冲突和疫情冲击，将全球产业链以及供应链环节上的脆弱性暴露无遗（王晋斌，2022）。这也引发了各国对于供应链全球化的恐惧，这种恐惧导致各国相继从开放贸易转向内向贸易（Irwin，2020）。2022年，乌克兰危机的升级，产业链的相对完整与安全问题被各国政府高度重视，后疫情时代产业链在区域间和国家间的重构趋势在所难免（袁志刚，2022）。胡键（2022）也表示，世界经济不确定性所带来的动荡仍在继续，全球产业链、全球价值链、全球供应链等都在重组、重塑、重构。在全球多边贸易安排受阻的情况下，相互临近的各国、各地区纷纷试图构建更加符合自身利益的区域性制度安排，加速将产业链本土化、区域化。

与原有的全球一体化相比，区域全球化来自外部的客观障碍更少，由于地理因素的相关性和由此产生的经济利益的相关性，再加上区域内文化的相似性，区域内各经济体更愿意合作。Grosse等（2022）认为，区域内的贸易流动所需的客观条件较少，区域贸易协定显然更容易达成，可以有效支撑多边贸易体系。各经济体在区块内频繁交易，而区域与区域也可以相互联系，进行优势资源的置换，最终又形成一个高效的全球网络。

（二）全球化分裂的新挑战

21世纪以来，以中国为代表的新兴市场大国深度融入并影响了经济全球化的走向，新兴经济体已经是全球经济增长的新引擎，成为驱动经济全球化的新动力（陈宗胜和李瑞，2023；Garg，2022）。中国作为当今世界上最主要的"贸易国家"，既是经济全球化的主要受益者，也是全球化分裂成本或风险的主要承担者。当前，单边主义扭曲世界市场机制导致世界市场失灵进一步加剧。相较旧有秩序中限制中国进一步发挥国际影响力的非中性制度因素，对中国影响更为迫切的是这一秩序本身的衰退和弱化背后，新的秩序却尚未建立（李晓，2018）。

李稻葵等（2023）指出，中国对世界经济格局的影响至关重要，并有望成为新型全球化的引领者。不过，美国作为现存主导性大国，面对来自中国在国际地位等方面可能产生的冲击和威胁，必然会采取多种手段遏制，中美双方很可能落入"修昔底德陷阱"（杜焕芳等，2022）。李晓（2018）强调，中美两国之间的竞争不会在短时间内结束。以美国为首的西方发达国家通过加强与其他经济体合作，来切断中国维持经济增长和军事实力所需的投入，达到削弱中国的最终目的（Fjellström等，2023）。当前，国际商业环境被中美两国之间日益加剧的地缘政治冲突所笼罩（Cui等，2023；Witt等，2023）。地缘政治所驱动的贸易保护政策很可能导致更多的回流或近岸外包，这在一定程度上挤压了中国在国际经济活动中的利润空间（Butollo 和 Staritz，2022）。

朱燕和纪飞峰（2023）认为，以美国为首的发达国家正是凭借着霸权剥削式的全球经济治理机制，在全球范围内遏制中国国家利益在全球范围内的拓展。现行全球经济治理机制多数由发达国家掌握主导权，美国等国出于维护自身优势地位的目的而采取的贸易政策势必对现有的全球经贸规则造成破坏，全球经济治理体系遭到挑战。随着国际力量对比消长变化和全球性挑战日益增多，加强全球治理、推动全球治理体系变革是大势所趋。中国应积极推动 WTO 等多边机制的改革，加强全球治理体系的公平性，为新一轮经济全球化注入活力。此外，全球经济治理体系的改革也充满挑战。不同国家的利益选择和政治立场会左右全球经济治理的书写方向。胡键（2022）强调，机制的改革要对治理主体、价值诉求、治理手段等多个方面做充分考量，力图避免其无效性，以便适应全球经济出现的众多新兴领域。

面对严峻的国际经济形势，对中国而言，如何保护国内经济免受外部冲击并维持稳定的发展也是一个棘手的问题。罗影和汪毅霖（2023）强调，在全球化竞争的开放型经济下，政府在其中所扮演的角色至关重要。政府不是市场的替代者，政府需要不断培育市场、调控市场，并为企业的科技创新等发展提供良性的制度环境。中国政府的运行机制保证了国内利益协调能力，但中国特色社会主义发展道路注定与西方资本主义国家存在一定程度上的"制度互斥"，面临着全球化分裂、地缘政治冲突以及意识形态等方面不利因素（李忠远和孙兴杰，2023）。自 2008 年全球金融危机爆发后，频发的全球性危机导致这种负面效应开始显现，对中国经济造成了重大打击。早年间将出口作为主要增长动力，对国际经济流动的过分依赖无疑使中国经济结构的脆弱性加剧（Stanojevic 和 Zakic，2023）。以出口为主的经济发展模式已经不能成为中国向前继续发展的推动力，中国必须加快新战略的实施和延伸，更多关注内需以保护国内经济免受外部冲击，同时，以全球投资者而非投资接受者的身份活跃在国际经济中，并最终获得更好的国际地位。

值得注意的是，美国等发达国家在日趋激烈的国际竞争中占据着技术优势。这表明这些国家可以通过限制国际技术交流来实现技术垄断，从而强化世界市场不完全竞争结构。马丹和何雅兴（2019）认为，大国竞争本质上是一场技术竞赛，掌握核心技术，抢占技术制高点是占据竞争有利位置的关键。在过去，中国凭借着降低向世界提供廉价制成品的比较优势，成为全球制造中心的低成本生产国（Dover，2022）。然而，这种传统优势在近期西方制裁中逐渐丧失，罗影和汪毅霖（2023）

表示，在全球化遭遇逆流和中国已经成长为世界头号制造业大国的时代背景下，比较优势和后发优势等后发国家的传统优势已经无法支撑中国经济的高质量发展。技术创新手段的垄断是与中国脱钩政策的支持者开展博弈时可以倚仗的优势（Witt，2019），这也意味着，中国的科技创新能力越强，与中国脱钩的经济成本越高昂。因此，中国只有培育起独立自主地实现从 0 到 1 的科技自主创新能力，才能获得新的竞争优势，在全球化背景下支撑高质量发展。

四、总结与展望

本专题梳理与总结了当前经济全球化与逆全球化的相关问题。经济全球化作为一个动态发展的过程，本质上是贸易、投资和人员流动的一体化和自由化。目前，由新自由主义领导的本轮经济全球化受资本主义内部矛盾的不断深化而陷入困境。由于国际环境日益恶化，反对全球化的势力不断壮大，经济全球化所带来的利益分配不均逐渐上升为全球化与国家主权的矛盾，并最终演化成为逆全球化潮流，在美国等发达国家中得以显现。

历史地看，全球化的道路一直都充满波折，而经济全球化作为世界经济发展的必然结果，是不可逆转的。逆全球化浪潮的兴起并不能成为阻断经济全球化发展的桎梏，实际上，逆全球化只是经济全球化多方利益博弈过程中的暂时现象。面对当前的发展困境，经济全球化仍旧会在不断调整的过程中艰难前行，并最终完成其结构的重塑。现阶段，受宏观经济周期和大国政治博弈的多重因素影响，经济全球化呈现出分裂的新状态，全球化与逆全球化的优先顺序在短期内并不能确定。总体而言，世界经济发展在未来一段时间内将呈现出经济全球化和逆全球化现象阶段性交替前行的基本现状（葛浩阳，2023）。目前，美国全球领导力的日渐衰落，由美国所主导的霸权主义受到来自新兴市场崛起的挑战，新的国际经济秩序亟待建立，世界正处于百年未有之大变局之中。为了遏制中国的进一步发展，维护自身的优势地位，以美国为首的发达国家对中国实施了一系列制裁措施，并对中国产生了深远的现实影响。

作为世界经济增长的重要引擎，中国对于世界经济格局的重要性愈发明显，并有望成为新型经济全球化的引领者（李稻葵等，2023）。为了实现这个宏大目标，中国必须对世界经济发展大势有清晰的认知，并以此为依据采取合理应对措施，力求最大限度降低对中国产生的不利影响。本专题立足现有学者的观点，结合中国的制度体制与现实国情，对未来中国的应对作出简要展望。

第一，积极参与全球经济治理体系，大力推进多边经济合作。

以美国为首的发达国家在现行全球经济治理机制中拥有话语主导权，其制定并推行的规则和议程公平性和透明度严重不足，全然滞后于全球经济体系的发展（吴志成，2023）。中国作为世界经济的重要参与者，需积极参与全球经济治理体制的更新，充分考虑和兼顾多方利益诉求，提高世界各国对多边经济合作的积极性。

"一带一路"倡议便很好地体现了中国在这方面所作的努力，"一带一路"倡议是站在全球经济发展大局角度提出的，旨在维护自由贸易体系，为世界提供了推动经济全球化的新模式（高磊，2023）。Stanojevic 和 Zakic（2023）表示，"一带一路"倡议是全球化进程中最具活力和独特的部分，它可能无法维持经济全球化以前的强度，但它赋予了经济全球化新的形态和特征。对中国而言，只有积极参与全球经济治理，用多元共治替代霸权主义，促进多边贸易合作，建立开放共享、互利共赢的新型治理观念，才能为中国的发展创造有利的条件（葛浩阳，2023；蒋茜，2023）。

第二，构建高水平国内国际双循环新发展格局，推动经济高质量发展。

面对复杂多变的国际市场环境和不确定的经济风险，以出口为主的经济发展模式已经不能成为中国向前继续发展的推动力。新形势下，扩大国内需求成为应对外部经济环境冲击、稳定经济运行发展的有效途径。同时，稳定的国内需求市场也会促进对外贸易的出口增长，将国际市场内嵌于本国经济，实现国内国际市场的协调发展。现阶段，中国必须加快形成以国内大循环为主体、国内国际双循环相互促进新发展格局（王晋斌，2022；朱燕和纪飞峰，2023）。

内需是大国经济发展的根本，中国国内市场需求仍需进一步释放，当前中国国内限制要素自由流动的壁垒仍然存在，阻碍着统一大市场的形成和内需的充分释放。中国应进一步完善以政府与市场同向发力为基本特征的中国式现代化发展，深化供给侧结构性改革，加强高级生产要素的投入，实现国内的产业结构升级。对外方面，中国要坚定"走出去"战略，更加积极主动地构建开放新格局，完善国内国际制度互动，充分融入世界政治经济体系，以高水平对外开放主动迎接风险和挑战（刘彬和陈伟光，2023）。从商品和要素流动型开放过渡至制度型开放是当前中国提高对外开放水平的首要任务，李忠远和孙兴杰（2023）表示，要以制度质量提升为导向、制度学习和制度创新并重、通过深化对内改革促进对外开放最终完成制度创新，并达成全球价值链地位攀升的最终目标。

第三，意识到科技创新的重要性，加强自主创新能力。

吴要武和张成（2023）指出，当前中国的科技水平在诸多方面仍然落后于美国，且长期以来，中国都处于技术发展的追赶阶段，获取先进技术的方式以吸收和学习为主，自主创新能力不足。在国际市场分工中，由于中国的优势主要依赖于低廉的劳动力和生产成本，发展路径被锁定在低端制造业领域，形成了低端锁定效应，在全球化产业分配格局中处于不利地位（王孝松和陈燕，2023）。随着更多新兴经济体的加入和新一轮科技产业革命进展加速，中国产业链、供应链的安全和地位受到极大挑战，具有很强的可替代性。

科技创新是推动中国全球价值链地位攀升的核心竞争力，只有加强对高新技术产业的政策倾斜，吸引人才和资本流入，才能保障产业转型升级的方向和质量。在中美贸易摩擦升级的背景下，美国对中国的技术制裁导致中国高科技产业发展严重受阻。罗影和汪毅霖（2023）认为，中国在这些关键性的基础科技领域必须放弃继续仰仗比较优势和后发优势的幻想，独立自主地实现从 0 到 1 的技术创新。创新能力的推动需要体制引领、产业牵引、企业转型的多方作用，政府要从政策层面支持技术创新，并对产业结构升级予以指引，从根本上激发企业的创新主动性（高伟和李岳洋，2023）。

总而言之，站在经济全球化发展的十字路口，中国所面临的机遇与挑战并存。中国应尊重世界历史发展的客观规律，意识到经济全球化是世界历史发展的必然结果，任何企图阻挠全球化发展的行为都是对经济全球化大势的悖逆。面对美方基于安全和竞争的考虑而对中国挑起经济、外交、军事制裁，中国必须以马克思主义理论为指导，坚持高水平对外开放，推动中国经济的高质量发展，为世界经济发展提供中国方案。

主要参考文献

[1] 曹远征：《面对"类滞胀"——差序世界中的中国经济》，《文化纵横》2022 年第 2 期。

[2] 曹远征：《去全球化，还是全球化新安排？——2023 年全球与中国经济展望》，《文化纵横》2023 年第 1 期。

[3] 陈江生：《经济全球化的历史进程及中国机遇》，《人民论坛》2021 年第 13 期。

[4] 陈伟光、蔡伟宏：《逆全球化现象的政治经济学分析——基于"双向运动"理论的视角》，《国际观察》2017 年第 3 期。

[5] 陈伟光、郭晴：《逆全球化机理分析与新型全球化及其治理重塑》，《南开

学报：哲学社会科学版》2017 年第 5 期。

　　［6］陈宗胜、李瑞：《百年未有之大变局与全球化之变动趋势》，《全球化》2023年第 3 期。

　　［7］高露：《"一带一路"倡议推进经济全球化模式研究》，《世界经济研究》2023 年第 6 期。

　　［8］杜焕芳、郭诗雅、中国人民大学"一带一路"法律研究中心：《全球化困境的跨越与中国"一带一路"倡议》，《四川大学学报（哲学社会科学版）》2022 年第 5 期。

　　［9］高伟、李岳洋：《双循环新发展格局研究综述》，《新疆师范大学学版（哲学社会科学版)》2024 年第 1 期。

　　［10］高疆：《全球化变局中的世贸组织改革：困境、分歧与前路》，《世界经济研究》2022 年第 11 期。

　　［11］葛浩阳：《全球经济的"不可能三角"真的不可能吗——对丹尼·罗德里克全球化理论的批判性考察》，《经济学家》2019 年第 6 期。

　　［12］葛浩阳：《全球化和逆全球化何以交替并行？一个马克思主义的分析》，《世界经济研究》2023 年第 6 期。

　　［13］何伟文：《科学认识逆全球化，推进包容性全球化》，《探索与争鸣》2018年第 1 期。

　　［14］胡键：《经济全球化的新态势与全球经济治理的变革》，《国际经贸探索》2022 年第 8 期。

　　［15］霍建国：《经济全球化趋势不可逆转》，《探索与争鸣》2018 年第 1 期。

　　［16］蒋茜：《当代资本主义主导经济全球化的逻辑与困境——基于马克思主义政治经济学的分析》，《政治经济学评论》2023 年第 3 期。

　　［17］金碚：《经济全球化形态的和平衍化期望》，《海南大学学报（人文社会科学版)》2023 年第 3 期。

　　［18］黎峰：《逆全球化浪潮：内在逻辑、发展前景与中国方略》，《经济学家》2022 年第 11 期。

　　［19］李稻葵、郭美新、郎昆、陆琳：《世界经济增长引擎、新型全球化引领者、政府与市场经济学：中国式现代化对世界经济的贡献》，《中国经济学人》2023 年第2 期。

　　［20］李罗力：《经济全球化迈进 3.0 新时代》，《全球化》2022 年第 1 期。

［21］李其庆：《全球化背景下的新自由主义》，《马克思主义与现实》2003 年第 5 期。

［22］李侠：《中国遭遇的逆全球化困境是否可解?》，《民主与科学》2023 第 3 期。

［23］李晓：《全球化分裂：成因、未来及对策》，《世界经济研究》2018 年第 3 期。

［24］李晓：《警惕世界从经济全球化走向地缘政治化》，《世界知识》2023 年第 5 期。

［25］李忠远、孙兴杰：《全球化分裂背景下制度型开放的内在逻辑与中国策略选择》，《国际经贸探索》2023 年第 3 期。

［26］刘彬、陈伟光：《制度型开放：中国参与全球经济治理的制度路径》，《国际论坛》2023 年第 1 期。

［27］罗影、汪毅霖：《全球化时代后发大国经济成长的比较优势、后发优势与竞争优势》，《经济学家》2023 年第 5 期。

［28］马超、王岩：《逆全球化思潮的演进，成因及其应对》，《思想教育研究》2021 年第 6 期。

［29］马丹、何雅兴：《危机传递、逆全球化与世界经济周期联动性》，《统计研究》2019 年第 7 期。

［30］明栋才：《当代西方全球化理论研究综述》，《重庆社会科学》2007 年第 7 期。

［31］裴长洪：《后危机时代经济全球化趋势及其新特点、新态势》，《国际经济评论》2010 年第 4 期。

［32］宋国友：《全球经济发展的新特征》，《人民论坛》2023 年第 12 期。

［33］王晋斌：《慢全球化时代的产业链新态势》，《学术前沿》2022 年第 7 期。

［34］王孝松、陈燕：《后疫情时代经济全球化扩展与重组对中国参与全球价值链的影响》，《企业经济》2023 年第 1 期。

［35］王玉主、王伟：《国际秩序与经济全球化：历史进程与影响机理》，《学术探索》2021 年第 12 期。

［36］王跃生：《全球经济双循环：全球化结构新走向与中国应对》，《新视野》2023 年第 2 期。

［37］王智强、袁怡：《资本主义生产过剩与全球化分裂——兼论中美贸易关

系》，《当代经济研究》2023 年第 1 期。

[38] 吴志成：《经济全球化演进的历史逻辑与中国的担当作为》，《世界经济与政治》2023 年第 6 期。

[39] 魏旭：《全球化分裂与产业链重置：动因、逻辑与中国应对》，《政治经济学研究》2023 年第 1 期。

[40] 吴学武、张成：《世界经济能否出现新的"黄金时代"》，《产业经济评论》2023 年第 5 期。

[41] 谢长安：《论资本主义全球化的当代困境及其影响》，《贵州师范大学学报（社会科学版）》2021 年第 2 期。

[42] 徐明棋：《论经济全球化的动力、效应与趋势》，《社会科学》2017 年第 7 期。

[43] 薛荣久：《经济全球化的影响与挑战》，《世界经济》1998 年第 4 期。

[44] 于春海、杨雯琦：《"超级全球化"——世界经济协作危机何以发生》，《文化纵横》2023 年第 1 期。

[45] 袁志刚：《全球化困境下的中美经济关系》，《社会科学战线》2022 年第 3 期。

[46] 张宇燕、徐秀军：《2022—2023 年世界经济形势分析与展望》，《当代世界》2023 年第 1 期。

[47] 李稻葵：《大变局中的中国经济》，《中国社会科学报》2022 年第 8 期。

[48] 朱燕、纪飞峰：《大变局中的全球化发展与我国对策》，《宏观经济管理》2023 年第 2 期。

[49] Antràs, P., "De-Globalisation? Global Value Chains in the Post-COVID-19 Age", *National Bureau of Economic Research*, 2020：28115.

[50] Arslan, Y., Contreras, J., Patel, N., and Shu, C., "Globalisation and de-globalisation in emerging market economies：facts and trends", *BIS Papers chapters*, 2018, 100a.

[51] Bordo, M. D., and C. R. Schenk, "'Unusual, Unstable, Complicated, Unreliable and Temporary' Reinterpreting the Ebb and Flow of Globalization", *National Bureau of Economic Research*, 2021：29114.

[52] Bowen, T. R., and J. L. Broz, "The Domestic Political Economy of the WTO Crisis：Lessons for Preserving Multilateralism", *Global Perspectives*, 2022, 3（1）：55655.

［53］Butollo, F., and C. Staritz, "Deglobalisierung, Rekonfiguration oder Business as Usual? COVID‑19 und die Grenzen der Rückverlagerung globalisierter Produktion", *Berliner Journal für Soziologie*, 2022, 32（3）：393–425.

［54］Chase‑Dunn, C., A. Álvarez, and Y. Liao, "Waves of Structural Deglobalization：A World‑Systems Perspective", *Social Sciences*, 2023, 12（5）：301–301.

［55］Contractor, F. J., "The world economy will need even more globalization in the post‑pandemic 2021 decade", *Journal of International Business Studies*, 2021, 53（1）：1–16.

［56］Cui, V., I. Vertinsky, Y. Wang, and D. Zhou, "Decoupling in international business：The 'new' vulnerability of globalization and MNEs' response strategies", *Journal of International Business Studies*, 2023：1–15.

［57］Dover, S., "Quick thoughts：De‑globalization—Myth or reality?", *www.franklintempleton.com*, 2022.

［58］Fjellström, D., W. Bai, L. Oliveira, and T. Fang, "Springboard internationalisation in times of geopolitical tensions", *International Business Review*, 2023：102144.

［59］Garg, S., "Impact of de‑globalization on development：Comparative analysis of an emerging market（India）and a developed country（USA）", *Journal of Policy Modeling*, 2022, 44（6）：1179–1197.

［60］Gao, H., Ren, M., and Shih, T. Y., "Co‑evolutions in global decoupling：Learning from the global semiconductor industry", *International Business Review*, 2023：102118.

［61］Grosse, R., J. Gamso, and R. C. Nelson, "De‑Globalization is a Myth." *AIB Insights*, 2022, 22（2）：32513.

［62］Haar, J., and R. Parente, "The Perpetual Myth of Deglobalization", *Bar. Brazilian Administration Review*, 2023, 20（1）：e230027.

［63］Irwin , D. A, "Globalization has helped raise incomes almost everywhere since the 1980s ｜ PIIE", *www.piie.com*, 2022.

［64］Kornprobst, M., and T. V. Paul, "Globalization, deglobalization and the liberal international order", *International Affairs*, 2021, 97（5）：1305–1316.

［65］Kriesi, H., E. Grande, R. Lachat, M. Dolezal, S. Bornschier, and T. Frey, "Globalization and the transformation of the national political space：Six European countries compared", *European Journal of Political Research*, 2006, 45 (6): 921-956.

[66] Li, J., D. Shapiro, M. W. Peng, and A. Ufimtseva, "Corporate Diplomacy in the Age of U. S. -China Rivalry", *Academy of Management Perspectives*, 2022, 36 (4): 1007-1032.

[67] Mariotti, S., "A warning from the Russian-Ukrainian war: avoiding a future that rhymes with the past", *Journal of Industrial and Business Economics*, 2022, 49: 761-782.

[68] Mariotti, S., "Competition policy in the new wave of global protectionism. Prospects for preserving a fdi-friendly institutional environment", *Journal of Industrial and Business Economics*, 2023, 50 (2): 227-241.

[69] Moghadam, V. M., "What was globalization?", *Globalizations*, 2020, 18 (5): 695-706.

[70] Naseemullah, A., "The political economy of national development: A research agenda after neoliberal reform?", *World Development*, 2023, 168, 106269.

[71] Raikhan, S., Moldakhmet, M., Ryskeldy, M. and Alua, M., "The Interaction of Globalization and Culture in the Modern World", *Procedia-Social and Behavioral Sciences*, 2014, 122: 8-12.

[72] Rodrik, D., "why global markets, states, and democracy can't coexist", *Oxford University Press*, 2011.

[73] Schöfer, T., and C. Weinhardt, "Developing-country status at the WTO: the divergent strategies of Brazil, India and China", *International Affairs*, 2022, 98 (6): 1937-1957.

[74] Stanojevic, N., and Zakic, K., "China and deglobalization of the world economy", *National Accounting Review*, 2023, 5 (1): 67-85.

[75] Steger, M. B., and James, P., "Globalization matters: engaging the global in unsettled times", *Cambridge University Press*, 2019.

[76] Siwek, T., "Beyond Globalisation: Exploring the Limits of Globalisation in the Regional Context", *Doctoral dissertation University of Ostrava*, 2009.

[77] Vertinsky, I., Y. Kuang, D. Zhou, and V. Cui, "The political economy and dynamics of bifurcated world governance and the decoupling of value chains: An alternative perspective", *Journal of International Business Studies*, 2023: 1-27.

［78］Witt, M. A., "De-globalization: Theories, predictions, and opportunities for international business research", *Journal of International Business Studies*, 2019, 50 (7): 1053-1077.

［79］Witt, M. A., A. Y. Lewin, P. P. Li, and A. Gaur, "Decoupling in international business: Evidence, drivers, impact, and implications for IB research", *Journal of World Business*, 2023, 58 (1): 101399.

专题六　中美经贸摩擦

当前世界百年未有之大变局加速演进，面对世界之变、时代之变、国际经济格局之变，中美两大经济体之间的博弈与斡旋备受瞩目。聚焦经济领域，中美经贸摩擦是学界热议的话题，国内外学者以丰富多元的视角采用多种方法对此展开了大量的讨论与分析，基于对相关文献的全面梳理，本专题将从中美经贸摩擦的演变趋势、传导机制以及潜在影响等方面，对现有文献进行总结与论述。此外，为制约中国在关键核心技术领域的发展，维持美国在高科技重点领域上的技术优势，对华出口管制政策成为特朗普政府上台以来美国政府采取的重要举措，对中国企业乃至全球供应链生产链产生了重大影响，学术界对此也进行了深入的研判和分析，因此本专题也将梳理与美国对华出口管制政策相关的讨论，希望能够为读者提供些许启发。

一、中美经贸摩擦

（一）中美经贸摩擦的演变趋势

迄今为止，学者们已就中美经贸摩擦产生的原因和本质作出了深入探讨。学者们普遍认为，中美两国的贸易失衡只是引发两国贸易冲突的表象。因为这种失衡在统计方法上存在高估的问题，并未考虑外商在华直接投资的贸易转移效应，以及中美服务贸易和国际收支平衡表的"净误差与遗漏"（陈继勇，2018），且随着美国对华出口管制强度的增加，贸易失衡的问题将进一步严重。贸易理念差异（戴翔等，2018）、技术赶超（顾学明和刘一鸣，2022；杨飞等，2018）、国内利益分配失衡（戴翔等，2018；顾学明和刘一鸣，2022）和权力格局的变化（郭克莎和李玔，2021；黄琪轩，2020；张程和赵梓若，2021）被认为是引发两国贸易摩擦的主要原因，也有学者认为导致中美经贸摩擦更深层次的原因是经济思想、政治思想、文化思想等思想渊源。余振和王净宇（2022）指出，美国学派强调生产率优势、重视国内市场、鼓励贸易保护的经济思想为美国近两届政府对华"脱钩"政策提供了重要的理论基础；美国孤立主义的传统政治思想是"脱钩"政策的思想根源；"美国例外"的宗教文化传统为美国对华态度强硬提供了"肥沃的"文化土壤。

近两年，一部分文献对中美贸易战中美两国的政策手段的现状特征和演变趋势做出分析和预期。一是中美经贸摩擦是常态化趋势（佟家栋和鞠欣，2021；赵丽娜，2021），这是由中美经贸摩擦爆发的本质所决定。宋静和司乐如（2021）指出，拜登政府已明确"中美竞争"的战略定位和"不冷战，不脱钩"的战略底线，这一政策方针将对中美经贸关系产生长期影响。二是中美贸易争端已由"贸易之争"转为"制度之争"。一方面，制度之争以完善的国内法律体系为根基。沈伟（2021）从国际法治的视角切入，认为美国对华战略已由"接触+竞争遏制"转变为就制裁和反制裁、遏制和反遏制展开的"法律战"，本质是国家之间的法律和制度之争，以长臂管辖和次级制裁为主要特征，并需要实体法、程序法、国内法、国际法等多重要素进行整体配合予以实现。另一方面，制度之争以一国在国际经济秩序的影响力和话语权作抓手，具体表现为抢占国际经贸规则的制高点（阳结南，2021；赵丽娜，2021）、制定国际先进标准、建立合作联盟等。阳结南（2021）指出，美国建立的合作联盟是在主导国际经贸规则和先进标准的基础上，纳入更多限制中国的针对性规则，将中国隔离在其主导的贸易体系外；宋静和司乐如（2021）认为，"价值观外交"和构造"民主同盟"为美国对华政策的重要载体。三是贸易摩擦的领域和形式更加多样化。中美经贸摩擦将加速向高科技、国家安全、意识形态等"超贸易"领域扩散，呈现多点爆发、打击精准化、冲突常态化、竞争复杂化的特点（史本叶和杨馥嘉，2022），有从关税战、技术战升级至汇率战、金融战的风险（郭克莎和李瑊，2021）。在贸易摩擦的冲击下，全球价值链出现重构趋势，部分国家积极推动部分产业链回流本国，追求供应链的多元化，加强对本国相关产业的保护（袁振邦和张群群，2021）。拜登上台以来对美国对华经贸政策进行再调整与新竞争，拜登政府对华经贸政策的再调整体现在以下几个方面：在经贸政策理念上，从特朗普政府的"美国优先"调整至"以劳工阶层为中心"的经贸政策理念；在对华施压的手段上，"价值观"绑定经贸议题成为拜登政府在关税之外的对华经贸政策的新选择；美国大力推动经贸议题的价值观内嵌，宣导政策价值观化的"政治正确"；在关注的议题方面，拜登政府更加关注气候变化、数字经济的议题。同时，中美经贸关系出现了一些新竞争，一是供应链自主竞争，拜登政府致力于减少对中国的供应链依赖；二是经济盟友竞争，拜登政府高度重视盟友在重塑美国全球经济领导力中的战略作用；三是地区经济机制竞争，相比特朗普执政时期地区经济机制竞争的弱化，拜登政府更加偏好国际机制的作用；四是经济制裁和反制裁问题的竞争，随着美国愈发把经济制裁作为对华和对外关系中的政策工具，中国也更倾向于把经济手段作为外交手段的重要补充，经济制裁与反制裁也日益成为中美经贸关系中的一个突出问题（宋国友，2022）。

（二）中美经贸摩擦的传导机制

一部分文献关注贸易摩擦风险的传导机制，既包括中国实体经济内部的风险溢出机制，也包括贸易摩擦风险在全球生产网络和价值链中的传导机制。

针对前者，方意等（2021）通过条件在险价值方法、事件分析法以及正交分解法构建一揽子模型，研究发现中美经贸摩擦作为外部冲击显著增加了实体经济与金融市场间的风险溢出机制，风险溢出对实体经济和各金融市场风险的影响程度更强，甚至导致部分部门风险反复上升，并存在风险溢出闭环。陈奉功和张谊浩（2021）则关注贸易摩擦作为不确定性引发的投资者决策变化，并认为投资者对摩擦事件的关注是产生股市短期溢出效应的作用机制。在贸易方面，王原雪等（2021）分析了贸易摩擦的价格传导机制，即进口品跨国价格传导、国内需求引致的价格冲击、国内中间品的价格传导以及国内生产要素成本的价格传导。在技术和创新领域，杨飞（2021）通过引入内生偏向型技术创新模型，分析认为贸易摩擦对技术进步存在价格效应、市场规模效应和市场竞争效应。在价格效应方面，加征关税将通过降低美国消费者对中国商品的需求降低商品价格抑制技术创新，但中间品出口限制又将推高新技术产品的相对价格，激励技术创新。在市场规模效应方面，加征关税促使美国产品价格上升，正向放大了市场规模效应，提高了高技术产品的相对技术水平。而美国对华高技术中间品出口限制会抑制高技能劳动的市场规模效应，从而限制高技术产品的相对技术水平。市场竞争效应则表明，加征关税将放大美国企业研发成果，会给中国企业带来更大的高技术创新激励和竞争压力。

针对后者，贺灿飞和余昌达（2022）以多维临近性为研究视角，认为贸易摩擦对国家间产业联系的影响受地理、认知、社会与制度四个维度的邻近性影响，并通过投入产出分析，验证了贸易摩擦对中国与其他国家之间的产业联系的削弱作用，其中地理与认知邻近性的影响最为广泛，而社会与制度邻近性仅对最终需求联系有促进作用。此外，价值链存在分散贸易摩擦负面效应的"避险机制"（张志明等，

2021）。史本叶和王晓娟（2021）的研究认为，全球价值链具有的"避险机制"有助于中国减轻美国加征关税带来的冲击，且 GVC 参与度越深，位置越靠近上游，越有增加值结构的调整空间；鞠建东等（2021）对关税和双边贸易条件的研究同样主张全球价值链的"避险作用"，认为关税对价格贸易条件的影响程度受产品的全球生产链联系影响，产品的全球化生产特征越明显，双边关税对产品价格贸易条件的影响就越小。

（三）中美经贸摩擦对中美两国的影响

有许多文献探讨中美经贸摩擦这一冲击产生的经济影响。一部分文献从微观企业视角探讨中美经贸摩擦的影响。多数研究认为，贸易摩擦增加了微观企业的经营成本和经营风险（李昊洋和沈昊旻，2021），抑制了企业的创新投入和产出。袁劲等（2022）关注了中美经贸摩擦对企业异质性的影响，认为中美经贸摩擦对生产率较高、规模较大、劳动密集度较低的企业和民营企业的影响更加显著；万源星等（2022）研究了中美经贸摩擦对企业研发决策的影响，基于 2001—2019 年美国对华发起的贸易调查事件，以中国 A 股制造业上市公司为研究对象进行研究，发现中美经贸摩擦通过出口管制、进口竞争和市场压力三个中介机制抑制了企业的研发国际化，且该负面冲击对遭受反倾销或反补贴调查的企业，在美国或发展中国家开展研发活动的企业，以及处于技术密集型、资本密集型产业中的企业更加显著；李昊洋和沈昊旻（2021）的研究验证了出口贸易摩擦对企业研发投入的持续性的抑制作用，减少了企业的专利申请数量，且这种抑制作用主要针对研究阶段而非开发阶段，对海外收入比例较高的公司或高科技制造业公司的抑制作用更为突出；Benguria 等（2022）从不确定性的视角分析了美国对华加征关税对微观企业的影响。文章指出，美国对华加征关税导致企业经营中面临的不确定性增强，尤其对经营规模较小以及贸易伙伴国较为集中的企业。文章进一步指出，不确定性的提高导致微观企业投资和研发支出下降，经营利润减少。Ye 等（2022）则采用事件分析法，选取具有纺织价值链上、中、下游代表性的三家中国纺织服装上市公司作为研究对象，其研究指出，相较于上游企业，中美经贸摩擦对中下游企业的负面影响更加显著。

一部分文献关注贸易摩擦在行业层面的经济影响，这部分行业多集中于贸易争端较为激烈的领域，或是敏感度较高的战略性新兴产业：一是集中于农产品中的代表性产品，尤其是大豆贸易的相关研究。一方面，中美贸易争端将显著缩减中国自美国进口的大豆（刘嗣明等，2021；张玉梅等，2021），可能导致大豆的进口成本上升（汤碧和李妙晨，2022）；另一方面，加征关税存在的贸易转移效应可能会改变中国农产品的进口结构，增强与周边国家的农产品贸易关系。有研究认为，中美经贸摩擦促使中国加大与"一带一路"共建国家之间的农业合作，从而增强了彼此间的农产品价格关联程度（刘璐等，2021）。孙东升等（2021）使用贸易强度指数和基尼-赫希曼指数测算了 2001—2017 年中美农产品贸易依存度、产品和地域集中度，该研究认为加征关税对中国的大豆进口和美国大豆出口皆存在贸易转移效应；余洁等（2021）通过 Brown 和 Crowley（2007）提出的寡头竞争模型和进口需求模型（AIDS），并使用 2002 年 1 月到 2020 年 3 月的中国海关数据进行实证检验，验证了加征关税存在的贸易转移效应和贸易创造效应，认为对美的反制关税有助于吸引其他国家进驻中国的大豆市场。二是针对制造业生产，尤其是高技术行业的经济影响。史本叶和王晓娟（2021）认为，美国加征关税将倒逼中高技术产业出口中国内增加值率的提升，降低了低技术制造业参与 GVC 跨境生产的国内增加值率。而与之相对的，更多研究则对此抱有相对消极的态度，汤志伟等（2021）通过问卷调查法建立电子信息产业关键核心技术源数据库，研究发现中国在电子信息产业被"卡脖子"的关键技术多集中于产业链上游和基础技术领域，面临"缺芯"困局；鞠建东等（2021）的研究指出，中国平均价格贸易条件恶化的行业数量是美国的一倍，其中，中、高技术含量制造业价格贸易条件恶化最为明显；张大海等（2021）的研究显示，美对华加征关税严重冲击了《中国制造 2025》的十大重点领域的行业。此外，金融行业受到的贸易摩擦带来的冲击也有目共睹。朱民和徐钟祥（2021）研究认为负向贸易摩擦事件对除农、林、牧、渔业之外的其他行业均产生了显著的负异常收益率，增加了大多数行业的短期系统性风险；隋建利和杨庆伟（2021）的研究阐述了极端外部冲击下国际大宗商品市场与中国金融市场间的风险传染效应和联动效应将会增强，且中国股票市场与汇率市场承受的外部冲击较强；陈奉功和张谊浩（2021）认为，贸易摩擦事件引发投资者注意并扰乱其投资决策和交易行为，显著降低中国股市收益率，并提高了股市波动率；叶茂升和张石钰（2021）从纺织业企业的视角验证了股市投资行为者的决策受外部冲击事件（或网络舆情）的影响，贸易摩擦事件最先传导至产业链中下游企业，并通过产业链冲击上游企业。企业参与产业链分工程度越深，贸易摩擦对产业链上下游企业产生的扩散效应越强。王盼盼（2021）从波动溢出和均值溢出两个层面实证揭示了美国经济政策不确定性对人民币汇率的动态溢出效应，认为中美经贸摩擦将通过分化投资者预期加大人民币兑美元汇率的波动性，进而冲击国内汇率市场。

还有部分文献在既有研究成果的基础上继续关注中美经贸摩擦在宏观层面的影响。2018 年中美互相加征关税以来，已有研究证明了贸易摩擦在宏观层面对中美双边贸易、福利水平、消费者利益的损害（Fajgelbaum 等，2019；Amiti 等，2019，2020；Ng，2020），并引发贸易转移（崔连标等，2022；吕越等，2019）。其中，国外学者大多关注关税冲击对美国的负面影响，尤其是对就业市场的影响（Bouët 和 Laborde，2018；Flaaen 和 Pierce，2019；Hanson，2020；Li 和 Whalley，2021；Handley 等，2020），而国内研究则更加注重贸易摩擦对中国宏观经济和福利水平的消极影响，并认为关税战对中国的冲击相对较大（樊海潮和张丽娜，2018；吕越等，2019；崔连标等，2022；李春顶等，2018）。近两年，除了中美经贸摩擦可能引发的经济影响，也有部分学者基于现阶段数据对假说进行实证检验。

中美经贸摩擦的进一步扩张将引发"两败俱伤"是学者们达成的共识。田开兰等（2021）的研究利用投入产出技术和弹性分析法等方法，从全球价值链视角量化模拟了美中贸易关税战对双方经济、就业和世界经济的冲击，认为美方发起的单边贸易战会使中国的出口、国内增加值以及就业遭受重大损失，美国也会因为中间品贸易受阻而遭受损失，造成"双输"结果，且中国遭受的损失将更加严重。在福利影响方面，李根强与潘文卿（2022）以 2018 年中美经贸摩擦加征关税清单为主要依据，运用 Taylor 一阶展开法和考虑消费异质性的 Creedy 方法，采用投入产出价格模型与福利效应模型，测算了现行生产网络结构下中美经贸摩擦对全球价值链参与者带来的短期福利影响，认为中美两国是受经贸摩擦负面影响最为严重的国家，且美国的福利和贸易损失明显高于中国，两国自身的价税行为是福利损失的主要原因。两位学者通过进一步考察福利损失的收入分配效应，发现贸易摩擦带来的福利损失在中国随着消费者的收入增加而递减，在美国则呈现倒"U"形的非线性变化，因此，中美经贸摩擦不仅带来福利损失，也不利于改善收入分配格局；Fajgelbaum 和 Khandelwal（2022）研究了进口关税和价格之间的转化机制，认为中美经贸摩擦导致的关税上涨代价转嫁给了美国消费者，且降低了中美两国的实际收入；Li 和 Whalley（2021）构造了全球一般均衡模型，模拟美国发起的贸易保护措施对美国制造业就业的影响，研究认为贸易保护措施对就业具有显著的负向影响，且如果贸易伙伴采取报复措施，美国的就业损失将更加严重，且贸易伙伴对美国制成品的需求也将进一步下降。闫小娜（2023）通过新凯恩斯贸易 DSGE 模型对贸易摩擦政策进行模拟，认为贸易摩擦将使中国的外需水平下降，从而导致产出水平和消费水平下降，同时也导致美国进口商品价格上升，消费者剩余减少，并造成通胀效应。

此外，也有部分研究指出，中美经贸摩擦带来的结果并非全然消极。有研究认为，关税争端在短期并未提升美国货物贸易的世界份额，也没能降低中国货物贸易的世界份额，因此并未改变中国全球货物贸易稳步发展的态势（鞠建东等，2021）。同时，贸易摩擦导致的转移效应也可能增强某些经济体之间的贸易往来，如史本叶和王晓娟（2021）认为中美经贸摩擦增加了中国和欧洲区域链的贸易联系；张大海等（2021）认为尽管中国对美出口受到加征关税的抑制作用，但出口贸易总额在此期间显著增加，存在一定的"抢出口"现象。Xu 等（2022）的研究进一步表明，"抢出口"是先进制造业企业在受到经贸摩擦冲击时，创新水平上升的重要原因。"抢出口"一方面直接促进可持续出口企业的创新水平；另一方面间接通过降低出口市场的门槛促进企业创新。杨飞（2021）的研究表明，美国对华加征关税扩大了高技能劳动市场规模，对华高技术中间品出口限制扩大了高技术中间品市场需求规模，共同促进经济高质量发展，缓解了贸易摩擦带来的负面影响。贸易摩擦对中美技术差距扩大的行业负向影响较大，而对中美技术差距缩小行业的高质量发展存在较大的正向影响。在金融领域，大多数行业的长期系统性风险也不受贸易摩擦事件的负面影响（朱民和徐钟祥，2021）。

（四）中美经贸摩擦对第三国的影响

贸易摩擦的负面经济影响不仅局限于中美两国，也必将给其他生产网络的参与者带来连锁扩散效应。近年来的文献已就中美经贸摩擦对第三国贸易的影响作出探索性研究，多数研究认为关税争端对全球经济与贸易增长是不利的。一方面，中美关税争端损害了自身和其他国家的经济效益和福利水平。史本叶和王晓娟（2021）的研究认为，在贸易摩擦发生时，一国会倾向于通过减少上游中间品进口，使本国增加值生产维持稳定来抵御外部市场冲击，并将该冲击通过全球价值链的"涟漪效应"传导至其他国家，导致中国对美出口中的第三国的增加值率显著降低，尤其体现在亚洲区域链和美洲区域链上。李跟强和潘文卿（2022）的研究指出，中美经贸摩擦使全球价值链上的其他参与者的经济效益下降，且主要由美国方面加征的关税引致，与美国有密切贸易联系的加拿大、墨西哥等 NAFTA 成员损失情况更加显著，日本、德国、英国等次之，且受损行业集中在美国对中国加税的高技术行业，其原因是美国加征关税幅度较高，涉及产品的价值链较长，且生产环节广泛分布于全球各个国家，因此影响的范围和程度更大。另一方面，关税争端损害了中美两国与其他国家间的贸易和生产联系。加征关税引发了中美两国在多边层面与其他国家的贸易失衡（鞠建东等，2021），使全球生产链部分断裂，冲击生产链上欧盟、日本和韩国等经济体，加大世界经济下行的风险（田开兰等，2021）。金仁淑和赵敏（2022）指出，中美经贸摩擦使中日产业链陷入了短链萎缩化、多元化以及脱钩和分化的不利局面，加剧中日关键零部件和技术领域的竞争。方意等（2021b）认为中美经贸摩擦所导致的全球外汇市场风险主要由自身风险累积驱动，但也会通过跨市场传染对全球外汇市场产生影响。

（五）针对中美经贸摩擦的对策

在中美经贸竞争趋于常态化的趋势下，部分学者就中国的反制措施及其后续对策作出研究。一部分研究肯定了中国既有的反制措施。张国峰等（2021）基于2017年1月至2020年6月中国海关月度贸易数据，采用双重差分模型考察了中国对美反制关税的实际效果，结论认为反制效果精准有力，中国自美进口额和进口数量显著下降，且影响总体可控，对美进口贸易转移至经济规模较大的贸易伙伴国，总进口以及国内产业链并未受到明显冲击。在农产品的大豆贸易方面，余洁等（2021）所作的研究支持中国对美国大豆进行关税反制，认为中国对美国大豆的进口不存在刚性依赖，且中美经贸摩擦的贸易转移效应和创造效应可以激励非传统国家进入中国的大豆贸易市场。而张玉梅等（2021）则认为，中美双方达成贸易协议更有助于在大豆市场实现互利共赢。在中国增加对美大豆进口的情形下，美国的大豆出口和进口将会上升，而中国的消费者将获益。也有研究认为，关税反制将会导致"双输"的结果。闫小娜（2023）的研究认为，中国增加关税将使国内进口商品价格上升，消费者剩余减少和消费者福利损失，并引起通货膨胀，需求层面与供给层面的通货膨胀效应也会导致工人的工资增长率为负。

部分学者支持中国以多边合作为抓手，更积极地融入全球化进程。汤志伟等（2021）认为中国电子信息制造业正面临"缺芯"困局，应积极推动产业向价值链高端布局，鼓励发挥企业家精神，发挥社会主义制度优势，积极融入全球化进程；阳结南（2021）指出，中欧签署的全面投资协定（CAI）在一定程度上破解了美国对华贸易限制，优化对外开放水平、贯彻多边主义有助于抵消中美经贸摩擦的不利影响，提升各领域国际化水平；彭亚媛和马忠法（2021）认为，国际技术转移面临"市场导向"和"责任导向"两种规则逻辑之争，而中国正面临"强制技术转移"的舆论压力，应借助多边合作框架和贸易投资协定主张"可持续的国际技术转移制度"，取得制度性话语权（杨春蕾和张二震，2021）。也有学者认为，应将贸易规则和多边合作平台作为改善中美贸易冲突的机制，以重建两国的经贸关系。贸易摩擦时间越长、程度越深，就越需要重建以规则为基础的国际经济贸易体系（Posen，2018）。这种解决机制可以建立在已有的基于贸易规则平等的多边合作体系之下，例如 WTO（何伟文，2021；黄鹏，2021），也可以建立新的机制，后者主要受到国外研究的支持。例如 Posen（2018）和 Bown（2019）的研究认为，现有的多边合作机制无法解决知识产权保护、国家补贴和滥用"国家安全"等主要分歧议题。也有学者指出，融入以 RCEP、CPTPP 为代表的多边贸易规则是缓解贸易摩擦带来的不利经济影响的重要手段。RCEP 协议中的关税减让条款不仅缓解了中美经贸摩擦对中国经济的不利影响，也提升了成员国的宏观经济效益和产出水平（刘璇等，2021）。金仁淑和赵敏（2022）也提出，"双循环"新格局及 RCEP 的生效优化了中日产业链合作的内外部环境，促使中日实现产业优化升级、加深产业链深度融合。彭岳（2021）指出，中国应以考虑加入 CPTPP 协定为契机，从增强贸易多边体制包容性的角度寻求与美国政府达成共识，减少未来中美经贸摩擦中美国法根源的负外部性。

此外，也有很多学者提出应加强对产业链的完善和建设。盛朝迅（2021）指出，为应对新发展格局，中国应按照"企业主体、点链协同、长短结合、分类施策、内外联动"的思路统筹谋划三次产业链条协同高效运转，加快培育产业生态主导企业和隐形冠军企业，促进中央和地方之间统筹协作，深化产业链国际合作。杨枝煌和陈尧（2022）认为，在中美经贸摩擦的冲击下，国内要素成本上升，中国产业对外转移成为经济发展的必然趋势，为保障国家经济安全和产业链供应链整体稳定，必须坚持中国产业转移的自主可控性、合法合规性和主动布局性，培育更多产业链整合者。袁振邦和张群群（2021）认为，应积极采取稳链强链补链措施，打造完整而有韧性的产业链供应链，巩固和发展全产业链优势，确保经济持续健康发展，大力发展壮大中国倡导的"一带一路"价值链，强化全球价值链相互依存度。

加强科技合作，提升技术水平是有效应对中美经贸摩擦的重要途径。闫小娜（2023）通过构建新凯恩斯两国非对称开放 DSGE 模型，模拟了中国技术创新冲击带来的脉冲响应结果，认为中国进行供给侧改革，提升自身技术水平是应对中美经贸摩擦的最佳方式，正向技术冲击导致产出增加，提升收入和消费水平，使国内产品竞争力提高，对国外产出产生一定的挤出效应。应通过不同层次、不同区域和不同主体间的沟通、协商、交流，加强科技合作，进一步提升中国全球资源的配置能力，为世界经济复苏提供强劲动力。多数学者认同，应扶持高端制造产业、巩固战略性产业发展、完善知识产权制度和激发企业创新活力（杨飞等，2018；张程和赵梓若，2021；张大海等，2021），进一步提升中国的创新综合竞争力。

二、美国对华出口管制政策

（一）美国对华出口管制政策的历史演变与未来趋势

不少文章梳理了不同时期美国政府对华出口管制政策的变化和特点（王达和白大范，2012；葛晓峰，2022；刘斌和李秋静，2019；程慧和刘立菲，2022；经蕊和顾学明，2020；张久琴等，2023）。自中华人民共和国成立以来，随着中美关系和实力对比的变化，美国对中国出口管制经历了全面禁运—部分放松管制—实施重点管制的演变过程。1956—1972年，在美国商务部《出口条例》中，中国被列入禁运国家。原则上，全面禁止所有美国物项对华出口，几乎没有可适用的许可例外、通用许可等许可便利措施。1972年美国总统尼克松访华后，中美关系开始改善，美国开始逐步放松对华出口管制。到了20世纪90年代，随着中国经济、科技、军事实力的上升，美国重点关注了对部分军事领域物项的对华出口。1996年，美国商务部重新编写《出口管理条例》，将中国列入重点关注的国家之一，并增设"最终用户和最终用途"章节，逐渐将以目标国为核心的出口管制导向转至以最终用户和最终用途管制为核心的出口管制导向，这种重点管制导向保持至今（王达和白大范，2012；葛晓峰，2022）。

特朗普时期美国对华出口管制出现了一些不同以往的变化和趋势，加强了对华出口管制，主要表现为我国受到出口管制的原因更多，适用于我国的许可证例外较少，且对华出口许可证通过率更低，所需时间更长；美国对华出口管制在打击的行业、企业上非常具有针对性和指向性；在行业层面，重点关注航空航天、信息与通信、光电技术等行业；在目标企业方面，重点指向我国的"军民融合"战略以及"中国制造2025"中涉及的企业（刘斌和李秋静，2019）。

拜登上台后，美国对华出口管制出现了新的特点。拜登政府继承了特朗普政府对华的战略定位和对华政策的基本思路，但在对华科技竞争上调整了特朗普政府的"全面脱钩"竞争策略，而是采取更具针对性的"小院高墙"竞争策略，打压重点更为突出，有明显的"精准脱钩"倾向。具体体现在，拜登政府的打击措施紧盯重点产业链和供应链，力图实现产业链上的对华脱钩；在具体行业选择上，拜登政府重点关注新兴技术领域，尤其精准打击高科技行业中的"龙头企业"，并针对性地遏制中国关键科技企业的国际发展；在管制措施方面，拜登政府更加注重不同管制工具之间的协同联动，包括多种清单之间的协同联动、出口管制措施以及其他制度之间的联动。与特朗普时期的单边主义不同的是，拜登作为一名经验丰富的政客，更善于多边联手，与盟友协同形成围堵竞争之势，实现其对华打压的目标，比如通过现有的多边机制推行美国的管制政策以及携手盟友协调多国的出口管制措施对华形成围堵（程慧和刘立菲，2022；沈逸和莫非，2022）。

不难发现，自美国对华实施出口管制以来，美国对华出口管制的措施不断根据中美之间的经济、科技、外交等多方面实力的变化保持动态调整，在国际生产协作促使国家之间竞合关系更为复杂的背景下，美国对华出口管制不断趋于精确化，也更具有针对性，制裁"大棒"逐渐转变为"小院高墙"，严格限制重大关键技术的流出，但对非重大关键技术的出口限制较少，在管制对象和管制物项上逐步精准，采取局部、有限的脱钩举措，加强管制的同时也在尽量控制对华科技竞争的波及面，努力避免反噬自身（葛晓峰，2022；沈逸和莫非，2022）。

美国政府已经明确将中国界定为最主要的战略竞争对手，其遏制中国发展的意图昭然若揭，未来美国对华的竞争必将更加激烈。美国限制高技术流向中国存在长期化、系统化的趋势（张宇燕，2020）。在出口管制方面，有学者指出，未来美国对华出口管制将呈现单向加强、不可逆的发展趋势，管制范围和管制领域将不断扩大，同时，具有战略意义的关键领域将成为重中之重；管制方式更加多元化，管制工具层出不穷；管制力度将不断加强，联合盟友的多边管制将更加频繁（张久琴等，2023；程慧和刘立菲，2023）。值得一提的是，在加强对华出口管制的同时，美国力图在维护国家安全和促进自身经济发展之间找到一个平衡点，随着中国综合实力及国际地位的不断增强，越来越多的要素将约束美国对华出口管制策略选择（张久琴等，2023）。

（二）美国对华出口管制的动因分析

已有文献主要基于科技、外交、军事等方面分析美国对华出口管制的动因。在科技方面，有学者指出，中国科技的进步速度令美国担忧，因此意图通过限制对华高技术产品出口来降低我国模仿受益的程度，保持其技术领先优势（刘斌和李秋静，2019）。也有学者认为，随着中国科技产业的全方位发展，中美之间固有的"外包、分销"产业合作模式正面临愈发严峻的挑战。而且美国企业开始面临中国企业的同业竞争，不再拥有主导"外包、分销"模式的绝对话语权。这两种变化让美国产业界不再积极游说政府支持中美科技合作（李峥，2020）。同时美国科技领域权威机构和有影响力的学术研究机构等各类团体出台了诸多研究报告，从多方面论证中国在重点科技领域已经或将在未来很快超越美国，呼吁美国政府采取多种措施限制中国的技术发展（薛澜等，2022）。

在外交方面，美国科技外交具有输出价值观和"美国规则"以及"感知外部威胁"的双重属性。自中美建交以来，美国在对华科技外交上总体上处于强势地位，但随着中国科技实力的逐步提高，中美在科技外交上的关系更趋于平衡，并在世界舞台上主动与他国开展科技外交，为世界提供科技领域的公共产品，这样的变化令美国担忧中国将撼动美国自第二次世界大战以来在全球保持的科技领导地位，因此将中国视作科技领域的重要竞争对手。

此外，美国对华出口管制的产品主要为军民两用品，因此军事因素是管制背后的重要考量。"冷战"后，美国科技创新的重心从军方转向民间，大部分尖端科技与核心技术由美国民间企业和科研机构掌握。而随着人工智能、量子计算等前沿技术被广泛运用于军事和安全领域，美国军方担忧此类尖端技术被中国获取并用于强化军事力量，进而对美国国家安全造成威胁，因此美国加大了军民两用技术产品的对华出口管制（李峥，2020）。

可见，无论在科技、外交还是军事领域，中国的进步与崛起都令美国担忧，导致中美关系紧张。其背后反映出美国始终将中国视为能够对美国国家安全构成威胁的潜在竞争对手甚至假想敌，中美实力对比的变化以及双方制度上的差异加剧了美国对中国的威胁性认知。导致美国从"冷战"后以"发展逻辑"主导的对华技术出口管制转向目前以"以安全—发展混合逻辑"为主导的技术出口管制（王达和白大范，2012；李峥，2020；宋国友和张纪腾，2023）。

（三）美国对华出口管制的影响分析

1. 美国对华出口管制对中国的影响

自中华人民共和国成立以来，即便管制产品的范围在不断动态调整，但美国一直在不同程度上实施对华出口管制，因此不少研究基于过去美国对华出口管制政策所产生的影响进行了大量的讨论。王姜辉（2018）应用历史主义方法梳理我国技术引进路径的演变历程，运用对比研究方法探讨自由贸易和出口管制背景下技术引进路径的差异，运用路径广度指数和偏度指数，分别度量我国技术引进路径的多样化程度和空间位移程度，结合典型管制事件探讨美国出口管制对我国技术引进路径的影响。研究发现出口管制从"复杂度"和"位移度"两个方面扭曲了我国技术引进的路径，具体证据包括 20 世纪 80 年代初美国放松对华管制政策，致使我国技术引进路径由原来主要依赖日本转为欧美日并重；80 年代末强化出口管制政策虽未能扭转中国对美日欧技术的依赖，但极大地推动了我国技术引进路径的多元化；2009 年以来美国不断强化对华管制的歧视性政策致使我国航空航天产业技术引进路径发生显著位移。

也有不少文献针对近年来美国重新收紧对华出口管制的政策实践可能带来的影响进行了讨论和分析。经蕊和顾学明（2020）从产业链、国际分工、技术流动等视角分析，认为美国限制高技术流出将对中国产业发展带来挑战。美国高技术产品对华出口受阻，而中国企业难以找到替代品，将面临断供风险，相关产业链的正常运转受到阻碍，重点领域脱钩压力增大（程慧和刘立菲，2023）。基于供应链安全的视角，被出口管制影响的企业或者同行企业，出于中间品断供对生产经营活动带来的风险性考虑，可能会将部分生产活动从中国转移至其他国家，以降低或预防美国对华出口管制带来的断供风险，逐步重塑全球产业分工格局，削弱目前中国"世界制造"中心的地位。从技术跨国流动的视角，美国禁止某些高技术产品流入中国，导致中国过去采取的逆向研发式学习国际前沿技术的路径受阻，将放缓中国产业升级的步伐。樊仲琛等（2023）通过构建理论模型和数值模拟指出，技术内嵌于产品，只有通过进口，发展中国家的企业才有技术学习机会。发展中国家进口减少，导致原本进行技术学习的企业转向自主创新，降低技术进步速度。

基于一般均衡的分析侧重关注美国对华出口管制对产出、贸易等宏观经济产生的影响。朱启荣和王玉平（2020）运用全球贸易模型（GTAP），从宏观经济和产业两个层面，评估美国加强对华技术出口管制给中美两国经济造成的影响。研究发现，美国加强对华技术出口管制不但损害了中国经济利益，也损害了美国自身经济利益，但中国宏观经济损害程度明显大于美国。崔连标等（2022）则关注中国面临的芯片供应链中断风险，定量测算芯片进口中断对我国宏观经济的损害及其影响边界。文章构建了动态可计算一般均衡模型，模拟不同芯片禁运联盟对世界主要经济体的宏观经济、行业产出、行业双边贸易的冲击和影响。

也有学者采用因果实证的方法考察美国对华出口管制对中国微观企业的影响，由于美国对华出口管制主要是限制高科技产品的对华出口，而高科技产品与技术创新密切相关，因此不少研究分析了这一政策对中国企业技术创新的影响。余典范等（2022）利用美国出口管制体系中极具代表性的实体清单数据以及上市公司 2010—

2017 年的样本数据实证检验了美国对华出口管制政策对中国微观企业创新的影响，研究发现，出口管制对企业创新短期内具有负面冲击，主要通过降低进口产品质量、压缩海外业务规模以及挤出研发投入抑制企业创新。但从长期来看，出口管制对国内企业自主创新产生倒逼效应。与此同时，出口管制对企业创新的作用效应受到企业异质性特征的影响，主要抑制了国有企业、进口依赖度高的企业以及产业链上游企业的创新。海外业务布局更广、创新能力更强的企业应对出口管制冲击能力更强。李正卫等（2023）基于 A 股计算机、通信行业上市公司，考察了美国实体清单制裁对我国企业自主创新的影响，发现美国实体清单制裁导致企业研发投入下降。干越倩和王佳希（2023）从全球创新网络的视角，分析了美国对华出口管制对我国企业创新的影响。该研究指出，出口管制通过阻碍知识在全球创新网络中流入中国而抑制了中国企业的技术创新，导致企业创新产出下降。出口管制对创新的抑制效应更多体现在降低产出数量而非破坏产出质量上。Rasser（2020）认为，美国的出口管制政策将加速中国技术本土化，为中国技术本土化提供动力。一方面刺激被管制企业中间品投入本土化；另一方面刺激中国更重视科学工程等学科，在人才培养、基础研究、工程师能力方面给予更大的投入，提高国家未来整体的科研和工程能力。

对于美国对华出口管制政策的综合影响，大多学者有这样的一个共识，即从短期看，美国对华出口管制会阻碍中国获得关键中间品的进口，重点领域脱钩压力增大，对企业经营和产业发展造成冲击，制约中国相关产业的技术进步；但长期来看，这会促进中国投资增长，激发中国自主创新的动力，加快技术进步、摆脱对美的依赖（秦琳，2022；程慧和刘立菲，2023；Rasser，2020；余典范等，2022）。

2. 美国对华出口管制对美国的影响

有学者基于美国视角分析了美国对华出口管制对美国自身可能造成的影响，大多研究指出美国对华的出口管制政策对自身可能造成负面影响。陈思翀等（2021）在估算美国出口管制政策的"实体清单"对华为美国供应商冲击的基础上，考察了异质性冲击的影响因素及其行业扩散效应，以及冲击对出口管制政策的反作用。研究结果显示，在美国的大部分华为供应商在出口管制政策执行过程中都遭受了损失。与华为业务联系更紧密或盈利能力较弱的供应商受出口管制政策的冲击更大。出口管制政策还产生了显著的行业扩散效应，对华为美国供应商所在行业的其他公司也产生了负面冲击。

Rasser（2020）从多方面多角度分析了美国对华出口管制如何对美国企业产生

负面影响。第一，美国对华出口管制可能侵蚀美国企业的竞争力和市场份额。遵守出口管制的合规成本高，获取出口许可需要成本和等待时间，市场机会可能就此被外国竞争者获取，降低美国企业的市场份额。小微企业可能由于合规成本过高而直接放弃出口被管制产品。第二，在全球产业链中掀起"去美国化"的风潮。受到美国出口管制影响的实体，为规避美国的限制，寻求在产业链中减少使用或者不使用美国中间品和原材料，其他国家为了出口至中国，也会考虑在生产中"去美国化"，比如荷兰光刻机制造商 ASML 的执行总裁 2020 年在财报电话会议中表示，该企业正在为计量过程工具寻求非美国的替代品以规避出口限制。第三，阻碍国际创新合作。在美国出口管制政策中，"出口"的概念更加宽泛，不仅包括一般意义上的商品出口，还包括与被管制技术相关的信息泄露和交流。因此出口管制政策可能会阻碍国际间的协同研发和学术交流活动。第四，为美国企业带来不确定性，影响美国企业的研发投资、并购交易、资本支出以及供应链管理。彼得森国际经济研究院研究员Bown（2020）撰文指出，特朗普政府阻碍半导体及其设备的出口将损害美国科技产业。第一，企业在出口管制政策的压力下避免在美国境内设立半导体、软件和工具制造的设施，甚至一些在美国生产制造产品的企业有可能为规避美国出口管制而将生产活动迁至海外。第二，外国的代工厂有新的动机设计并避免购买美国半导体生产设备，以避免购买美国设备在未来成为打击对象并导致购买中断。第三，美国制造半导体的主要外国消费者——包括 Vivo、Oppo 和小米等其他中国智能手机供应商——可能会出于对自身供应链安全稳定的担心，考虑到存在供应链被切断的可能性，在未来寻找其他中间品供应商，即使他们制造的产品不会构成国家安全风险。有学者进一步指出，这将导致美国高科技企业失去中国市场，减少其营业收入和利润，也降低其技术研发的投入，最终对企业技术创新产生负面影响（樊仲琛等，2023）。第四，外国政府可能会进行报复，给美国公司带来新的成本。

（四）中国的应对策略

为更好应对美国对华出口管制，现有研究从政府、企业、智库层面提出多种建议。政府层面，要加快构建新发展格局，着力打造内循环产业体系，练好"内功"，实现关键核心技术自主可控；坚定不移地推动经济和科技全球化，努力让中国科技融入全球应用领域；联合第三方，加强国际科研合作，以多元的交流合作为我国技术引进提供替代方案；持续改善营商环境，以更开放的政策、更友好的营商环境吸引高技术外资企业投资，重点吸引跨国企业总部、研发、制造等核心部门，增强美国与中国"脱钩断链"的难度；调动资源，加大研发投入，锚定"卡脖子"关键技术进行技术攻关和研发创新，力争早日实现技术突破。企业层面，企业要全面理解美国出口管制法律制度，加强合规建设；要加强与美国之外的高科技产品和技术供应国的合作，拓宽产业链和供应链，降低对美进口产品的依赖；有关高校和智库应当加大对美国出口管制法律制度的研究，深化对出口管制政策的理解（刘斌和李秋静，2019；葛晓峰，2022；张久琴等，2023；经蕊和顾学明，2020）。

主要参考文献

［1］陈奉功、张谊浩：《贸易摩擦、摩擦关注与股市短期溢出效应》，《国际经贸探索》2021年第4期。

［2］陈继勇：《中美贸易战的背景、原因、本质及中国对策》，《武汉大学学报（哲学社会科学版）》2018年第5期。

［3］陈思翀、王子瑜、梁倚天：《美国对华科技制裁的反向市场冲击——以华为事件为例》，《国际经济评论》2022年第2期。

［4］程慧、刘立菲：《拜登政府对华出口管制政策分析与应对》，《国际贸易》2022年第8期。

［5］程慧、刘立菲：《2022年美对华出口管制政策转向与应对》，《对外经贸实务》2023年第3期。

［6］崔连标、翁世梅、莫建雷等：《国际禁运联盟、供应链中断风险与我国宏观经济易损性——以芯片为例》，《财经研究》2022年第12期。

［7］戴翔、张二震、王原雪：《特朗普贸易战的基本逻辑、本质及其应对》，《南京社会科学》2018年第4期。

［8］樊海潮、张丽娜：《中间品贸易与中美贸易摩擦的福利效应：基于理论与量化分析的研究》，《中国工业经济》2018年第9期。

［9］樊仲琛、徐铭梽、朱礼军：《发展中国家的进口与技术学习——基于中国经济发展的经验证据、理论和定量分析》，《经济学（季刊）》2023年第2期。

［10］方意、和文佳、荆中博：《中国实体经济与金融市场的风险溢出研究》，《世界经济》2021年第8期。

［11］方意、贾妍妍、赵阳：《重大冲击下全球外汇市场风险的生成机理研究》，《财贸经济》2021年第5期。

［12］干越倩、王佳希：《美国对华出口管制对中国企业创新的影响与应对——

基于全球创新网络的视角》,《南方经济》2023 年第 9 期。

［13］葛晓峰:《从华为案探究美国对中国出口管制的本质》,《国际经济合作》2022 年第 1 期。

［14］顾学明、刘一鸣:《技术权力视角下美国对华技术竞争及中国应对》,《国际贸易》2022 年第 10 期。

［15］郭克莎、李珂:《中美贸易摩擦的动因、趋势和影响分析》,《天津社会科学》2021 年第 5 期。

［16］贺灿飞、余昌达:《多维邻近性、贸易壁垒与中国——世界市场的产业联系动态演化》,《地理学报》2022 年第 2 期。

［17］何伟文:《全球贸易治理视角下世贸组织改革问题》,《当代世界》2021 年第 8 期。

［18］黄琪轩:《大国战略竞争与美国对华技术政策变迁》,《外交评论（外交学院学报)》2020 年第 3 期。

［19］黄鹏:《重构全球化:全球经济治理的改革取向》,《探索与争鸣》2021 年第 2 期。

［20］黄日涵、高恩泽:《"小院高墙":拜登政府的科技竞争战略》,《外交评论（外交学院学报)》2022 年第 2 期。

［21］姜辉:《美国出口管制政策与我国技术引进路径演变》,《经济地理》2018 年第 1 期。

［22］金仁淑、赵敏:《中美贸易摩擦对中日产业链重构的影响研究》,《国际贸易》2022 年第 9 期。

［23］经蕊、顾学明:《美国限制技术流出的措施及中国面临的挑战和应对》,《国际贸易》2020 年第 11 期。

［24］鞠建东、王晓燕、李昕等:《关税争端对中美贸易差额、贸易条件与贸易结构的影响》,《国际经济评论》2021 年第 2 期。

［25］李春顶、何传添、林创伟:《中美贸易摩擦应对政策的效果评估》,《中国工业经济》2018 年第 10 期。

［26］李跟强、潘文卿:《中美贸易摩擦、全球价值链分工与福利效应》,《统计研究》2022 年第 1 期。

［27］李昊洋、沈昊旻:《出口贸易摩擦降低了公司研发投入持续性吗——来自制造业上市公司的经验证据》,《国际商务（对外经济贸易大学学报)》2021 年第 2 期。

［28］李峥：《美国推动中美科技"脱钩"的深层动因及长期趋势》，《现代国际关系》2020 年第 1 期。

［29］李正卫、李巧丽、李文馨：《美国实体清单制裁对我国企业自主创新的影响——基于 A 股计算机、通信行业上市公司的实证研究》，《科学学研究》2023 年第 1 期。

［30］刘斌、李秋静：《特朗普时期美国对华出口管制的最新趋势与应对策略》，《国际贸易》2019 年第 3 期。

［31］刘璐、蒋怡萱、张帮正：《中国与"一带一路"国家农产品价格关联性研究——兼论中美贸易摩擦的影响》，《农业经济问题》2021 年第 3 期。

［32］刘嗣明、胡伟博、涂玮：《中美贸易摩擦对中国大豆进口贸易格局演变的影响》，《宁夏社会科学》2021 年第 2 期。

［33］刘璇、孙明松、朱启荣：《RCEP 关税减让对各成员国的经济影响分析》，《南方经济》2021 年第 7 期。

［34］吕越、马嘉林、田琳：《中美贸易摩擦对全球价值链重构的影响及中国方案》，《国际贸易》2019 年第 8 期。

［35］彭亚媛、马忠法：《管制与自由：国际技术转移法律规则的回顾与展望》，《国际经济法学刊》2021 年第 3 期。

［36］彭岳：《中美贸易战的美国法根源与中国的应对》，《武汉大学学报（哲学社会科学版)》2021 年第 2 期。

［37］秦琳：《美国对华半导体竞争战略探析》，《当代美国评论》2022 年第 3 期。

［38］沈伟：《中美贸易摩擦中的法律战——从不可靠实体清单制度到阻断办法》，《比较法研究》2021 年第 1 期。

［39］沈逸、莫非：《拜登政府对华科技竞争战略》，《现代国际关系》2022 年第 9 期。

［40］盛朝迅：《新发展格局下推动产业链供应链安全稳定发展的思路与策略》，《改革》2021 年第 2 期。

［41］史本叶、王晓娟：《中美贸易摩擦的传导机制和扩散效应：基于全球价值链关联效应的研究》，《世界经济研究》2021 年第 3 期。

［42］史本叶、杨馥嘉：《新冠疫情背景下中美贸易摩擦的演变与中国应对》，《武汉大学学报（哲学社会科学版)》2022 年第 4 期。

［43］宋国友：《拜登政府对华经贸政策：再调整与新竞争》，《太平洋学报》2022 年第 10 期。

［44］宋国友、张纪腾：《战略竞争、出口管制与中美高技术产品贸易》，《世界经济与政治》2023 年第 3 期。

［45］宋静、司乐如：《美国智库因素影响下的拜登政府对华政策走向》，《世界经济与政治论坛》2021 年第 1 期。

［46］隋建利、杨庆伟：《国际大宗商品市场与中国金融市场间风险的传染测度与来源追溯》，《财经研究》2021 年第 8 期。

［47］孙东升、苏静萱、李宁辉等：《中美贸易摩擦对中美农产品贸易结构的影响研究》，《农业经济问题》2021 年第 1 期。

［48］汤碧、李妙晨：《后疫情时代我国大豆进口稳定性及产业发展研究》，《农业经济问题》2022 年第 10 期。

［49］汤志伟、李昱璇、张龙鹏：《中美贸易摩擦背景下"卡脖子"技术识别方法与突破路径——以电子信息产业为例》，《科技进步与对策》2021 年第 1 期。

［50］田开兰、杨翠红、祝坤福等：《两败俱伤：美中贸易关税战对经济和就业的冲击》，《管理科学学报》2021 年第 2 期。

［51］佟家栋、鞠欣：《拜登时期中美战略竞争态势、挑战与应对——基于双边经贸关系视角》，《国际经济评论》2021 年第 3 期。

［52］万源星、魏紫萱、王怡舒：《中美贸易摩擦影响中国企业研发国际化吗》，《科学学研究》2022 年第 5 期。

［53］王达、白大范：《美国的出口管制政策及其对美中贸易的影响》，《东北亚论坛》2012 年第 5 期。

［54］王盼盼：《中美贸易摩擦、美国经济政策不确定性与人民币汇率波动》，《世界经济研究》2021 年第 7 期。

［55］王原雪、张晓磊、杨继军：《中美贸易摩擦对中国农产品价格的冲击——基于 GTAP 模型的价格传导机制了解》，《世界农业》2021 年第 1 期。

［56］薛澜、魏少军、李燕等：《美国《芯片与科学法》及其影响分析》，《国际经济评论》2022 年第 6 期。

［57］闫小娜：《中美经贸关系的现实困境与未来选择》，《世界经济研究》2023 年第 7 期。

［58］阳结南：《拜登时代中美贸易摩擦前景展望》，《国际贸易》2021 年第

4 期。

［59］杨飞：《贸易摩擦、国内市场规模与经济高质量发展：国际技术竞争的视角》，《中国软科学》2021 年第 8 期。

［60］杨飞、孙文远、程瑶：《技术赶超是否引发中美贸易摩擦》，《中国工业经济》2018 年第 10 期。

［61］杨枝煌、陈尧：《中国产业对外转移的基本特征、主要问题及提升策略》，《国际贸易》2022 年第 11 期。

［62］叶茂升、张石钰：《网络舆情对中国纺织业上市企业绩效的冲击——基于中美贸易摩擦事件》，《国际商务研究》2021 年第 3 期。

［63］余典范、王佳希、张家才：《出口管制对中国企业创新的影响研究——以美国对华实体清单为例》，《经济学动态》2022 年第 2 期。

［64］余洁、韩啸、任金政：《中美经贸摩擦如何影响了大豆进口——基于贸易转移与创造效应视角》，《国际经贸探索》2021 年第 1 期。

［65］余振、王净宇：《美国对华经贸的"脱钩"与"再挂钩"：思想渊源与现实逻辑》，《国际展望》2022 年第 3 期。

［66］杨春蕾、张二霞：《疫情冲击下全球经济治理的挑战与中国应对》，《南京社会科学》2021 年第 2 期。

［67］袁劲、赵灿、陈贤孟：《中美贸易摩擦对异质栓企业的影响——基于中国 A 股上市公司的事件研究》，《商业经济与管理》2022 年第 9 期。

［68］袁振邦、张群群：《贸易摩擦和新冠疫情双重冲击下全球价值链重构趋势与中国对策》，《当代财经》2021 年第 4 期。

［69］张大海、祝志川、张玉杰：《中美贸易摩擦对我国出口贸易影响的实证》，《统计与决策》2021 年第 14 期。

［70］张国峰、陆毅、蒋灵多：《关税冲击与中国进口行为》，《金融研究》2021 年第 10 期。

［71］张久琴、付丽、于鹏：《美国对华出口管制的发展演进及我的应对》，《对外经贸实务》2023 年第 8 期。

［72］张伟：《中美贸易战的演变历程、经济影响及政策博弈》，《深圳大学学报（人文社会科学版）》2018 年第 5 期。

［73］张宇燕：《全球政治与安全报告》，社会科学文献出版社 2020 年版。

［74］张玉梅、盛芳芳、陈志钢等：《中美经贸协议对世界大豆产业的潜在影响

分析——基于双边贸易模块的全球农产品局部均衡模型》，《农业技术经济》2021 年第 4 期。

［75］张志明、杜明威、耿景珠：《中国对美加征反制关税的进口贸易效应——基于双重差分模型的检验》，《统计研究》2021 年第 9 期。

［76］赵丽娜：《世界经济格局大调整与我国外贸高质量发展》，《理论学刊》2021 年第 1 期。

［77］朱民、徐钟祥：《中美贸易摩擦对中国股票市场的影响》，《国际金融研究》2021 年第 4 期。

［78］朱启荣、王玉平：《特朗普政府强化对中国技术出口管制的经济影响——基于"全球贸易分析模型"的评估》，《东北亚论坛》2020 年第 1 期。

［79］Amiti M., S. J. Redding, and D. E. Weinstein, "The Impact of the 2018 Tariffs on Prices and Welfare", *Journal of Economic Perspectives*, 2019, 33 (4): 187-210.

［80］Amiti M., S. J. Redding, and D. E. Weinstein, "Who's Paying for the US Tariffs? A Longer-Term Perspective", *AEA Papers and Proceedings*, 2020, 110: 541-546.

［81］Bekkers E., and S. Schroeter, "An economic analysis of the US-China trade conflict", *World Trade Organization (WTO)*, *Economic Research and Statistics Division WTO Staff Working Paper*, 2020, No. ERSD-2020-04.

［82］Benguria F., J. Choi, D. L. Swenson, et al., "Anxiety or pain? The impact of tariffs and uncertainty on Chinese firms in the trade war", *Journal of International Economics*, 2022, 137: 103608.

［83］Bouët A., and D. Laborde, "US trade wars in the twenty-first century with emerging countries: Make America and its partners lose again", *The World Economy*, 2018, 41 (9): 2276-2319.

［84］Bown C., and M. Crowley, "Trade deflection and trade depression, *Journal of International Economics*, 2017, 72 (1): 176-201".

［85］Bown C. P., "The 2018 US-China Trade Conflict after 40 Years of Special Protection", *Working Paper Series*, 2019.

［86］Bown C. P., "How Trump's export curbs on semiconductors and equipment hurt the US technology sector", 2020, PIIE (2020-09-28).

［87］Fajgelbaum P. D., and A. K. Khandelwal, "The Economic Impacts of the US-

China Trade War", *Annual Review of Economics*, 2022, 14 (1): 205-228.

[88] Fajgelbaum P. D., P. K. Goldberg, P. J. Kennedy, et al., "The Return to Protectionism", *National Bureau of Economic Research* (2019-03), 2019.

[89] Flaaen A., and J. R. Pierce, "Disentangling the Effects of the 2018-2019 Tariffs on a Globally Connected U. S. Manufacturing Sector", *National Bureau of Economic Research* (2019-12), 2019.

[90] Handley K., F. Kamal, and R. Monarch, "Rising Import Tariffs, Falling Export Growth: When Modern Supply Chains Meet Old-Style Protectionism", *National Bureau of Economic Research* (2020-01), 2020.

[91] Hanson G. H., "The impacts of the U. S. -China trade war", *Business Economics*, 2020, 55 (2): 69-72.

[92] Li C., and J. Whalley, "Trade protectionism and US manufacturing employment", *Economic Modelling*, 2021, 96: 353-361.

[93] Ng Y. -K., "Why Does the US Face Greater Disadvantages in the Trade War with China?", *China & World Economy*, 2020, 28 (2): 113-122.

[94] Posen A. S., "Economics-based Principles for a Post-conflict China-US Commercial Regime", *China & World Economy*, 2018, 26 (5): 2-11.

[95] Rasser M, "Rethinking Export Controls: Unintended Consequences and the New Technological Landscape", *Center for New American Security* (2020-12-08), 2020.

[96] Xu Z., X. Zhong, and Z. Zhang, "Does the Sino-US Trade Friction Promote Firm Innovation? The Role of the Export GrabEffect", *Sustainability*, 2022, 14 (5): 2709.

[97] Ye M., J. H. Shen, E. Golson, et al., "The impact of Sino-US trade friction on the performance of China's textile and apparel industry", *International Finance*, 2022, 25 (2): 151-166.

专题七 "一带一路"倡议

作为全球发展合作的"中国方案","一带一路"倡议提出十年来，中国在各个领域向世界提出中国智慧、中国技术、中国方案，学界对"一带一路"倡议进行了大量探讨，相关研究涉及政治、经济、文化、外交等多个领域，其中"一带一路"的经济影响是现阶段研究的重点之一，本专题主要梳理了五个角度的文献，包括"一带一路"倡议的意义、"一带一路"倡议与对外直接投资、"一带一路"倡议与对外贸易、"一带一路"倡议与基础设施建设、"一带一路"倡议与经济发展。

一、"一带一路"倡议的意义

"一带一路"倡议蕴含开放包容、互利共赢、和平发展的理念，这不仅符合中国国内发展的需要（李向阳等，2023；朱锋等，2023），也符合沿线各国和世界发展的需要，并为各国推动良好合作奠定理论基础（袁新涛，2014；金玲，2015）。"一带一路"倡议的提出，不仅是国内外经济关系的重构，也是中国经济结构转型的重大举措（张永丽等，2016）。随着中国经济在全球影响力的扩大，中国有能力也有责任在区域经济一体化过程中发挥更大作用。"一带一路"建设能够为中国与沿线国家优势互补、共同发展提供新的机遇，为国家间经济合作提供新的平台，将中国与沿线国家的合作推向更深层次和更高水平。

"一带一路"倡议是中国新时期大国经济外交新倡议，具有广泛新内涵（盛斌和黎峰，2016；Clarke，2017；米军和陆剑雄，2023）。中国和"一带一路"共建国家间有广阔的经济合作前景（宋国友，2015），"一带一路"倡议不仅能够发挥中国在区域经济合作中的积极作用（Gong，2019），树立中国的良好的国际形象（Qi等，2023），还可以提升中国开放型经济的质量（申现杰和肖金成，2014）。"一带一路"倡议提出后，中国通过调整对外投资的空间流向，可以实现对外直接投资在全球范围内的优化（张述存，2017）。从汇率波动、金融市场一体化、贸易联系紧密程度等经济维度看，"一带一路"共建国家经济总体来说与中国经济具有比较高的融合度，具备构建货币联盟的经济金融基础，具有与中国构建货币联盟或者进行货币合作的可能性，但全面构建货币联盟条件仍未具备，加强货币合作需积极推进人民币国际化（裴长洪，2015）。

二、"一带一路"倡议与对外直接投资

目前大量文献论证了"一带一路"倡议与对外直接投资的关系，其中最主要的一些文献关注了"一带一路"倡议与中国对外直接投资。Du 和 Zhang（2018）使用中国全球投资追踪数据提供的投资项目数据和 SDC Platinum 提供的跨国并购数据，发现"一带一路"倡议促进了中国企业对沿线国家的直接投资，尤其是跨国并购形式的直接投资，Yu 等（2019）使用商务部提供的企业层面的对外直接投资交易数据，检验了"一带一路"倡议对中国对外直接投资的正向作用，相比其他国家，"一带一路"倡议提出之后，中国对沿线国家的直接投资增加了36%。吕越等（2019）使用双重差分法，基于 fDI Market 提供的 2005—2016 年的全球绿地投资数据，证实了"一带一路"倡议的实施显著促进了中国企业对外绿地投资的增长，该文献较早地完善了国内关于这一问题研究，遗憾的是受限于所使用的数据库，该研究并未考虑跨国并购类型的直接投资。进一步地，戴翔和王如雪（2022）的研究使用中国对外直接投资统计公报的数据，计量检验发现，"一带一路"倡议显著促进了中国对沿线国家的直接投资，且这一效应对海上丝绸之路国家表现得更明显；丁杰（2022）使用同样的数据得出的结论却略有差异，其发现"一带一路"倡议确实促进了中国对沿线国家的基建投资，但这种效应并不显著。伴随着对数据的挖掘，一些文献细分了"一带一路"倡议对不同类型、不同行业的投资的影响。金刚和沈坤荣（2019）使用中国全球投资跟踪数据证实了"一带一路"倡议显著加大了中国企业对沿线国家交通行业的投资规模；肖建忠等（2021）使用同一套数据证实了"一带一路"倡议促进了中国对沿线国家能源投资，并发现主要是促进了对不可再生能源的投资。

与上述文献的研究视角不同，武宵旭和葛鹏飞（2022）关注了"一带一路"倡议对非沿线国家的投资，发现长期来看，存在"增量引致"效应，即"一带一路"倡议框架下的诸多措施是具有普惠性和普适性的，能够同时降低中国企业对沿线国家和非沿线国家的投资壁垒，进而促进了中国对非沿线国家的投资；马述忠和刘梦

恒（2016）则从第三国效应视角出发，发现中国对第三国的直接投资显著挤出了中国对沿线国家的直接投资。

也有一些学者聚焦于"一带一路"倡议如何影响了中国对沿线国家的直接投资。首先，一些研究从企业微观层面进行了分析，认为降低融资约束是其中重要的作用机制。李建军和李俊成（2020）使用双重差分法发现，相比其他企业，"一带一路"倡议相关企业获得银行借款更多、税收优惠更多，且融资成本更低；戴魁早等（2021）使用中国上市公司数据，研究发现"一带一路"倡议显著降低了相关企业的融资约束；孟醒（2021）使用同样的数据发现受"一带一路"影响的中国企业在获取政府补贴和税收优惠方面具有优势，从而增加了对沿线国家的投资。当然，降低投资风险也是重要的作用机制，由于面临信息不对称、外部环境不确定等问题，对外直接投资存在较高的风险。孙焱林和覃飞（2018）利用中国 A 股上市公司数据证实了"一带一路"倡议显著降低了中国企业对沿线国家投资时面临的多种风险；Shao（2020）的研究也认为"一带一路"倡议通过降低投资风险促进中国企业对沿线国家的投资；尹华等（2021）选用总资产报酬率的波动性来直接反映企业对外直接投资风险，发现"一带一路"倡议显著降低了企业对外直接投资风险，从而促进企业 OFDI。与上述文献不同，余杰等（2022）的研究提供了较为独特的视角，其发现"一带一路"倡议改变了中国企业管理层的注意力配置，从而促进了对沿线国家的投资。

其次，一些研究关注了更宏观的机制。一是"五通"（即政策沟通、设施联通、贸易畅通、资金融通和民心相通）。吕越等（2019）首次计量检验了"五通"是促进中国对沿线国家绿地投资的作用机制，戴翔和王如雪（2022）构建了"五通"变量，发现"政策沟通"和"民心相通"可以促进中国对沿线国家的直接投资，而其他变量的作用尚未显现。二是投资便利化。李敏和于津平（2019）创新地使用合成控制法进行了评估，发现倡议使沿线国家的投资便利化水平提升了 5.05%，这与孔庆峰和董虹蔚（2015）、张亚斌（2016）的研究结论相符。

伴随着"一带一路"倡议的顺利推进，一些文献探讨了哪些因素会影响中国对沿线国家的直接投资。首先是东道国层面的诸多影响因素。一是东道国的政治风险。目前这方面的研究结论并不统一，付韶军张璐超（2019）的研究较为细致，其利用 PRS 发布的 ICRG 中有关国家政治风险的 12 个指标，区分了不同风险对中国对沿线国家投资的差异影响，发现政府稳定性等因素对中国投资有负向影响，而腐败程度等因素的作用恰恰相反；王昱睿和祖媛（2021）整理了中国企业在 2005—2019 年对沿线国家的能源项目投资数据，发现这些项目具有明显的政治风险偏好；但是也有部分研究得出相反结论，白力和王明生（2022）发现沿线国家的政治风险对中国投资有显著负向影响，尤其是外部冲突、法律秩序因素。与上述文献的结论不同，王颖等（2018）的研究发现，东道国政治稳定性不会显著影响中国的直接投资。二是东道国的金融风险。在中国出口信用保险公司列出的中国企业在海外面临的十类风险中，金融风险占到了接近一半，包括利润汇出困难、汇率不稳定、汇兑限制以及银行风险，因此金融风险确实会对中国对外直接投资产生影响，由于沿线国家金融发展程度各异，这种影响在中国对沿线国家的投资中表现得更为明显，但目前学界对于东道国金融风险与中国对沿线国家直接投资之间的关系尚不明确。赵文霞（2018）利用"一带一路"倡议沿线国家的数据发现，征用风险和汇率波动对 FDI有显著的抑制作用；吕越等（2019）发现沿线国家的金融发展能显著影响中国企业对其的绿地投资，但这种影响因东道国特征不同而不同；付韶军和陈思佳（2021）发现以汇率稳定性和外债占比两个指标来看，中国对沿线国家的直接投资存在"逆向选择"，即对金融风险越高的国家直接投资越多。李婷和汤继强（2022）构建了金融风险综合指数，发现沿线国家金融风险过高时，会将中国直接投资挤向邻国。三是东道国投资便利化水平。理论上看，投资便利化可以降低外资进入的成本，提升外资效率，促进外资进入。崔日明和黄英婉（2016）使用多种方法度量了沿线国家的投资便利化水平，并计量检验了投资便利化对中国直接投资的异质性影响，发现对于亚洲不发达国家而言，投资便利化改善发挥的边际效应更大。杨栋旭和于津平（2022）利用熵值法定量测度"一带一路"共建国家的投资便利化水平，验证了投资便利化能有效促进中国对沿线国家的直接投资，此外，还有文献发现沿线国家投资便利化程度越高，中国对其直接投资的效率越高（董有德和夏文豪，2021）、布局越广，越能嵌入当地市场（周杰琦和夏南新，2021）。四是东道国制度环境。目前一般认为，东道国制度环境较差会增加跨国公司的投资风险和经营成本（蒋冠宏，2015），从而阻碍外资流入。程中海和南楠（2018）测度了中国对沿线国家直接投资的潜力，发现一国法律规范、民主程度与中国对该国的直接投资潜力成正比；张宁宁等（2019）的研究关注了投资模式，发现对于制度环境较好的沿线国家，中国企业更倾向于合资进入，而制度环境较差的沿线国家，中国企业更倾向于独资进入；陈升（2020）研究了东道国清廉水平的影响；葛璐澜和金洪飞（2020）整理了中国在沿线国家的并购交易数据，发现东道国制度环境越好，尤其是监管质量和政府效率越高，中国对其的并购交易越多。

　　除了上述因素，还有众多其他因素也会影响中国对沿线国家直接投资。例如数字经济水平（齐俊妍和任奕达，2020），张明哲和张辉（2023）以 2009—2019 年 809 家中国 A 股上市公司在"一带一路"共建 42 个国家投资的"企业—年份—区位"样本数据进行实证研究，证明了"一带一路"沿线数字经济发展对中国企业对外直接投资区位选择具有显著的正向影响。

　　最后，双边层面的影响因素。一是双边政治关系。良好的双边政治关系不仅可以释放积极信号，鼓励企业投资，也可以为跨国公司提供非正式制度保障，降低跨国公司在东道国面临的"外来者劣势"。郭烨和许陈生（2016）探讨了双边高层会晤对中国沿线国家直接投资的正向影响；张为付和吴怡（2021）对中国与沿线国家的相关外交新闻报道进行了文本分析，从而量化了双边外交关系，发现友好的外交关系能促进中国对东道国投资。二是双边经贸关系。凌丹和张玉芳（2017）发现中国在沿线国家对外接接投资偏向于签订 BIT 协定且国家关系良好的东道国，且双边投资协定可以缓解东道国法律制度、民主制度不完善造成的影响；邓富华等（2019）的研究结果与其较为一致，同时还发现双边政治关系可以调节双边投资协定的影响；邓力平等（2019）证实了双边税收协定可以弥补东道国制度环境的不足，从而促进中国企业对沿线国家的投资。三是双边文化关系。谷媛媛和邱斌（2017）的研究发现，来华留学教育作为文化交流的重要途径，能够显著促进中国对沿线国家的直接投资；李俊久等（2020）使用 Hofstede 的文化维度数据，验证了文化距离会显著抑制中国对沿线国家的直接投资。四是制度距离。企业在对外直接投资时普遍面临着母国和东道国之间的"制度二元性"，但目前学界对于制度距离如何影响对外直接投资尚存在争议，聚焦到"一带一路"倡议，杨亚平和高玥（2017）发现中国对沿线国家不同类型的对外接接投资受制度距离的影响不同，技术研发型的 OFDI 更倾向于进入比中国制度质量更好的国家，当地生产型对外接接投资更倾向于进入与中国制度质量相近的国家；邓子梁和原晓惠（2018）发现制度距离会影响在沿线国家的外资银行的经营效率；丁世豪和张纯威（2019）利用全球治理指数计算了中国与沿线国家的制度距离，验证了制度距离过远会显著抑制中国的对外直接投资；史瑞祯和桑百川（2022）使用商务部《境外投资企业（机构）名录》得出一致结论。

三、"一带一路"倡议与对外贸易

　　"一带一路"倡议提出"五通"的重要工作内容。通过"五通"，"一带一路"

倡议可在一定程度上降低关税，消除贸易壁垒，实现国家间贸易便利化，有助于经贸合作的顺利开展。

目前大量文献论证了"一带一路"倡议对贸易的影响。孔庆峰和董虹蔚（2015）构建出一套完整的贸易便利化体系，通过引力模型证实了"一带一路"倡议贸易便利化对国家间贸易的促进作用，这与 Yu 等（2020）、Baniya 等（2020）的研究结论一致。Soyres 等（2019）发现"一带一路"倡议显著降低了贸易成本；Soyres 等（2020）提出了一个分析贸易影响的一般均衡模型，在考虑基础设施投资通过交叉投入产出联系，影响 GDP 等多种指标的情况下，量化了"一带一路"倡议的贸易影响。Cui 和 Song（2019）采用全球多区域模型进行了定量评估，研究结果表明，中国与"一带一路"沿线地区合作潜力巨大。"一带一路"倡议有利于中国能源密集型产业的出口，Lall 和 Lebrand（2020）构建了一般均衡模型，分析了"一带一路"倡议大规模交通基础设施投资对贸易开放的影响。喻春娇（2021）运用 2007—2017 年中国对"一带一路"沿线 50 个国家的跨国面板数据进行检验，发现中国在沿线国家的承包工程促进了中国钢铁初级产品出口及制成品的出口，且对后者的促进效应更大。不同的是，Görg 和 Mao（2020）从企业所有权类型、贸易方向等方面的异质性研究"一带一路"倡议对企业出口的影响，发现"一带一路"倡议实施后企业总体出口行为没有明显变化，但不同所有权性质对出口总额与密集型利润率的影响不同。Jiang 等（2023）关注了在中国去产能的背景下，"一带一路"倡议对中国出口的影响，发现通过提高一般出口比重、促进中间出口以及通过国际市场需求削减过剩产能，"一带一路"倡议显著促进了中国出口并优化了中国出口结构。

在出口质量方面，卢盛峰等（2021）基于 2010—2015 年中国海关出口统计数据，通过构建双重差分模型评估了"一带一路"倡议对中国企业出口质量的因果效应，研究发现"一带一路"倡议显著提高了国内沿线城市企业出口产品的平均质量，促进了中国高质量出口。相对应地，李保霞等（2022）将关注点放在沿线国家，使用基于 2009—2018 年 WTO、世界银行和中国全球投资跟踪数据库等多个数据库的匹配数据，证明了"一带一路"倡议显著地提高了沿线国家的出口产品质量，且对距离中国更近的国家影响更大。在贸易网络方面，种照辉和覃成林（2017）基于 2012 年、2014 年"一带一路"沿线 65 个国家的贸易数据，运用块模型及 QAP 等网络分析方法，计算了沿线国家贸易网络数据，发现"一带一路"倡议实施后，沿线国家的贸易网络的联系程度得到了显著提升；吕越等（2023）使用

2009—2018 年 6 分位产品的出口数据，构建了剔除中国影响的世界各个国家产品层面的贸易网络，测度了 PageRank 中心度指标，运用双重差分法进行计量检验，发现"一带一路"倡议显著促进了沿线各国贸易网络的发展，而且相比陆上丝绸之路、非重点产品，"一带一路"倡议对海上丝绸之路沿线各国、重点产品的贸易网络深化作用更强。

在价值链方面，吕越和王梦圆（2023）以 2007—2019 年中国与 61 个经济体在 35 个行业维度的贸易数据为样本，使用双重差分法发现"一带一路"倡议显著促进了中国出口国内附加值提升，"一带一路"倡议主要通过降低贸易成本和吸引外商投资两个渠道对中国出口国内附加值产生积极影响。

有些文献从进口角度进行了研究。刘瑶等（2022）采用系统 GMM 方法对双边进口需求弹性和贸易限制指数进行了估算，发现中国从"一带一路"共建国家进口的产品平均缺乏弹性，且略低于中国整体进口需求弹性，对"一带一路"共建国家进口关税的减让显著提高了中国的贸易福利。李磊和马欢（2022）则关注了进口规模和进口质量，其采用 2010—2019 年中国与各国的进口贸易数据，以"一带一路"倡议的提出为事件冲击，通过构建双重差分模型，证实了"一带一路"倡议可以扩大中国的进口规模，且对产品质量有提升作用，同时能优化产品结构，从而对经济产生正向溢出效应。姜峰和段云鹏（2021）利用动态因子分析法对 2010—2018 年数字"一带一路"发展水平进行测算，并证明了数字"一带一路"发展能够显著降低沿线经济体自中国进口产品的交易价格，减少进口贸易成本并提高沿线经济体与中国双边贸易多样性水平。

"五通"既是反映"一带一路"倡议发展水平的指标，也是"一带一路"倡议工作的方向。一些文献以"五通"为切入点关注了"一带一路"对贸易的影响。在民心相通方面，Liu 等（2020）以"一带一路"共建国家为样本，检验了文化距离和制度距离在国际贸易中的作用，运用 Poisson 广义估计方程（GEE）方法，发现文化距离和制度距离抑制了中国与"一带一路"共建国家的双边贸易，文化距离的影响更大。

也有不少文献聚焦"设施联通"，关注了"一带一路"倡议"设施联通"的贸易效应。孙瑾和杨英俊（2016）测算了中国与"一带一路"沿线 14 个国家之间的贸易成本，分析双边贸易成本的决定因素，发现各国的铁路密度对贸易成本的影响最为明显；许娇等（2016）以"一带一路"六大经济走廊为研究对象，基于贸易运输关系，运用 GTAP 模型设计了一个虚拟的国际运输部门，模拟六大经济走廊的国际贸易效应，发现交通基础设施建设对六大经济走廊进出口贸易额增加以及贸易结构改善均具有正向影响；Herrero 和 Xu（2017）发现"一带一路"倡议改善了跨境基础设施，减少了中国和欧洲之间巨大的运输成本，从而促进了欧洲的贸易增长，即欧洲也从"一带一路"倡议中获利；陈虹和杨成玉（2015）、孙楚仁等（2017）、张鹏飞（2018）、胡再勇等（2019）、项松林（2020）发现交通基础设施的改善可通过成本降低效应促进中国与共建"一带一路"国家之间的贸易，冯帆和林发勤（2021）认为铁路和港口设施均可促进中国对共建"一带一路"国家的出口，李成龙（2021）、徐家越等（2021）在产品层面分别发现"一带一路"倡议设施联通促进了中国农产品和钢铁产品出口。随着中欧班列的迅速发展，一些文献开始聚焦这一主题。中欧班列作为大型跨境铁路基础设施，打通了"一带一路"倡议的贸易通道（吴泽林，2017；马斌，2018；许英明等，2019），弥补了中国内陆地区由于地理禀赋造成的相对劣势，加快了中国向西开放的步伐（Moura 等，2018）。然而，对中欧班列的贸易促进效应进行经验研究的文献仍十分有限，龚勤林等（2019）、张祥建等（2019）研究发现中欧班列能显著促进长江经济带和内陆地区的贸易增长，刘斌和李秋静（2022）使用双重差分法（DID）和合成控制法（SCM），研究发现在"一带一路"倡议背景下，中欧班列和中亚班列显著促进了中国对欧洲、中亚等国的出口贸易，加快了中国向西开放的步伐。

四、"一带一路"倡议与基础设施建设

"一带一路"倡议提出 10 年来，"六廊六路多国多港"架构不断完善，切实地给当地居民带来实惠和收益。关于"一带一路"倡议如何影响基础设施建设，现有文献可从以下几个方面展开。

第一，众多学者为"一带一路"倡议的"互联互通"效应提供了经验证据。董有德和张露（2018）使用多种计量方法进行分析，发现中国对沿线国家的直接投资显著推进了当地的基础设施建设，同时沿线国家在加入"一带一路"倡议后做出的经济政策调整也改善了当地基础设施水平。黄亮雄等（2018）在既有文献的基础上，使用交通、能源、通信、城市、农村五个方面的基础设施指数构建了"一带一路"共建国家总的基础设施水平，发现中国 OFDI 每上涨 1%，沿线国家基础设施水平上升 0.006%；李建军和李俊成（2018）基于 WDI 数据库提供的各国基础设施数据，使用秩和比计算了沿线国家的基础设施绩效，发现"一带一路"倡议显著提升了该绩效，并验证了两个作用机制：降低资金约束、增加技术支持。上述研究关注

了总的基础设施水平，随着数字经济强势崛起，也有一些文献重点关注了ICT基础设施，徐杰和张琳（2021）的研究构建了PSM-DID模型，验证了"一带一路"倡议对东南亚国家网络基础设施的提升效应，发现该效应随时间发展逐渐增加；李晓钟和毛芳婷（2021）发现"一带一路"倡议提出后，沿线国家的ICT基础设施运用明显加快。

第二，诸多文献对"一带一路"倡议的"互联互通"效应作出了理论阐释。黄河（2015）的研究从公共产品视角出发，认为"五通"之一的"互联互通"推进了基于基础设施类公共产品的区域合作，更多文献从从金融支持视角出发，刘国斌（2016）从理论上说明了在"一带一路"倡议框架下，亚投行、丝路基金、金砖国家新开发银行等的设立，有利于增加对沿线国家基础设施建设的资金供给，从而改善当地设施水平，Gabusi（2017）认为亚投行优先支持基础设施建设，有利于亚太区域内的设施联通；袁东（2018）提出基础设施互联互通建设是一个大规模资本动员过程，亚投行具有为基建项目提供中长期融资的能力，有助于实现亚洲区域的联通，与以上研究不同，季志业等（2022）的研究关注了中国国内金融机构的作用，如国家开发银行等，认为这些机构也有力支撑了沿线国家的基建资金需求。

第三，一些文献关注了"一带一路"倡议在基础设施建设方面的溢出效应。这方面的文献主要探讨了近年来美欧相继提出的一些全球基建计划，虽然是对"一带一路"的挑战，但也说明"一带一路"倡议正带动西方发达国家进入全球基建市场，更是体现了其公共产品意义。毛维准和戴菁菁（2021）认为"一带一路"在东南亚基础设施方面起到了引领性作用，美国为抗衡其而提出"蓝点网络"计划。与刘斌和李秋静（2022）的研究看法一致，余淼杰和陈卓宇（2023）认为在"一带一路"推进建设取得丰硕成果后，以美国为首的西方国家看到了沿线国家基础设施建设的经济效益，推出B3W倡议等计划参与发展中国家基建投资。

五、"一带一路"倡议与经济发展

作为构建人类命运共同体的实践平台，"一带一路"倡议为促进全球经济增长、解决发展问题和贫困问题提供了"中国方案"。关于"一带一路"倡议和经济发展，目前众多学者进行了大量研究，一些文献分析了倡议如何拉动中国经济（汪炜等，2022）。例如，Liu和Aqsa（2020）利用2004—2015年1208个对外直接投资事件数据集，调查了对外直接投资对中国上市公司的影响，发现投资"一带一路"倡议沿线国家的中国企业比投资其他国家的企业生产率更高，针对沿线国家的投资促进了中国企业生产率提升。

但本专题更关注探讨"一带一路"倡议对沿线国家经济发展的影响。理论上来讲，"一带一路"带动沿线国家经济增长是必然的。"一带一路"倡议可通过"贸易畅通"带动沿线国家的贸易，可通过"政策沟通"和"资金融通"等带动沿线国家外资进入，可通过"设施联通"改善当地基础设施水平，在需求侧视角，贸易和投资的增加会促进 GDP 增长；在供给侧视角，基础设施水平的改善有利于当地劳动和资本要素的流动，贸易和投资（尤其是外资）能给当地带来新的技术和管理经验，进而促进 GDP 增长。

目前相关文献可以分为两类，一类直接研究了"一带一路"对共建国家经济增长的作用。陈虹和杨成玉（2015）构建了 CGE 模型，模拟了"一带一路"倡议的国际经济效应，发现参与倡议将提高一国的 GDP 增长率。黄亮雄和钱馨蓓（2016）构建了 VAR 模型，量化分析了中国直接投资对沿线国家经济增长的效应，发现该效应将在 2023 后年达到峰值。Tian 和 Li（2019）发现"一带一路"倡议"设施联通"背景下，基础设施建设显著促进了沿线国家的经济增长。Yang 等（2020）利用亚洲开发银行的数据，在全球贸易分析项目（GTAP）模型中，对"一带一路"倡议下亚洲国家基础设施投资的影响进行了数值评估，结果表明，"一带一路"倡议促进了大多数国家或地区的经济增长，这与 Maliszewska 和 Van（2019）、Wang 等（2020）的研究结论一致。曹翔和李慎婷（2021）采用倾向得分匹配双重差分法评估了"一带一路"倡议对沿线国家经济增长的影响，并探究了中国在其中起到的正面作用。江风和郭亮（2021）采用广义线性混合模型（GLMM），检验了中国对沿线国家的投资与东道国经济增长之间的关系，发现中国投资可以高效、普遍地促进沿线国家经济增长。郭际等（2023）运用全球贸易分析模型（Globe Trade Analysis Project，GTAP），分 3 种情景测度中欧班列开通对沿线典型国家经济的影响，研究结果表明，中欧班列促进了沿线典型国家宏观经济的发展以及出口商品数量的增加，但是中欧班列的开通对经济增长的促进作用较小。

总的来看，上述文献可以为反驳西方媒体对"一带一路"的质疑提供经验证据，但上述文献更多地探究了因果关系，忽略了对"一带一路"倡议如何影响沿线国家经济增长的机制分析，另外一些文献做了相应的补充。隋广军等（2017）关注了改善基础设施水平这一机制，发现这一机制可以解释中国 OFDI 促进沿线 GDP 提升。许培源和程钦良（2021）的研究视角较为新颖，利用论文合作数据、专利合作数据等测度了中国与"一带一路"共建国家的科技合作，发现科技合作可以通过提升沿线国家的研发能力和知识存量，促进沿线国经济增长。公丕萍和姜超（2021）基于 2003—2017 年的相关数据检验了诸多机制，发现"一带一路"倡议主要是通过推动沿线国家贸易增长带动当地的就业和资源配置，从而促进当地经济发展，而不是通过改善交通基础设施和促进外资进入。

另一类文献则分析了"一带一路"对沿线国家减贫、产业结构升级、生产率、绿色发展、债务风险的作用。

第一，"一带一路"是"减贫之路"。张原（2018）使用世界贫困人口比重数据和中国投资追踪数据，证明了中国投资有利于"一带一路"倡议沿线国家减贫，验证了"中国方案"的有效性；Hurley 等（2019）从政策的视角研究了"一带一路"倡议对债务的影响；张原（2019）使用人类发展指数数据，检验了以基础设施投资先行为特点的"中国式扶贫"的作用，发现中国对发展中国家的投资可以帮助其减贫；王原雪等（2020）使用 GTAP 模型分析了"一带一路"倡议的泛区域脱贫效应，有意思的是，其发现投资和援助不足以帮助沿线国家脱贫，而国际产能合作可以；乔敏健和马文秀（2021）以《人类发展报告》中的人类发展指数（HDI）作为贫困程度的代理变量，证实了中国对"一带一路"共建国家的投资具有减贫效应；张馨月和吴信如（2022）基于"五通"视角，检验了"一带一路"倡议减贫的作用机制；除了以上研究，也有研究聚焦了中国对具体的沿线国家的投资的减贫效应（彭牧青，2020）。

第二，"一带一路"是通往"共同富裕之路"。牛华等（2020）发现中国的投资促进了沿线国家的包容性增长，表现为收入提高和收入分配的改善；毕吉耀等（2021）进行了计量检验，发现相比其他国家，"一带一路"倡议使共建国家收入差距降低了 8.9%；岳林峰等（2023）采用 2006—2019 年国别数据构建包容性全要素生产率以衡量包容性发展水平，发现"一带一路"倡议对沿线国家包容性发展具有显著的正向作用，且通过"设施联通""贸易畅通"和"资金融通"等机制发挥作用。

第三，"一带一路"是"升级之路"，为沿线国家产业结构升级带来新机遇。目前学界主要关注了中国直接投资在其中发挥的作用。贾妮莎和雷宏振（2019）发现中国直接投资具有技术溢出效应和生产率提升效应，并增加了要素供给，从而推动沿线国家产业升级。田晖等（2021）研究了中国 OFDI 对沿线国家的异质性影响，总的来看，我国 OFDI 对沿线国家产业结构升级具有正向影响。王晖和仲鑫（2020）

更多地关注了空间溢出效应，使用空间杜宾模型计量分析了中国 OFDI 对沿线国家产业结构升级的影响。张辉和王桂军（2023）基于全球价值"双环流"体系，探讨在"一带一路"倡议下中国和沿线国家产业升级的互惠效应，其发现：一方面，"一带一路"倡议的实施为中国的产业升级贡献了力量，宏观层面提高了中国的工业化水平，稳定了实体经济规模，微观层面提高了以企业生产率提升为表征的产业升级；另一方面，"一带一路"倡议的实施给沿线国家带来了产业升级红利，加快了沿线国家劳动力从农业向工业和服务业的转移。

第四，"一带一路"是绿色之路。Hughes（2019）和 Teo 等（2019）较早地关注了"一带一路"倡议的环境效应，协天紫光等（2019）通过测算 DDF-GML 指数，验证了中国 OFDI 提升了沿线国家的绿色全要素生产率；Liu 等（2020）通过对2005—2016 年中国企业 729 笔已完成的能源部门对外直接投资交易的分析，使用 PSM-DID 等方法发现中国企业投资清洁能源项目是"一带一路"政策框架的结果；Coenen 等（2021）梳理了"一带一路"倡议对环境议题的关注和政策；屈小娥等（2022）发现中国"一带一路"倡议沿线国家的投资显著促进了其绿色发展，但存在门槛效应，反驳了"污染转移论"。

第五，"一带一路"是幸福之路。基于世界价值观调查数据提供的关于"是否幸福"的问卷结果，协天紫光和樊秀峰（2020）从微观层面衡量了"一带一路"共建国家的居民幸福感，发现来自中国的直接投资可以通过"增收效应""绿色效应"显著提升东道国居民幸福感；郭庆宾等（2022）《全球幸福指数报告》中的生活阶梯指数从宏观层面度量了沿线国家居民幸福程度，证实了"一带一路"倡议存在"幸福效应"，但这种效应随时间推移会逐渐减弱。除了上述直接关注幸福感的文献，也有文献将研究重点放在社会福利上，这是影响居民幸福感的重要因素，李延喜等（2021）的研究发现中国的直接投资显著提升了沿线国家社会福利水平。

第六，"一带一路"是金融稳定之路。邱煜和潘攀（2019）的研究通过计量检验，发现"一带一路"倡议增强了沿线国家的财政可持续性，降低了其债务风险，与马晓夏（2021）的研究结论一致；张恒龙和张玲燕（2021）发现"一带一路"倡议虽然提高了沿线国家的绝对债务规模，但显著降低了其债务增长率和负债率；赵永超和蓝庆新（2023）在理论分析的基础上，利用 2014—2021 年共 42 个沿线国家相关数据进行实证分析，发现我国"一带一路"直接投资对沿线国家债务风险总体表现出抑制效应，属于"雪中送炭"，而非"雪上加霜"。以上研究均为反驳"债务陷阱论"提供了经验证据，说明西方媒体的指责是缺乏依据的。

主要参考文献

［1］白力、王明生：《"一带一路"国家政治风险影响中国对外投资的实证研究》，《南京社会科学》2022 年第 5 期。

［2］毕吉耀、朱泊怡、李超：《"一带一路"倡议对共建国家收入差距的影响效应研究》，《宏观经济研究》2021 年第 11 期。

［3］曹翔、李慎婷：《"一带一路"倡议对沿线国家经济增长的影响及中国作用》，《世界经济研究》2021 年第 10 期。

［4］陈虹、杨成玉：《"一带一路"国家战略的国际经济效应研究——基于 CGE 模型的分析》，《国际贸易问题》2015 年第 10 期。

［5］程中海、南楠：《"一带一路"框架下东道国制度 环境与中国对外接投资潜力》，《软科学》2018 年第 1 期。

［6］陈升：《东道国清廉水平对中国对外直接投资的影响——基于"一带一路"沿线 54 个国家的实证研究》，《经济问题探索》2020 年第 10 期。

［7］崔日明、黄英婉：《"一带一路"共建国家贸易投资便利化评价指标体系研究》，《国际贸易问题》2016 年第 9 期。

［8］戴魁早、黄姿、俞志永：《"一带一路"倡议缓解了参与企业的融资约束吗？——基于信息不对称视角的研究》，《中南财经政法大学学报》2021 年第 9 期。

［9］戴翔、王如雪：《中国"一带一路"倡议的沿线国家经济增长效应：质还是量》，《国际贸易问题》2022 年第 5 期。

［10］邓富华、贺歌、姜玉梅：《"一带一路"共建国家外资政策协调对中国对外直接投资的影响——基于双边、多边政策协调的分析视角》，《经济与管理研究》2019 年第 12 期。

［11］邓力平、马骏、王智烜：《双边税收协定与中国企业"一带一路"投资》，《财贸经济》2019 年第 11 期。

［12］邓子梁、原晓惠：《制度距离对银行海外经营效率的影响：基于"一带一路"共建国家外资银行的实证分析》，《中国软科学》2018 年第 4 期。

［13］丁杰：《"一带一路"倡议下对外接投投资效应分析》，《西安财经大学学报》2022 年第 6 期。

［14］丁世豪、张纯威：《制度距离抑制了中国对"一带一路"共建国家投资吗》，《国际经贸探索》2019 年第 11 期。

［15］董有德、夏文豪:《投资便利化、中国 OFDI 拓展与效率提升》,《上海经济研究》2021 年第 7 期。

［16］董有德、张露:《中国 OFDI 推进相应国家基础设施建设——基于 2007—2016 年的 57 个"一带一路"国家的面板数据》,《上海经济研究》2018 年第 8 期。

［17］冯帆、林发勤:《交通基础设施对"一带一路"共建国家企业出口的影响——基于世界银行企业调查数据的实证研究》,《国际经贸探索》2021 年第 2 期。

［18］付韶年、陈思佳:《国际金融风险对中国 OFDI 影响研究——基于"一带一路"沿线 56 国实证分析》,《国际商务财会》2021 年第 3 期。

［19］付韶军、张璐超:《国家政治风险因素对中国 OFDI 影响研究——基于"一带一路"沿线 54 国数据的实证分析》,《经济问题探索》2019 年第 9 期。

［20］葛璐澜、金洪飞:《"一带一路"共建国家制度环境对中国企业海外并购区位选择的影响研究》,《世界经济研究》2020 年第 3 期。

［21］龚勤林、余川江、罗宸:《中欧班列开通对长江经济带出口贸易的影响及机制研究》,《华中师范大学学报（自然科学版)》2019 年第 5 期。

［22］谷媛媛、邱斌:《来华留学教育与中国对外直接投资——基于"一带一路"共建国家数据的实证研究》,《国际贸易问题》2017 年第 4 期。

［23］郭际、齐梦龙、吴先华:《中欧班列战略通道对沿线典型国家经济的影响研究》,《中国软科学》2023 年第 8 期。

［24］郭庆宾、汪涌、李世杰:《"一带一路"倡议对沿线国家的幸福效应》,《西安交通大学学报（社会科学版)》2022 年第 3 期。

［25］郭烨、许陈生:《双边高层会晤与中国在"一带一路"共建国家的直接投资》,《国际贸易问题》2016 年第 2 期。

［26］胡再勇、付韶军、张璐超:《"一带一路"共建国家基础设施的国际贸易效应研究》,《数量经济技术经济研究》2019 年第 2 期。

［27］黄河:《公共产品视角下的"一带一路"》,《世界经济与政治》2015 年第 6 期。

［28］黄亮雄、钱馨蓓、隋广军:《中国对外直接投资改善了"一带一路"共建国家的基础设施水平吗?》,《管理评论》2018 年第 3 期。

［29］黄亮雄、钱馨蓓:《中国投资推动"一带一路"共建国家发展——基于面板 VAR 模型的分析》,《国际经贸探索》2016 年第 8 期。

［30］季志业、桑百川、翟崑、李一君、王泺:《"一带一路"九周年:形势、

进展与展望》,《国际经济合作》2022 年第 5 期。

[31] 贾妮莎、雷宏振:《中国 OFDI 与 "一带一路" 共建国家产业升级——影响机制与实证检验》,《经济科学》2019 年第 1 期。

[32] 江凤、郭亮:《直接投资对 "一带一路" 共建国家经济增长贡献度的比较》,《统计与决策》2021 年第 1 期。

[33] 姜峰、段云鹏:《数字 "一带一路" 能否推动中国贸易地位提升——基于进口依存度、技术附加值、全球价值链位置的视角》,《国际商务 (对外经济贸易大学学报)》,2021 年第 2 期。

[34] 蒋冠宏:《中国企业对 "一带一路" 共建国家市场的进入策略》,《中国工业经济》2017 年第 9 期。

[35] 金刚、沈坤荣:《中国企业对 "一带一路" 共建国家的交通投资效应:发展效应还是债务陷阱》,《中国工业经济》2019 年第 9 期。

[36] 金玲:《"一带一路":中国的马歇尔计划?》,《国际问题研究》2015 年第 1 期。

[37] 孔庆峰、董虹蔚:《"一带一路" 国家的贸易便利化水平测算与贸易潜力研究》,《国际贸易问题》2015 年第 12 期。

[38] 李保霞、张辉、王桂军:《"一带一路" 倡议的发展效应:沿线国家出口产品质量视角》,《世界经济研究》2022 年第 8 期。

[39] 李成龙:《跨境物流发展对我国农产品出口的增长效应——基于 "一带一路" 沿线国家样本的研究》,《商业经济研究》2021 年第 17 期。

[40] 李建军、李俊成:《"一带一路" 倡议、企业信贷融资增进效应与异质性》,《世界经济》2020 年第 2 期。

[41] 李建军、李俊成:《"一带一路" 基础设施建设、经济发展与金融要素》,《国际金融研究》2018 年第 2 期。

[42] 李俊久、丘俭裕、何彬:《文化距离、制度距离与对外直接投资——基于中国对 "一带一路" 共建国家 OFDI 的实证研究》,《武汉大学学报 (哲学社会科学版)》2020 年第 1 期。

[43] 李磊、马欢:《"一带一路" 倡议与高质量进口》,《南开学报 (哲学社会科学版)》2022 年第 2 期。

[44] 李敏、于津平:《交通基础设施便利化如何影响收入不平等? ——基于跨国数据的实证研究》,《经济问题探索》2021 年第 6 期。

［45］李婷、汤继强：《"一带一路"共建国家金融风险对中国 OFDI 的影响研究》，《国际经贸探索》2022 年第 3 期。

［46］李向阳、胡必亮、徐秀军：《共建"一带一路"倡议十周年：回顾与展望》，《国际经济评论》2023 年第 10 期。

［47］李晓钟、毛芳婷：《"一带一路"共建国家数字经济发展水平比较与分析》，《统计与决策》2021 年第 16 期。

［48］凌丹、张玉芳：《政治风险和政治关系对"一带一路"共建国家直接投资的影响研究》，《武汉理工大学学报（社会科学版）》2017 年第 1 期。

［49］刘斌、李秋静、李川川：《跨境铁路运输是否加快了中国向西开放？——基于城市—产品层面的经验证据》，《管理世界》2022 年第 8 期。

［50］刘斌、李秋静：《"蓝点网络"计划对"一带一路"倡议的影响及应对之策》，《国际贸易》2022 年第 4 期。

［51］刘国斌：《论亚投行在推进"一带一路"建设中的金融支撑作用》，《东北亚论坛》2016 年第 2 期。

［52］刘瑶、张一平、王孟竹：《进口贸易自由化的福利效应：基于中国与"一带一路"沿线双边进口需求弹性的测算》，《世界经济研究》2022 年第 3 期。

［53］卢盛峰、董如玉、叶初升：《"一带一路"倡议促进了中国高质量出口吗——来自微观企业的证据》，《中国工业经济》2021 年第 3 期。

［54］吕越、陆毅、吴嵩博等：《"一带一路"倡议的对外投资促进效应——基于 2005—2016 年中国企业绿地投资的双重差分检验》，《经济研究》2019 年第 9 期。

［55］吕越、王梦圆：《"一带一路"倡议与中国出口国内附加值跃升》，《国际金融研究》2023 年第 1 期。

［56］吕越、尉亚宁、王强：《共建"一带一路"与全球贸易网络深化》，《中国人民大学学报》2023 年第 1 期。

［57］马斌：《中欧班列的发展现状、问题与应对》，《国际问题研究》2018 年第 6 期。

［58］马述忠、刘梦恒：《中国在"一带一路"共建国家 OFDI 的第三国效应研究：基于空间计量方法》，《国际贸易问题》2016 年第 7 期。

［59］毛维准、戴菁菁：《对冲"一带一路"：美国海外基建"蓝点网络"计划》，《国际论坛》2021 年第 5 期。

［60］孟醒：《企业对外投资如何响应"一带一路"倡议：闻风而动还是谋定而

后动?》,《世界经济研究》2021 年第 5 期。

[61] 米军、陆剑雄:《中国与东盟国家共建"一带一路"十周年回顾、挑战及发展路径》,《国际经贸探索》2023 年第 9 期。

[62] 牛华、毕汝月、蒋楚钰:《中国企业对外直接投资与"一带一路"共建国家包容性增长》,《经济学家》2020 年第 8 期。

[63] 裴长洪:《"一带一路"的核心要义》,《新产经》2015 年第 8 期。

[64] 彭牧青:《"一带一路"背景下中国对老挝援助及投资减贫效应》,《山西财经大学学报》2020 年第 2 期。

[65] 齐俊妍、任奕达:《东道国数字经济发展水平与中国对外直接投资——基于"一带一路"沿线 43 国的考察》,《国际经贸探索》2020 年第 9 期。

[66] 乔敏健、马文秀:《中国对"一带一路"共建国家投资的减贫效应分析》,《统计与决策》2021 年第 7 期。

[67] 邱煜、潘攀:《"一带一路"倡议与沿线国家债务风险:效应及作用机制》,《财贸经济》2019 年第 12 期。

[68] 屈小娥、赵昱钧、王晓芳:《我国对"一带一路"共建国家 OFDI 是否促进了绿色发展——基于制度环境和吸收能力视角的实证检验》,《国际经贸探索》2022 年第 6 期。

[69] 申现杰、肖金成:《国际区域经济合作新形势与我国"一带一路"合作战略》,《宏观经济研究》2014 年第 11 期。

[70] 盛斌、黎峰:《"一带一路"倡议的国际政治经济分析》,《南开学报(哲学社会科学版)》2016 年第 1 期。

[71] 史瑞祯、桑百川:《中国对"一带一路"共建国家 OFDI 的区位选择:要素环境竞争力视角》,《国际经贸探索》2022 年第 8 期。

[72] 宋国友:《"一带一路"倡议构想与中国经济外交新发展》,《国际观察》2015 年第 4 期。

[73] 隋广军、黄亮雄、黄兴:《中国对外直接投资、基础设施建设与"一带一路"共建国家经济增长》,《广东财经大学学报》2017 年第 1 期。

[74] 孙楚仁、张楠、刘雅莹:《"一带一路"倡议与中国对沿线国家的贸易增长》,《国际贸易问题》2017 年第 2 期。

[75] 孙瑾、杨英俊:《中国与"一带一路"主要国家贸易成本的测度与影响因素研究》,《国际贸易问题》2016 年第 5 期。

［76］孙焱林、覃飞:《"一带一路"倡议降低了企业对外直接投资风险吗》,《国际贸易问题》2018 年第 8 期。

［77］田晖、谢虎、肖琛、宋清:《我国对外直接投资与东道国产业结构升级——基于"一带一路"倡议的调节效应》,《中南大学学报（社会科学版）》2021 年第 6 期。

［78］汪炜、乔桂明、胡骋来:《"一带一路"共建国家直接投资对中国经济的拉动效应——基于东道国国家风险视角》,《财经问题研究》2022 年第 11 期。

［79］王晖、仲鑫:《基于空间视角的中国制造业 OFDI 的东道国影响因素实证研究——以"一带一路"共建国家为例》,《经济问题探索》2020 年第 11 期。

［80］王颖、吕婕、唐子仪:《中国对"一带一路"共建国家直接投资的影响因素研究——基于东道国制度环境因素》,《国际贸易问题》2018 年第 1 期。

［81］王昱睿、祖媛:《东道国政治风险与中国大型能源项目投资——基于"一带一路"共建国家的考察》,《财经问题研究》2021 年第 7 期。

［82］王原雪、张晓磊、张二震:《"一带一路"倡议的泛区域脱贫效应——基于 GTAP 的模拟分析》,《财经研究》2020 年第 3 期。

［83］吴泽林:《解析中国的全球互联互通能力》,《世界经济与政治》2017 年第 11 期。

［84］武宵旭、葛鹏飞:《"一带一路"倡议与非沿线国家 OFDI:增量引致还是存量转换》,《财贸经济》2022 年第 9 期。

［85］项松林:《"一带一路"影响中国和沿线国家出口增长的二元边际——基于双重差分模型的分析》,《财经问题研究》2020 年第 4 期。

［86］肖建忠、肖雨彤、施文雨:《"一带一路"倡议对沿线国家能源投资的促进效应:基于中国企业对外投资数据的三重差分检验》,《世界经济研究》2021 年第 7 期。

［87］协天紫光、樊秀峰、黄光灿:《东道国投资便利化建设对中国企业对外直接投资二元边际的影响》,《世界经济研究》2020 年第 4 期。

［88］协天紫光、薛飞、葛鹏飞:《中国对外直接投资对"一带一路"共建国家绿色全要素生产率的影响》,《上海财经大学学报》2019 年第 6 期。

［89］徐杰、张琳:《"一带一路"倡议改善了沿线国家网络基础设施水平吗——基于南亚和东南亚国家的考察》,《重庆理工大学学报（社会科学）》2021 年第 10 期。

［90］徐家越、卢才武、阮顺领：《互联互通对中国钢铁产品出口效率的影响——基于"一带一路"沿线国家的实证》，《统计与决策》2021 年第 17 期。

［91］许娇、陈坤铭、杨书菲：《"一带一路"交通基础设施建设的国际经贸效应》，《亚太经济》2016 年第 3 期。

［92］许培源、程钦良：《"一带一路"向西开放促进我国东西部经济协调发展研究》，《中国软科学》2021 年第 9 期。

［93］许英明、邢李志、董现垒：《"一带一路"倡议下中欧班列贸易通道研究》，《国际贸易》2019 年第 2 期。

［94］杨栋旭、于津平：《信息通信基础设施建设与 FDI 增长——国际和国内的经验证据》，《国际商务（对外经济贸易大学学报）》2022 年第 3 期。

［95］杨亚平、高玥：《"一带一路"共建国家的投资选址——制度距离与海外华人网络的视角》，《经济学动态》2017 年第 4 期。

［96］尹华、胡南、谢庆：《"一带一路"倡议的对外直接投资风险降低效应——基于中国制造业企业的研究》，《国际商务（对外经济贸易大学学报）》2021 年第 3 期。

［97］余杰、衣长军、王伟、申慧云：《"一带一路"倡议与中国企业 OFDI：基于注意力配置视角的机制研究》，《国际经贸探索》2022 年第 5 期。

［98］余淼杰、陈卓宇：《在成就与挑战中推进"一带一路"倡议——基于"蓝点网络"计划和"债务陷阱论"的分析》，《辽宁大学学报（哲学社会科学版）》2023 年第 3 期。

［99］喻春娇：《中国对外承包工程促进了钢铁产品出口吗？——基于"一带一路"共建国家基础设施质量中介效应的研究》，《湖北大学学报（哲学社会科学版）》2021 年第 2 期。

［100］袁东：《基础设施互联互通建设是一个大规模资本动员过程——兼议多边开发性金融机制的先导引领性及其作用发挥》，《国际经济评论》2018 年第 3 期。

［101］袁新涛：《"一带一路"建设的国家战略分析》，《理论月刊》2014 年第 11 期。

［102］岳林峰、韦东明、张辉：《"一带一路"倡议对沿线国家的包容性发展效应研究》，《国际贸易问题》2023 年第 9 期。

［103］张恒龙、张玲燕：《"一带一路"倡议对沿线国家债务问题影响的实证研究》，《上海大学学报（社会科学版）》2021 年第 2 期。

［104］张辉、王桂军：《中国与"一带一路"共建国家产业升级的互惠效应：

理论与经验》,《上海对外经贸大学学报》2023 年第 5 期。

[105] 张明哲、张辉:《"一带一路"沿线数字经济与中国企业对外直接投资区位选择》,《山西大学学报 (哲学社会科学版)》2023 年第 5 期。

[106] 张宁宁、张宏、杨勃:《"一带一路"共建国家制度风险与企业海外市场进入模式选择:基于中国装备制造业上市公司的实证分析》,《世界经济研究》2019 年第 10 期。

[107] 张鹏飞:《基础设施建设对"一带一路"亚洲国家双边贸易影响研究:基于引力模型扩展的分析》,《世界经济研究》2018 年第 6 期。

[108] 张述存:《"一带一路"倡议下优化中国对外直接投资布局的思路与对策》,《管理世界》2017 年第 4 期。

[109] 张为付、吴怡:《中国对"一带一路"共建国家 OFDI 的区位选择——基于双边友好外交关系的视角》,《南京财经大学学报》2021 年第 1 期。

[110] 张祥建、李永盛、赵晓雷:《中欧班列对内陆地区贸易增长的影响效应研究》,《财经研究》2019 年第 11 期。

[111] 张馨月、吴信如:《"一带一路"倡议对沿线国家的减贫效应——基于"五通"作用机制的分析》,《山东社会科学》2022 年第 11 期。

[112] 张亚斌:《"一带一路"投资便利化与中国对外直接投资选择——基于跨国面板数据及投资引力模型的实证研究》,《国际贸易问题》2016 年第 9 期。

[113] 张永丽、胡丹丹:《"一带一路":国内文献综述——基于实践的角度》,《财经理论研究》2016 年第 5 期。

[114] 张原:《中国对"一带一路"援助及投资的减贫效应———"授人以鱼"还是"授人以渔"》,《财贸经济》2018 年第 12 期。

[115] 张原:《"中国式扶贫"可输出吗——中国对发展中国家援助及投资的减贫效应研究》,《武汉大学学报 (哲学社会科学版)》2019 年第 3 期。

[116] 赵永超、蓝庆新:《"一带一路"倡议对沿线国家债务风险的影响研究——基于国际直接投资视角》,《国际贸易问题》2023 年第 9 期。

[117] 种照辉、覃成林:《"一带一路"贸易网络结构及其影响因素——基于网络分析方法的研究》,《国际经贸探索》2017 年第 5 期。

[118] 周杰琦、夏南新:《"一带一路"国家投资便利化对中国 OFDI 的影响》,《亚太经济》2021 年第 5 期。

[119] 朱锋:《"一带一路"倡议十周年:回顾与展望》,《亚太安全与海洋研

究》2023 年第 10 期。

[120] Baniya, S., N. Rocha, and M. Ruta, "Trade Effects of the New Silk Road: A Gravity Analysis", *Journal of Development Economics*, 2020, 146: 1024-1067.

[121] Clarke, M., "The Belt and Road Initiative: China's New Grand Strategy?", *Asia Policy*, 2017, 24: 71-79.

[122] Coenen, J., S. Bager, and P. Meyfroidt, "Environmental Governance of China's Belt and Road Initiative", *Environmental Policy and Governance*, 2021, 31 (1): 3-17.

[123] Cui, L., and M. Song, "Economic Evaluation of the Belt and Road Initiative from an Unimpeded Trade Perspective", *International Journal of Logistics Research and Applications*, 2019, 22 (1): 25-46.

[124] Du, J., and Y. Zhang, "Does One Belt One Road Initiative Promote Chinese Overseas Direct Investment?", *China Economic Review*, 2018, 47: 189-205.

[125] Gabusi, G., "Crossing the River by Feeling the Gold: The Asian Infrastructure Investment Bank and the financial support to the Belt and Road Initiative", *China & World Economy*, 2017, 25 (5): 23-45.

[126] Gong, X., "The Belt & Road Initiative and China's Influence in Southeast Asia", *The Pacific Review*, 2019, 32 (4): 635-665.

[127] Görg, H., and H. Mao, "Does the Belt and Road Initiative Stimulate Chinese Exports? The Role of State-Owned Enterprises", *KCG Working Paper*, 2020.

[128] Herrero, A. G., and J. Xu, "China's Belt and Road Initiative: Can Europe Expect trade gains?", *China & World Economy*, 2017, 25 (6): 84-99.

[129] Hughes, A. C., "Understanding and Minimizing Environmental Impacts of the Belt and Road Initiative", *Conservation Biology*, 2019, 33 (4): 883-894.

[130] Hurley, J., S. Morris, G. Portelance, "Examining the Debt Implications of the Belt and Road Initiative from a Policy Perspective", *Journal of Infrastructure, Policy and Development*, 2019, 3 (1): 139-175.

[131] Jiang, L., G. Zhang, and H. Zhang, "The Role of the Belt and Road Initiative: New Opportunity for Chinese exporters?", *The World Economy*, 2023, 46: 1609-1647.

[132] Lall, S., and M. Lebrand, "Who Wins, Who Loses? Understanding the Spa-

tially Differentiated Effects of the Belt and Road Initiative", *Journal of Development Economics*, 2020, 146: 1024-1096.

[133] Liu, A., C. Lu, and Z. Wang, "The Roles of Cultural and Institutional Distance in International Trade: Evidence from China's Trade with the Belt and Road Countries", *China Economic Review*, 2020, 61: 1012-1034.

[134] Liu, H., and M. Aqsa, "The Impact of OFDI on the Performance of Chinese Firms along the Belt and Road", *Applied Economics*, 2020, 52: 1219-1239.

[135] Liu, H., Y. Wang, and J. Jiang, "How green is the Belt and Road Initiative? -Evidence from Chinese OFDI in the EnergyEector", *Energy Policy*, 2020, 145: 111709.

[136] Maliszewska, M., and M. Van, "The Belt and Road Initiative: Economic, poverty and environmental impacts", *World Bank Policy Research Working Paper*, 2019, 8814.

[137] Moura, T. G. Z., L. Garcia-Alonso, and I. Del Rosal, "Influence of the Geographical Pattern of Foreign Trade on The Inland Distribution of Maritime Traffic", *Journal of Transport Geography*, 2018, 72 (10): 191-200.

[138] Qi, J, K. K. Tang, and D. Yin, "Remaking China's Global Image with the Belt and Road Initiative: Is the Jury Out?", *Journal of Contemporary China*, 2023, 32 (141): 473-494.

[139] Shao, X., "Chinese OFDI Responses to the B&R Initiative: Evidence from A Quasi-Natural Experiment", *China Economic Review*, 2020, 1 (10): 1014-1035.

[140] Soyres, F., A. S. Mulabdic, Murray, N. Rocha, and M. Ruta, "How Much will the Belt and Road Initiative Reduce Trade Costs?", *International Economics*, 2019, 159: 151-164.

[141] Soyres, F., A. S. Mulabdic, and M. Ruta, "Common Transport Infrastructure: A Quantitative Model and Estimates from the Belt and Road Initiative", *Journal of Development Economics*, 2020, 143: 102415.

[142] Teo, H. C., A. M. Lechner, and G. W. Walton, "Environmental impacts of infrastructure development under the belt and road initiative", *Environments*, 2019, 6 (6): 72.

[143] Tian, G., and J. Li, "How Does Infrastructure Construction Affect Economic

Development along the Belt and Road: By Promoting Growth or Improving Distribution?", *Emerging Markets Finance and Trade*, 2019, 55 (14): 3332-3348.

[144] Wang, C., M. K. Lim, and X. Zhang, "Railway and Road Infrastructure in the Belt and Road Initiative Countries: Estimating the Impact of Transport Infrastructure on Economic Growth", *Transportation Research Part A: Policy and Practice*, 2020, 134: 288-307.

[145] Yang, G., X. Huang, and J. Huang, "Assessment of the Effects of Infrastructure Investment under the Belt and Road Initiative", *China Economic Review*, 2020, 60: 1014-1018.

[146] Yu, L., D. Zhao, H. Niu, and F. Lu, "Does the Belt and Road Initiative Expand China's Export Potential to Countries along the Belt and Road?", *China Economic Review*, 2020, 60: 1014-1019.

[147] Yu, S., X. Qian, and T. Liu, "Belt and Road Initiative and Chinese Firms' Outward Foreign Direct Investment", *Emerging Markets Review*, 2019, 41: 1006-1029.

专题八　全球经济治理改革

全球经济治理体系的建立与变迁，体现了发达国家与发展中国家和新兴市场国家在世界经济中力量的此消彼长。随着全球经济形势的变化，特别是 WTO 规则陈旧、贸易保护主义盛行等，使现行的全球经济治理体系已无法适应世界经济发展的需要，因此全球经济治理体系需要进一步改革和完善。本专题从全球经济治理体系改革的背景、目前治理的内涵与演变、全球经济治理现状与困境、全球经济治理改革的现状对全球经济治理改革进行系统的梳理，并对未来进行展望。

一、全球经济治理改革的背景

伴随着逆全球化思潮兴起，不同国家地区之间的制度协调日益困难，全球经济治理体系也面临越来越多的问题，为了解决全球经济治理当前存在的难题，需要对全球经济治理进行改革。全球经济治理改革主要关注 WTO 规则、非关税贸易壁垒、数字经济、碳排放、产业链和价值链安全等方面的因素。

（一）现有规则无法适应国际经济新形势

发达国家和发展中国家之间地位与诉求的变化推动了国际经贸规则重构和全球经济治理的改革。一方面，数字贸易迅猛发展以及新兴市场和发展中国家的快速崛起，对传统国际规则提出了新的要求，然而由于世界各国的发展水平差距较大，发达国家与发展中国家的利益诉求存在差异，导致 WTO 难以在"协商一致"决策机制的基础上形成新的多边国际经贸规则；另一方面，美国等发达国家认为 WTO 无法实现其贸易政策目标，想要重新塑造有利于其发展的国际规则，与此同时，发展中国家呼吁 WTO 规则能够增加其话语权，从而更加体现公平和公正性（全毅，2023；刘斌等，2023）。

（二）非关税贸易壁垒成为贸易保护新手段

国际分工的深化使全球生产和贸易结构发生重要变化，以中间品贸易为主的全球价值链迅速发展，但各国存在监管分化使合规成本提高，导致产品竞争力下降，各国为了减少成本提高产品的市场竞争力，将国际经贸规则的谈判重点从关税、配额等边境措施转向边境后措施，然而许多国家常常将以国内规制为主要形式的边境后措施作为非关税贸易保护的手段，损害其他国家生产者和消费者利益（徐泉和耿旭洋，2021）。

（三）数字经济飞速发展对全球经济治理提出新要求

以互联网和数字技术为基础的数字经济正在推动新一轮全球经济增长，数据作为生产要素推动资本和劳动等传统生产要素在全球范围内加速流动和共享，但数字经济蓬勃发展的同时也带来许多新问题，例如数据泄露、数字垄断、加剧社会财富分配差距等，同时数字经济的超地缘边界性和数字经济治理的外部性也使现有全球经济治理乏力，这些问题已经超出了传统国际经贸规则治理的范围，各国亟须对全球经济治理体系进行改革以适应快速发展的全球数字经济，引导数字经济的规范化发展（陈伟光和钟列炀，2022）。

（四）碳关税成为全球经济治理新重点

气候变化逐渐成为国际上广泛关注的议题，近年来出现了与之相关的国际贸易机制——碳关税，引起了国际的广泛关注，2021 年欧盟正式提出了碳关税的实施规则，美国也积极推进符合其自身利益要求的碳关税规则的产生，西方国家意图削弱低成本国家和地区的竞争力，构筑碳交易壁垒，进一步掌握全球碳排放权交易市场的定价权，重拾全球经济治理主动权（王一鸣，2022）。

（五）全球产业链、供应链呈现新特点

随着全球新一轮科技革命的推进，知识生产要素和资本生产要素在产业链供应链中的地位显著提升，改变了全球价值链的形态、长度和布局（许漾方，2023），逆全球化浪潮兴起、新冠疫情大流行、俄乌冲突等事件的接连发生也使当前全球产业链供应链的脆弱性暴露无遗，因此供应链产业链安全成为当下各国制定经贸规则时必须考虑的重要因素。以美国为首的西方发达国家为保障本国产业链供应链安全

已出台了多项相关法案，这些国家在加快产业链供应链本地化、国产化、海外供应链多元化的同时，还对重点领域的产业链供应链风险进行严格的评估和审查（周维富和陈文静，2023）。

不难看出，全球经济治理面临诸多挑战，包括 WTO 改革困境、数字贸易发展、气候环境问题以及全球价值链断裂风险加剧等，这些问题都凸显了当前全球经济治理乏力，经济治理作为全球治理核心，对于确保各国的国内和国际经贸活动顺利进行具有至关重要的意义，因此各国应有力、有序地推动全球经济治理改革。

二、全球经济治理的内涵及演变

全球经济治理的内涵是指全球多个经济主体对全球经济事务进行共同管理，协调和规范各种经济问题，推动全球经济平稳运行的过程，随着新的国际形势的出现，全球经济治理的外延不断扩大，其内涵也更加注重制度层面（薛安伟和张道根，2022）。

随着全球经济的不断发展，各经济主体的观念、权力和利益结构也在不断发生变化，推动全球经济治理体系的不断演变。第一代全球经济治理体系是 19 世纪 70 年代形成的国际金本位制体系，由英国主导，持续到第一次世界大战；第二代则是由美国主导的布雷顿森林体系，形成于第二次世界大战并延续至今（黎峰，2023）。然而，近年来以布雷顿森林体系为核心的全球经济治理逐渐乏力，推动全球经济治理体系进一步演变，可分为三个阶段：第一阶段是布雷顿森林体系的兴衰期，第二次世界大战后的布雷顿森林体系给国际经济活动带来了一段黄金发展时期，但朝鲜战争、越南战争、石油危机的冲击导致布雷顿森林体系瓦解；第二阶段新自由主义制度的兴衰，新自由主义思想下形成的"华盛顿共识"成为以美国为代表的西方国家新治理模式，"冷战"结束后，二十国集团成为全球各经济体合作的主要平台，真正意义上的全球经济治理体系形成；第三阶段全球经济治理体系的突变期，金融危机、环境资源危机、新冠疫情的流行使全球经贸持续走低，逆全球化和贸易保护主义兴起，WTO 面临压力和挑战，美国主导的经济全球化不断衰弱，取而代之的是以多元化、区域化和数字化为主要特征的全球化，导致全球经济治理格局加速演变，全球经济治理体系亟待改革（陈伟光，2023）。

全球经济治理的演变动力可以从三个角度解释，首先是外部因素，战争、经济危机、科技革命、气候环境危机、公共卫生事件等外部因素可以引起国际形势剧烈且快速变化。其次是结构性因素，主要涉及观念、权力和利益的变化，一方面治理观念的滞后性使西方发达国家不愿意对国际经济机构和全球治理机制进行改革；另一方面权力的转移和扩散导致国际制度的变迁，西方发达国家主导的国际体系要求考虑新兴经济体的诉求，另外收益考量也是推动全球治理体系演变的动力，既得利益者会强化制度并使制度合法化，而利益受损者则会质疑和挑战现有体系。最后是非国家主体因素，数字经济和数字技术的发展使科技公司与整个数字行业的影响力不断增强，数字经济相关的企业有望成为全球经济治理新规则建立的推动者（陈伟光，2023）。

三、全球经济治理现状

从全球经济治理结构来看，目前主要有三类组织和合作机制，主要包括实体性国际组织、非实体性合作机制以及由一国提出后多个国家参与的经济合作倡议。其中实体性国际组织主要是指 WTO、IMF、世界银行，三者涉及众多主权国家，是目前全球经济治理的最主要渠道，三个组织共同管理和规范全球经济治理体系中的国际贸易体系和国际货币金融体系；非实体性合作机制包括七国集团、二十国集团以及金砖国家等，随着新兴经济体崛起，非实体性合作机制在全球经济治理和区域经济合作中扮演日益重要的角色，特别是金砖国家合作机制推动了南南合作和全球经济治理的进程；中国提出、多国参与的共建"一带一路"倡议为完善全球经济治理体系贡献了中国智慧和中国方案，使全球经济治理体系更加适应不断变化的国际经济局势（杨长湧，2020）。

从世界经济格局来看，全球经济治理在全球经济格局不断调整的过程中形成，全球经济格局的具体表现侧面体现了全球经济治理的现状。新冠疫情后，发达国家的经济总量有所下降，而新兴市场和发展中经济体的经济总量在上升，经济实力的调整对世界经济格局提出了新的要求，随着亚洲贸易网络规模和实体的增强，全球经济重心开始由欧美转向亚太，在考虑全球贸易格局时，新冠疫情暴露了全球供应链的脆弱性，各国对供应链的安全性和本土化更加关注，导致贸易保护主义盛行，地缘政治和贸易利益的无法调和加速了全球贸易规则的分化，全球投资格局下，尽管未来发达国家投资前景仍好于发展中国家，但亚洲区域也显示了强劲的韧性，全球能源格局中，碳排放问题在全球经济治理中的重要性日益提升，全球能源治理缺乏磋商、讨论的单一场所（卢江等，2022；UNCTAD，2023）。

从经济全球化来看，全球经济治理是伴随经济全球化发展的国际社会理性行为，经济全球化内容的根本改变和经济全球化新态势必然导致全球经济治理的变化，国际权力的转移正在不断重塑经济全球化的主导者，西方发达国家的国际影响力和实力的下降以及新兴经济体的崛起展现了国际权力转移的实质性内容。考虑到经济全球化的制度供给，目前西方发达国家主要通过强加和植入的方式把本国价值观嵌入国际组织、制度中来进行全球经济治理，新兴经济体要反映自身诉求就要不断对现有国际组织和制度进行改革、创新。此外，在经济全球化的价值支撑上也反映了当前全球经济治理的现状，经济全球化价值支撑实际上是全球伦理，尽管当今没有形成经济全球化价值的共识，但是世界经济形势风云变幻使人们认识到寻找最大价值公约数的重要性和必要性，也许存在一种超越民族国家的全球伦理来对全球经济进行治理（胡键，2022）。

四、全球经济治理困境

2008 年金融危机和 2017 年美国发起的贸易战事件表明了逆经济全球化的势头正在兴起，过去的全球经济治理体系在维护经济秩序和促进经济全球化方面已力不从心，尽管全球经济治理在近年来取得了一些进展，但这些进展并不足以解决全球经济治理体系所面临的困境和挑战。在研究全球经济治理的困境和挑战时，传统观点主要集中在全球经济治理机制、国际组织、规则方面。

（一）全球经济治理机制落后于全球经济发展

从全球经济治理机制的视角来分析，现在运行的全球经济治理机制主要服务于西方发达国家，其代表性、成员结构、治理能力一直备受批评，同时，逆全球化思潮以及西方发达国家对 WTO 等国际组织运行的干扰，为区域经济一体化和全球经济一体化设置了新的制度性障碍（卢江等，2022）。随着新兴市场和发展中国家的崛起，其在全球治理体系中的地位和话语权有所提升，但发达国家仍主导全球价值链分工、国际金融和货币体系及国际经贸规则制定（黎峰，2022）。美国作为发达国家的代表，长期处于全球经济治理体系的主导位置，掌握全球经济治理机制中的主动权，占据主导地位的国家决定了他们可以获得更多的机会、经济资源、政治参与、法律保护和文化认可（Jongen 等，2022），但在美国国内经济放缓和民粹主义回潮的压力下，美国并没有反思和寻找正确的解决途径，而是选择了"美国优先"策略（罗皓文和葛浩阳，2022）。"美国优先"理念把美国的利益置于首位，在气候环境问题、国际援助和宏观政策协调等方面推卸责任，同时利用国内法制裁其他主权国家，蔑视国际规则，大力推行单边主义，若任由其发展，全球经济治理机制在未来将无法顺利发展（杨长湧，2020）。

（二）全球经济治理的主要国际组织效力下降

从国际组织的视角分析，面对百年未有之大变局，全球公共卫生事件、贸易摩擦、战争等全球性危机的发生凸显了国际组织的脆弱性。WTO 作为当今世界最重要的多边贸易治理机制，对促进全球经济发展发挥了重要作用，但 WTO 却未能与世界经济形势共同变化，不仅没有缓解贸易保护主义回潮的问题，还面临争端解决机制停摆、经贸谈判功能弱化以及监督效率低下等问题，这阻碍了 WTO 的职能发挥，使其影响力和合法性岌岌可危（徐秀军和林凯文，2022）。特朗普从 2018 年开始无视 WTO 的规则和秩序，掀动民粹主义，扰乱贸易政策正常实施，使多边主义规则遭到严重破坏，而 WTO 目前却无力应对美国单方面的强权主张（Jones，2023）。

IMF 和世界银行作为传统全球经济治理渠道存在诸多缺陷。一方面，IMF 和世界银行都未能充分反映新兴经济体的影响力，新兴国家在两大机构的投票权与美国等发达国家差距较大，美国等西方发达国家仍然处于绝对优势地位，美国甚至在 IMF 和世界银行中拥有一票否决权（仇华飞，2022）。另一方面，IMF 与世界银行在经济援助方面未发挥实质性作用，新冠疫情引发的全球经济危机对发展中国家造成了不成比例的伤害，加剧了贫困、粮食不安全和收入不平等（Hoeven 等，2022），但一国在 IMF 的大量借款在短时间内未偿还，IMF 会征收巨额附加费，IMF 的附加费加重了借款国原本的经济负担，并没有有效地起到推动该国经济复苏的作用（Stiglitz 等，2022）。而世界银行则是自身贷款影响力相对丧失，导致其在全球发展中心机构的地位下降（Hunter 等，2022）。

（三）全球经济治理规则亟待革新

从全球经济治理规则的视角分析，全球经济治理规则无法满足各经济体对经济发展的要求，同时也滞后于治理主体变化和治理议题的增加。在多边贸易规则中，"首要规则"和程序性基本规则遭到破坏，第二次世界大战后美国推进并促成了以 WTO 法则为核心的多边贸易规则，当中普遍最惠国待遇是作为法律体系的 WTO "首要规则"，但近年来美国对外政策转向单边主义，对中国加征关税等举措已经完全背离最惠国待遇，使多边贸易体制下最惠国待遇名存实亡。此外，由于美国的阻挠，WTO 争端解决上诉机构在 2020 年因成员空缺而瘫痪，大量被上诉的专家组报告被无限搁置，在全球金融规则中，美国仍具有绝对优势地位并维护美元的"霸权"地位不变，新兴国家的诉求仍然无法得到充分反映。与全球贸易规则和全球金融规则不同，国际投资规则缺乏全面性多边基础条约和多边体系的性质与地位，缺乏对全球投资发展和跨国公司活动管理、控制的规则性约束（张乃根，2023）。

（四）全球经济治理凸显新难题

全球经济治理面临的问题逐渐涉及资源与环境问题，如何实现绿色可持续发展成为重要的经济治理问题（薛安伟和张道根，2022；UNCTAD，2022）。在应对气候变化问题上，美欧等发达国家在政治上争夺碳排放贸易规则的主导权，并通过绿色非关税壁垒来形成自己的低碳贸易优势（张剑和李晓依，2023）。以欧盟碳边境调节机制为例，其表面是推动全球气候治理的有效措施，但实际上是欧盟欲利用气候单边规则来实现绿色霸权主义，这就意味着欧盟通过建立符合自身利益的气候治理标准体系并无差别地应用于各个国家，使发展中国家承担了更多非必要的责任（徐昕和吴金昌，2023）。发展中国家则认为当前的气候、环境问题主要来源于发达国家，故发达国家应承担更多责任，然而，由于缺乏有效的解决方案来平衡经济发展与可持续发展之间的关系，相关经济治理问题的协商谈判陷入停滞。

数字技术的迅速发展也为全球经济治理带来了新的困境与挑战，数字技术的传播和数字经济的发展在为经济注入新的活力的同时也加剧了收入的不平等，技术保护主义开始显现，一些国家以国家安全为借口，限制跨国数字企业运营。在特朗普时期，美国以国家安全为由签署行政命令禁止字节跳动和腾讯与美交易，而拜登时期虽废除相关的行政命令却以更广泛的新命令来限制外国数字企业在美运营，全球经济治理中数字领域规则的缺位导致以美国为首的一些国家可以随意限制、制裁跨国公司，同时各国数字经济发展水平和发展偏好存在差异也导致达成共同的国际治理规则难度较大（裴丹和陈伟光，2023）。

除了传统观点中提到的全球经济治理的困境，当前经济的新态势也给全球经济治理困境带来了新的表现。一是发达经济体陷入停滞且南北发展鸿沟拉大成为新的问题，新冠疫情对全球经济造成严重冲击，尤其对美国的经济影响尤为显著，引发了美国第二次世界大战以来最严重的经济衰退。另外由于西方主导的利益分配以私有制为原则，全球地区发展不平衡，经济全球化的负面外溢效应以及发达国家在数字技术方面的绝对优势等因素影响，导致南北经济发展差距进一步加大。二是经济互融趋势和国家经济脱钩风险并存。一方面"一带一路"倡议、金砖国家新工业革命伙伴关系建设等不断推进经济相互融合；另一方面大国间出现了主观"脱钩"趋势，例如发达国家高科技产业回流和限制技术类产品出口等，这两个方面的矛盾运动使得全球经济治理的复杂程度增加。三是金融垄断资本扩张与实体经济发展低迷并存，金融资本对产业资本的控制加强，导致资本更倾向于在金融领域和资本市场流动从而造成金融垄断资本的扩张，同时金融垄断资本又通过金融机构刺激居民信贷消费来刺激实体经济，然而大量资本实际上在金融体系内循环，无法有效流动到实体经济中去。四是全球产业链供应链脆弱和国际分工深化之间存在矛盾，新冠疫情凸显了全球产业链供应链的脆弱性，经济活动可能向区域化和本土化转变，但国际分工深化又会促进资本、技术、劳动力等生产要素的快速流动，推动全球经济发展（卢江和等，2022）。

五、全球经济治理改革现状

经济全球化的不断演进过程中，全球经济治理必然会出现各种困境，破解全球经济治理困境需要对全球经济治理进行深层次的改革，全球经济治理改革主要集中于全球贸易治理体系、全球金融治理体系、全球投资治理体系。

（一）全球贸易治理改革

全球贸易治理先后经历了由英国主导的自由贸易和区域贸易治理阶段，以及美国主导的多边贸易和区域贸易治理阶段，然而新冠疫情后全球贸易治理的问题凸显，首先，以美国为代表的贸易大国未能承担起贸易治理的责任；其次，新兴经济体的崛起导致实力与治理权的失衡；最后，以 WTO 为代表的多边贸易谈判存在制度缺陷（钱学峰和裴婷，2022）。因此，为维持全球贸易活力，全球贸易治理体系需要进行深层次的改革。

全球贸易治理体系改革的首要议题是对 WTO 进行改革。2008 年 WTO 日内瓦贸易部长会议多哈回合谈判最终失败，使美国对 WTO 多边谈判机制大失所望，随后2017 年 WTO 部长级会议中，美国首次提出 WTO 改革议程，2018 年、2019 年中国相继发布《关于世贸组织改革的立场文件》《关于世贸组织改革的建议文件》（高疆，2022），欧盟发布《WTO 现代化》的概念文件，对规则制定、常规工作、透明度以及争端解决机制三方面提出改革方案，美、日、欧发表联合声明，在多方面对 WTO 改革提出方案。除此之外，美日欧及其他 12 个成员以总理事会决议草案的形式提出《WTO 协定下提升透明度和强化通报义务的程序》提案，重点关注 WTO 改革中透明度和通报义务问题（徐秀军和林凯文，2022）。在争端解决机制方面，世界贸易组织上诉机构是否保留一直是学界关注的焦点，不同的派别在改革方案上有不同的主张，改良派主张保留和改革上诉机制，而革命派则要求废弃上诉机制，将 WTO 争端解决机制由"两审终审制"变为"一审终身制"，扬弃派主张根据各国发展情况对 WTO 争端解决机制进行分阶段改革（梁意，2022）。《渥太华联合方案》提出对争端解决协议进行修改，对诉讼程序、法官职责和专家组意见，以及上诉机构裁决进行评议，《欧印中方案》提出将上诉机构法官增加 2 名，并将任期增加到六年或八年，不得连任（全毅，2023）。2020 年 3 月 27 日，中国、欧盟等 26 个 WTO 成员联合发表部长声明，提出建立多方临时上诉仲裁安排（MPIA），该安排通过 WTO《关于争端解决规则与程序的谅解》（DSU）第 25 条规定的仲裁程序审理争端案件，在继承部分 WTO 上诉机制的基础上进行创新（胡建国，2023）。在数字经济领域，2019 年 1 月，76 个 WTO 成员在达沃斯经济年会上发起电子商务多边谈判，并于同年 3 月谈判启动，2021 年 12 月澳大利亚、日本和新加坡贸易部长发表联合声明，做出了在跨境数据流动等重要问题上取得重要进展的承诺（刘影，2023）。

　　WTO 改革过程中也存在难以解决的困难。WTO 的机制中，"协商一致原则"、"一揽子协定"以及"严格执行"共存是 WTO 无法继续使多边贸易谈判的重要原因，首先，如果做到"普遍规则"和"多边共识"，就无法做到"严格执行"，当协定涉及多个议题并要求协定保证公平性，则协定的谈判期限会延长，并且由于协定包括的成员处于不同的发展水平，按照统一标准执行协定也存在困难。其次，在保证"普遍规则""严格执行"下同时实现"多边共识"也存在困难，达成共识需要考虑各成员的利益和权力分配，即使贸易协定是有利于整体经济发展，如果不符合各成员的利益仍旧无法达成共识。最后，如果实现了"多边共识""严格执行"，又可能无法实现"普遍规则"，在达成共识并严格执行协定的要求下，一些国家由于国内贸易及监管规制的不完善，无法按照与其他国家相同的标准执行协定，故 WTO 运行机制的"三元悖论"是 WTO 改革过程中亟待解决的问题（刘斌和刘玥君，2022）。另外，关于 WTO 改革困境还涉及 WTO 议程的政治化问题，WTO 成员对国家安全例外原则的滥用以及借助争端解决机制去解决相关问题，使 WTO 面临严重政治风险，美国无视 WTO 规则任意制裁其他国家也是 WTO 核心价值观难以被遵守和践行的一个例子。在国内层面，民族、民粹主义以及反全球化思潮将通过政治行为转移到国家政策上，导致 WTO 承受来自政治因素的不满，阻碍了改革的进程（徐秀军和林凯文，2022）。

　　全球贸易治理体系的变革还体现在治理平台向区域化、集团化方向转变。由于以 WTO 为代表的多边机制乏力，美国等发达国家构建多个区域贸易安排作为全球贸易治理体系平台。2008 年 WTO 谈判失败后，美国于当年提出加入新加坡、文莱等四个亚太经合组织成员发起的 P4 谈判，并于 2009 年申请加入并扩展为《跨太平洋伙伴关系协定》，之后又主导了《国际服务贸易协定》(TISA) 和《跨大西洋贸易与投资伙伴关系协定》(TTIP) 谈判。美国特朗普政府上台后，全球贸易治理体系进一步向区域化发展，除了欧盟区域经济一体化，北美各国在 2020 年共同签订《美墨加协定》，亚太地区也于 2023 年生效了 RCEP（屠新泉，2023）。

（二）全球金融治理改革

随着经济全球化的发展，金融资本不断向垄断资本发展并逐渐脱离产业和实体经济，导致全球金融风险加剧并波及世界其他国家，而全球金融治理作为维持全球金融稳定、开放、规范的规则和秩序，能够有效防范金融风险的提高与金融危机的发生（毛绎然，2022）。2008 年金融危机之后世界经济形势整体下行，尤其是发达国家的经济受到重创，同时全球经济增长放缓使全球债务总量增加以及美国主导的全球加息周期缩短，因此原有的国际金融治理体系已经无法适应当前复杂的经济形势（徐浩宇，2022）。

国际金融形势的变化使全球金融体系面临治理困境，从整体看，第一是当前全球金融治理理念与目前的国际经济现状失衡，传统的全球金融体系只服务于西方发达国家，已经无法满足发展中国家对话语权的要求，且国际金融组织机构仍然以单一的市场手段治理的理念已经不能真正解决当下的国际金融问题。第二是全球治理规则参差不齐、碎片化，各国为了维护自身的利益和原有国际地位，通过各自国家的金融机构、组织颁布并实施一系列规则、规范，然而每个国家制定的治理规则存在差异，缺乏统一性。第三是国际金融监管标准与金融治理规则、各国内部标准未达到统一，国际金融监管标准和全球治理规则常以软法的形式发布，各国是否采纳以及采纳哪些内容由自身金融发展而定。第四是治理主体之间协调不足，发达国家仍主导着国际金融体系，许多国际金融组织机构的政策更倾向于发达国家，忽视其他治理国家需求，造成治理主体之间各自为营、缺乏配合（徐浩宇，2022）。从全球金融治理面临的突出性问题来看，首先，现行的国际金融治理机制无力应对主权债券价格泡沫化的风险，国际金融机构能够检测各国公共部门杠杆率和主权债务风险，但无法干涉各国财政政策；其次，国际货币组织关于国际货币体系的改革一直未取得突破性进展，货币多元化难以实现；最后，由于各国数字金融发展程度不一，数字金融监管全球治理的实施需要主要国家的强力推动（王达和高登·博德纳，2020）。

　　全球金融治理体系为适应经济形势的变化也做出了一定的改革，一是从国际金融组织、机构角度，2008 年 IMF 理事会通过了份额和发言权改革的决议，这些改革增加了新兴市场国家的份额，增加基本投票权数并锁定其与总投票的比例。2010 年 IMF 进一步提高了新兴市场国家的份额比重，将超过 6% 的 IMF 份额从代表性过高的国家转移给代表性较低的国家，份额将根据新的公式计算。同时执行董事会的构成和产生也进行了改革，将欧洲发达国家执行董事的部分人数转移给发展中国家和新兴市场，执行董事产生方式由份额排名前五位成员国直接指定变为全部通过选举产生。二是考虑到国际金融监管领域，巴塞尔银行监管委员会（BCBS）在 2009 年和 2014 年先后纳入了中国、印度等新兴经济体，增加了发展中国家的代表性，截至 2022 年，巴塞尔银行监管委员会由 28 个国家和地区的 45 家中央银行和银行业监管机构组成。与此同时，国际证监会组织技术委员会增加了新兴市场国家证券监管机构的数量，2016 年技术委员会被新成立的董事会取代并扩容。另外，支付与市场基础设施委员会（CPMI）业也扩展成员至 24 个国家和地区的 25 家中央银行。三是在治理规则层面的改革强化了治理规则的时效性与约束力，金融稳定论坛升级为金融稳定理事会（FSB），负责监测全球金融体系和协调国家财政机构与国际标准制定机构，IMF 和世界银行联合启动的评估项目金融部门评估规划（FSAP）进一步强化、升级，以更好地评估各国金融体系的稳健性，推动国际标准的严格实施（廖凡和刘文娟，2020）。四是数字金融领域。数字金融进入货币层面给全球金融带来了不确定性，2019 年 BCBS 发布《虚拟资产审慎监管要求（征求意见稿）》，建议监管银行参与民间数字货币（FDC）交易，2021 年《加密资产的审慎对待》建议分类监管加密资产，金融稳定理事会在 2020 年发布了《应对全球稳定币带来的监管挑战（征求意见稿)》（李帅和屈茂辉，2022）。美国对数字货币的监管主要由美国证券交易委员会（SEC）、美国商品期货交易委员会（CFTC）和财政部负责，监管涉及 KYC/AML 规定、税收监管和 ICO 监管等。日本正式将比特币等数字货币纳入了支付手段范畴并出台了一系列监管措施。2022 年欧盟立法机关通过了《加密资产市场监管》（MiCA）法案，这一法案对数字货币全面监管的具有重要意义。

（三）全球投资治理改革

　　全球投资治理是指各国共同制定的有约束力的国际投资规则，旨在维护国际投资的公平、自由，并促进国际投资可持续发展，目前国际投资治理规则主要以多边、区域和双边投资协定的形式存在，规则涉及投资开放和准入、投资待遇、投资监管、投资争端解决等内容（孙志强和杨奕萌，2022）。

面对全球投资活动的迅速发展，各国开始重新评估自身在国际投资规则中的诉求，国际投资规则加速进入调整期，WTO 投资便利化文本完成谈判但全球投资治理在发展和调整的过程中也面临诸多难题。首先，投资规则呈现碎片化的特点。全球投资规则体系包含数量众多的国家和地区，投资协议数量多且缺乏协调，分布上呈现碎片化的特点，内容上也存在重复交叉的情况，甚至部分协议内容相互矛盾，使得全球投资治理变得更加复杂。其次，部分投资协定缺乏公平性。一方面投资者虽签署了有利于投资的协定，但仍面临一定程度的投资壁垒和歧视性问题；另一方面，为了保护本土的生产者和生产要素，会对某些投资者设置限制措施，不利于投资的可持续发展（孙志强和杨奕萌，2022）。再次，全球投资自由化与逆全球化并存。美国为了主导全球投资规则的制定，与日、欧等签署了多项投资协定，同时以中国为首的新兴经济市场国家也积极参与到投资规则的制定中，但 2008 年金融危机和 2019 年新冠疫情大流行影响下，全球经济复苏乏力，逆全球化的趋势再度强化，提高了国际投资成本，对投资自由化产生了不利影响（戴双兴和冀晓琦，2019）。最后，国际投资争端解决（ISDS）机制也存在漏洞，一是由于国际投资法的碎片化导致 ISDS 没有一套全球统一的标准遵循；二是仲裁员缺乏独立性与公正性使 ISDS 的公信力下降（张建，2021）。

为使全球投资治理更好地促进全球投资的可持续发展，各国在国别、双边和多边等层面上推动投资管理治理和国际投资协定体系改革，目前最具权威性的协定有《全面与进步跨太平洋伙伴关系协定》（CPTPP）、《区域全面经济伙伴关系协定》（RCEP）、《中欧全面投资协定》（CAI）。CPTPP 的投资章节分为 A、B 两个部分，涉及了投资的定义、适用范围、投资者的权利义务以及争端解决机制安排。RCEP 提出分阶段实现以负面清单承诺为基础的行业开放规则。CAI 强调投资自由化，规定了投资者及企业在各种情况下所享受的国民和最惠国待遇。另外，三大协定在服务与数字领域、负面清单管理模式、争端解决机制以及环境和劳工标准等方面作出了规定，CPTPP 取消了信息安全和国家利益外的服务准入限制，全面采用负面清单管理模式，并规定了投资者与东道国之间的投资争端解决机制，CPTPP 还将多边环境协议义务纳入协定框架，把贸易投资与环境挂钩。RCEP 开放了金融、法律等领域，同时采用了正面清单与负面清单相结合的方式。CAI 中，中国对欧盟开放了医疗、电信、金融保险、环境服务等领域，提出通过协商和仲裁构成的两步法国家间机制来解决投资争端，CAI 规定不得通过降低国内法规定的环保标准来使国内企业获得低成本竞争优势（张娟，2022）。

六、全球经济治理改革未来趋势

当下全球正经历百年未有之大变局，全球公共卫生事件的爆发使人们对全球经济形势有了更深刻的认识。同时，西方发达国家主导的全球经济治理体系的弊端和改革困境也逐渐凸显，全球经济治理体系改革已是大势所趋。

（一）继续强化多边主义

维护经济全球化的可持续发展并强化多边主义，关键在于推动各类国际组织改革，增强非政府力量参与力度，提高治理主体的创新能力，以提高全球经济治理的效率。当前国际组织在机制设计与功能上都无法适应经济发展需要，因此国际组织的改革需要在两个方面进行：一方面要创新现有机构、组织的功能；另一方面要不断创建新的、适合经济发展和现实需要的新机构、组织（薛安伟和张道根，2022）。

在现有的国际组织、机构改革下，主要以 WTO、IMF 和世界银行的改革为主。

改革 WTO 的首要任务是改革基于协商一致原则的决策机制，协商一致作为 WTO 的基本原则，也是导致其谈判、决策效率低下的重要原因，为此，需要引入多数投票决策机制和灵活的诸边谈判机制，同时确保诸边协议的开放性。其次，WTO 通报与监督机制也需要进行改革，成员国应履行透明度义务，及时通报政策措施，并确保政策制定程序和过程也满足透明度的要求。此外还应提高贸易政策审议机制效率，WTO 改革的重点之一是对争端解决机制的改革，改革上诉机构法官遴选程序与履职期限，让 WTO 上诉机构恢复其功能（全毅，2023）。金砖国家也要求恢复两阶段的 WTO 争端解决机制的上诉制度和上诉机构成员的任命（Kumar 等，2022），同时推动 WTO 争端解决机制向快速、高效、简洁的方向改革。另外，重视特别贸易关注（STC）在解决成员间技术性贸易措施纠纷方面发挥的重要作用，STC 较 WTO 争端解决机制更加灵活，更不具有对抗性，提供了促进更多相互理解的可能性（Hoekman 等，2023）。对于 WTO 改革，还需要鼓励 WTO 扩大议题范围，完善在知识产权、产业政策与补贴、数字贸易等领域的规则。

IMF 的改革应致力于进一步提高其合法性、可信性和有效性，一是在决策机制方面，IMF 应在决策时强调成员国之间的协调，并加强与其他国际组织机构的协调。

二是在份额和投票权方面，IMF 应改革份额计算公式，确保份额公式准确反映各成员国的地位。三是在组织架构和人事制度方面，应保持高透明度和工作人员的多样性。四是在监督职能方面，IMF 应加强对金融危机的预警，稳定全球金融体系，同时也要加强对发达国家以及金融部门的监督。五是贷款职能方面，IMF 要有充足的资金来为危机国家提供贷款，扩大对国际贸易收支失衡的援助，完善对低收入国际援助的规定。六是技术援助方面，IMF 应优化资金的使用，增强援助效果（谢世清和黄兆和，2022）。对世界银行的改革主要是在内部架构和人事安排上，优化董事会职能，加强理事会的功能，董事长的选举应保持公平公正，公开招聘行长并赋予行长独立管理权，同时也要积极反映发展中国家的利益诉求（李众敏和吴凌燕，2012）。

强化多边主义还需要积极倡导中国提出的"人类命运共同体"理念，丰富全球经济治理的多边体系，践行人类命运共同体理念和"共商共建共享"的全球治理理念，高举多边主义旗帜，强调"一带一路"、全球发展、全球安全和全球文明等有利于多边主义发展的倡议（陈伟光，2023）。

新组织、新机构的出现为世界多边主义的发展提供了强劲动力，虽然以 WTO、IMF、世界银行为主导的治理框架存在一些缺陷，但随着全球经济发展，新的组织机构的产生对原有治理框架进行了补充和完善。亚洲基础设施投资银行依照世界银行的机构和制度进行设计，任命有世界银行运营经验的专业人员，并采纳外部评估标准，与世界银行展开积极的合作（马延滨，2022）。丝路基金主要以股权投资的形式为"一带一路"项目提供长期的资金支持，为推进沿线相关国家和地区的基础设施、资源开发、产能合作等项目提供了有力的资金支持，弥补了国际金融机构目前的不足之处（单英骥和魏修建，2021）。

（二）不断深化区域经济合作

由于全球经济治理中多边经贸规则的缺位，许多国家将重点放在构建双边与区域经贸协定上，这将推动全球经济治理制度向双边和区域协定的方向发展，《全面与进步跨太平洋伙伴关系协定》《区域全面经济伙伴关系协定》《中欧全面投资协定》等区域或跨区全面经济伙伴关系正逐步成为未来全球经济治理的重要趋势，这些区域安排补充了很多 WTO 没有涉及的内容和领域，对于催生下一代全球贸易治理体系具有重要的意义，也有助于推动 WTO 改革，促进全球经济治理多元化（庞中英和杜海洋，2022）。未来双边和区域经贸协定的发展将集中在两个方面：一方面是成员国在某个领域达成共识后，会签订诸边协议，并通过不断扩展成员发展为多边制度安排；另一方面是建立新的双边和区域经贸协定（薛安伟和张道根，2022）。CPTPP、RCEP 等已有国际协定正在不断扩充成员，增进各成员国的经贸合作收益，减少合作成本。同时，"一带一路"等区域合作也在发展和建设过程中，促进经济互联互通，创造更加开放包容的经济活动环境。金砖国家已经成为促进全球贸易发展的强大力量，在反对国际贸易保护主义，支持数据数字化和电子商务方面发挥了重要作用（Arapova 等，2021）。在创新区域合作方面，东北亚区域具有巨大潜力，作为世界政治经济极其复杂的地区，朝韩半岛政治问题、中美博弈、日本与其他国家的历史遗留问题等都影响着该区域经济合作，但随着逆全球化的苏醒，东北亚各国清楚地认识到合作发展中蕴含的机遇，中日韩自贸区谈判加速进行，以及中俄蒙政治友好的历史基础，为东北亚经济发展带来了机会，未来东北亚区域经贸合作的建立能够缓解逆全球化对各国经济带来的冲击，也可以起到稳定东北亚区域内政治经济安全的作用（朱显平和齐霁，2021）。

（三）进一步改革金融治理体系

金融治理体系的改革需要从两方面进行：一方面现有国际金融组织机构需要进行改革。IMF 和世界银行仍然是国际货币金融体系的核心，为此，IMF、世界银行需要进一步提升贷款能力、改革治理结构，更好地反映新兴市场和发展中国家的利益和诉求，新兴市场国家应该被鼓励积极参与 IMF、世界银行中的关键职位，使新兴市场国家的诉求能得到更好地实现。另一方面要创新和补充全球金融治理机制，发挥二十国集团合作平台在金融治理体系改革中的重要作用，发展东亚区域内本币债券市场，达成多边货币互换协议，以建立美元的东亚外汇储备库等方式来完善全球金融治理体系（李俊，2022）。同时，重视金砖国家合作机制的作用，金砖国家以合作的方式塑造国际金融框架、制定全球监管规则，更加符合新兴市场和发展中国家的利益要求，有利于国际国内金融市场的稳定（Larionova 等，2022）。

要完善国际金融监管和危机救助机制。考虑到金融市场和商品市场的震荡带来的经济不确定性，需要建立以 IMF 为主，辅以各类货币金融合作机制的金融安全网络，并提升对金融风险监测、预警和危机救助的能力（杨长湧，2020）。同时将微观审慎监管与宏观审慎监管结合，以防范单一盯住和系统管控各自的不足。还要建立科学有效的指标监控体系，为制定国际资本流动管理的政策框架提供理论依据，加强对影子银行的风险检测、预警和防控，在影子银行的监管上加强国际合作，重视 IMF 与区域金融安排之间的合作，以及各国央行间的货币互换机制（李俊久，2022）。

数字货币的发展潜力巨大，尤其是各国央行发行的数字货币有利于形成更安全、高效的跨国结算。为推动数字货币相关的全球金融治理体系改革，首先要建立更加合理的全球支付系统，各国央行数字货币的发展有利于解决单一币种的垄断，各国有望通过数字货币进行直接结算，而不必再以美元为中介。其次是强化国家应对全球金融风险的能力。另外区块链的去中心化存储能使个体与央行直接结算成为可能，使央行能够直接掌握交易流程和数据，并且有效控制货币发行，从而降低金融风险（董柞壮，2022）。

（四）提升数字治理的重要性

随着全球化和数字化的并行发展，全球数字治理逐渐兴起，全球数字治理服务于数字技术的创新和应用，需要全球合作来应对数字化转型的机遇与挑战（Jia，2022），全球数字治理涉及多个领域，需要从多个角度来看待。

一是考虑数字经济治理，数字经济已经成为全球经济复苏和增长的主要动力，是发展中国家转型的重要依托，数字经济对社会改革和可持续的数字经济发展具有积极影响（Niu，2022），在发展数字经济时，需要关注全球数字鸿沟和数字贸易规则问题，增加数字货币的监管渠道、提升参与全球数字金融标准制定，妥善应对数字税问题。二是考虑数字舆论，在社交媒体和数字技术发展下，数字舆论和意识形态具有紧密的关系，国内数字舆论的国际化和数字政治化趋势十分突出，因此各国政府、数字平台、国际机构都要肩负数字舆论治理的责任，同时还要加强公民的数字素养、数字技能和数字意识。三是考虑跨境数据流动，大量涉及公民隐私权的跨境流动会影响国家安全甚至全球安全，国际社会应在维护数据正常流动和维护国家数据权益方面进行合作。四是考虑数字规则，各国需要制定国内数字法律法规和治理政策，积极与其他国家和国际组织展开合作，共同制定国际数字规则，应对全球数字失序问题，在积极打造全球性规则的同时，加快构建区域新秩序和国家内部的数字规则体系（薛晓源和刘兴华，2022）。五是考虑数字伦理，人工智能越来越多地受到国家、非国家行为者和国际组织的关注，这种数字技术的伦理研究和政策也层出不穷，人工智能伦理需要设定伦理标准，但考虑到人工智能的开发和实施速度，治理标准可能会落后于技术前沿，并且人工智能具有不受国界限制的特点，其伦理标准和监管政策的制定需要国际合作（Tallberg 等，2023）。六是考虑国际经济平台在数字经济治理中的作用，二十国集团在塑造数字治理规则和加强全球治理效力方面发挥着关键作用，二十国集团 GDP 占全球 GDP 的 85% 以上，占全球贸易的四分之三以上，占世界人口的三分之二，联合国安理会的五个常任理事国也是二十国集团成员，这些都表明二十国集团有能力整合多方的观点，促进全球数字治理取得实质性的进展（Alden 等，2023）。

（五）促进全球经济可持续发展

全球气候治理面临诸多挑战，包括气候风险加大、减排力度不足以及治理体系碎片化等问题，各国应加强合作，共同推进全球气候治理。

一是要捍卫多边主义，坚持全球与各国利益紧密联系，履行《巴黎协定》中的承诺，国家之间的多边谈判是全球气候政策制度的核心，国际气候谈判进程要秉持开放透明的原则，反对单方面实施碳边境调节措施的单边主义。二是积极推进全球气候治理体制的改革和完善，构建公平合理、合作共赢的全球气候治理体系，这需要坚持联合国的核心和主体地位，鼓励其他国际组织积极发挥补充和支持作用，发达国家应尊重发展中国家的发展权益，率先减排。三是有效发挥次国家行为体和非国家行为体的作用，推动绿色低碳技术不断取得创新成果，包括城市、非政府组织、企业在内的次国家行为体和非国家行为体在全球气候治理中具有独特作用，在环境意识培养、信息数据收集、政策监督、项目实施、低碳技术创新及全球网络构建等领域的重要性日益凸显（WTO，2022；张海滨，2022）。四是各国对气候问题积极开展国际合作，应对气候问题离不开跨越国家层面的合作，因此国家之间的全球合作被认为是有效应对气候变化的关键（Keohane 等，2016）。五是发挥数字经济在推动可持续发展上的重要作用，数字经济正逐渐成为区域低碳发展的重要驱动力，数字经济可以通过环境治理、技术创新和产业结构升级三大渠道实现低碳发展（Zhang，2022），并且数字技术可以通过改进评估方式、强化沟通以及创新可视化数据方法等推动全球气候政策决策，增强气候目标的执行能力（Engvall 等，2022）。另外以联合国《应对气候变化框架公约》为基础的全球合作机制将继续在应对气候变化中发挥核心作用，二十国集团、金砖国家、"一带一路"倡议等将越来越重视应对气候变化领域的协调与合作（杨长湧，2020）。

同时，全球气候治理还要秉持人类命运共同体思想。首先，在国际气候治理制度设计层面，要建设能够保障各国平等参与、平等协商的机制，追求互惠共赢。其次，还应加强国际法律责任并优化其承担方式。最后，尊重各国的差异，允许各国采用最适合本国的道路实现气候治理（陶菁和黄昊桁，2022）。

全球气候治理中关于碳排放问题受到广泛关注，美、日、欧等主要发达国家在绿色竞合博弈加强的态势下都明确了碳中和战略取向，争夺国际规则制定主导权，中国也作出碳达峰、碳中和的承诺（庄贵阳和王思博，2023）。这些措施有助于推动减排行动并激励各方积极参与碳排放，进而推动全球气候治理，促进可持续发展。

主要参考文献

［1］陈伟光、钟列炀：《全球数字经济治理：要素构成、机制分析与难点突破》，《国际经济评论》2022 年第 2 期。

［2］陈伟光：《大变局下全球经济治理体系重构与中国角色》，《当代世界》2023 年第 7 期。

［3］仇华飞：《新兴国家参与全球经济治理改革理论与实践路径》，《社会科学》2022 年第 5 期。

［4］戴双兴、冀晓琦：《G20 框架下全球投资治理变革与中国的应对方略》，《经济研究参考》2019 年第 22 期。

［5］董柞壮：《数字货币、金融安全与全球金融治理》，《外交评论（外交学院学报）》2022 年第 4 期。

［6］高疆：《全球化变局中的世贸组织改革：困境、分歧与前路》，《世界经济研究》2022 年第 11 期。

［7］胡建国：《多方临时上诉仲裁安排第一案对 WTO 争端解决机制改革的意义》，《武大国际法评论》2023 年第 3 期。

［8］胡键：《经济全球化的新态势与全球经济治理的变革》，《国际经贸探索》2022 年第 8 期。

［9］黎峰：《全球经济治理"双重困境"下的中国角色及担当》，《当代经济研究》2023 年第 7 期。

［10］李俊久：《全球金融治理：演进动力、内在缺陷与变革逻辑》，《社会科学》2022 年第 4 期。

［11］李帅、屈茂辉：《数字货币国际监管的法律秩序构建》，《法学评论》2022 年第 4 期。

［12］李众敏、吴凌燕：《世界银行治理改革的问题与建议》，《中国市场》2012 年第 29 期。

［13］梁意:《论上诉机构存废背景下的 WTO 争端解决机制改革》,《法学》2022年第 12 期。

［14］廖凡、刘文娟:《全球金融治理:国际趋势与中国立场》,《国际关系与国际法学刊》2020 年第 9 期。

［15］刘斌、李川川、李建桐、秦若冰:《2023 年度国际经贸规则观察报告》,经济日报出版社 2023 年版。

［16］刘斌、刘玥君:《WTO 规则的"三元悖论"与诸边贸易协定:困局与破解》,《欧洲研究》2022 年第 6 期。

［17］刘影:《世界贸易组织改革进程中数据跨境流动的规制与完善》,《知识产权》2023 年第 4 期。

［18］卢江、许凌云、梁梓璇:《世界经济格局新变化与全球经济治理模式创新研究》,《政治经济学评论》2022 年第 3 期。

［19］罗皓文、葛浩阳:《全球经济治理体系的变革何以可能? 一个政治经济学的分析》,《世界经济研究》2022 年第 3 期。

［20］马延滨:《制度同构与组织合作:大国竞争下的亚投行行为分析》,《复旦国际关系评论》2022 年第 2 期。

［21］毛绎然:《人类命运共同体理念与全球金融治理》,《池州学院学报》2022年第 5 期。

［22］庞中英、杜海洋:《区域或跨区全面经济伙伴关系:全球经济治理的重要趋势》,《当代世界社会主义问题》2022 年第 1 期。

［23］裴丹、陈伟光:《数字经济时代下平台经济的全球治理——基于大国博弈视角》,《暨南学报 (哲学社会科学版)》2023 年第 2 期。

［24］钱学锋、裴婷:《后疫情时代的全球贸易治理与中国的战略选择》,《国际商务研究》2022 年第 6 期。

［25］全毅:《国际经贸规则重构与 WTO 改革前景》,《经济学家》2023 年第1 期。

［26］单英骥、魏修建:《"一带一路"国际资本交易中心构建策略研究》,《商业经济研究》2021 年第 22 期。

［27］孙志强、杨奕萌:《全球投资治理规则体系的发展与应对》,《金融纵横》2022 年第 12 期。

［28］陶菁、黄昊桁:《全球气候治理中的利益博弈与应对机制研究》,《华北电

力大学学报（社会科学版）》2022 年第 3 期。

[29] 屠新泉：《全球产业链重构与全球贸易治理体系变革》，《当代世界》2023 年第 7 期。

[30] 王达、高登·博德纳：《主权债券泡沫、美元依赖性与数字金融对全球金融治理的挑战》，《国际经济评论》2020 年第 5 期。

[31] 王一鸣：《碳关税建构国际贸易规则新议题探析》，《国际石油经济》2022 年第 6 期。

[32] 谢世清、黄兆和：《当代国际货币基金组织的改革》，《宏观经济研究》2022 年第 2 期。

[33] 徐浩宁：《逆全球下国际金融治理的困境与应对策略》，《辽宁经济》2022 年第 8 期。

[34] 徐泉、耿旭洋：《边境后措施国际监管合作发展趋向与问题阐释》，《上海对外经贸大学学报》2021 年第 5 期。

[35] 徐昕、吴金昌：《欧盟碳边境调节机制的实质、影响及中国因应——基于全球气候治理与国际贸易双重视角》，《国际贸易》2023 年第 4 期。

[36] 徐秀军、林凯文：《国际经济议程政治化与世界贸易组织改革困境》，《世界经济与政治》2022 年第 10 期。

[37] 许瀁方：《新发展格局下产业链供应链安全稳定发展探究》，《中共山西省委党权学报》2023 年第 3 期。

[38] 薛安伟、张道根：《全球经济治理困境的制度分析》，《世界经济研究》2022 年第 10 期。

[39] 薛晓源、刘兴华：《数字全球化、数字风险与全球数字治理》，《东北亚论坛》2022 年第 3 期。

[40] 杨长湧：《全球经济治理结构的现状、挑战和演变前景》，《全球化》2020 年第 6 期。

[41] 张海滨：《全球气候治理的历程与可持续发展的路径》，《当代世界》2022 年第 6 期。

[42] 张建：《国际投资争端全球治理体系的变革与中国因应》，《理论视野》2021 年第 11 期。

[43] 张剑、李晓依：《低碳贸易规则全球进展、影响及应对建议》，《中国外资》2023 年第 5 期。

［44］张娟:《区域国际投资协定规则变化、成因及全球投资治理的中国方案》,《世界经济研究》2022 年第 2 期。

［45］张乃根:《国际经贸规则变革的政治经济学思考》,《中国法律评论》2023 年第 2 期。

［46］周维富、陈文静:《发达国家维护产业链供应链安全的主要做法与启示》,《中国经济报告》2023 年第 2 期。

［47］朱显平、齐霁:《逆全球化视域下东北亚区域经贸合作问题研究——基于动态演化博弈的分析》,《经济问题》2021 年第 6 期。

［48］庄贵阳、王思博:《全球气候治理变革期主要经济体碳中和战略博弈》,《社会科学辑刊》2023 年第 5 期。

［49］Alden, C., M. Martin, and K. Chan, "Enhancing Efforts at Global Digital Governance: Recommendations to the G20", 2023.

［50］Arapova, E. Y., and Y. D. Lissovolik, "The BRICS Plus Cooperation in International Organizations: Prospects for Reshaping the Global Agenda", *Asia-Pacific Social Science Review*, 2021, 21 (4): 192-206.

［51］Engvall, T. S., and L. S. Flak, "The state of information infrastructure for global climate governance", *Transforming Government: People, Process and Policy*, 2022, 16 (4): 436-448.

［52］Hoekman, B. M., P. C. Mavroidis, and D. R. Nelson, "Geopolitical competition, globalization and WTO reform", *The World Economy*, 2023, 46 (5): 1163-1188.

［53］Hunter, B. M., and J. D. Shaffer, "Human capital, risk and the World Bank's reintermediation in global development", *Third World Quarterly*, 2022, 43 (1): 35-54.

［54］Jia, K., S. Chen, "Global digital governance: paradigm shift and an analytical framework", *Global Public Policy and Governance*, 2022, 2 (3): 283-305.

［55］Jones, K., "Populism, Globalization, and the Prospects for Restoring the WTO", *Politics and Governance*, 2023, 11 (1): 181-192.

［56］Jongen, H., and J. A. Scholte, "Inequality and legitimacy in global governance: an empirical study", *European Journal of International Relations*, 2022, 28 (3): 667-695.

［57］Keohane, R. O., and D. G. Victor, "Cooperation and discord in global climate policy", *Nature Climate Change*, 2016, 6（6）: 570-575.

[58] Kumar, R., and B. Thomas, "BRICS in Global Governance: A Gradual but Steady Expansion", *Управление и политика*, 2022, 1（1）: 100-113.

[59] Larionova, M., and A. Shelepov, "BRICS, G20 and global economic governance reform", *International Political Science Review*, 2022, 43（4）: 512-530.

[60] Niu, F., "The role of the digital economy in rebuilding and maintaining social governance mechanisms", *Frontiers in Public Health*, 2022（9）: 819727.

[61] Stiglitz, J. E., and K. P. Gallagher, "Understanding the consequences of IMF surcharges: the need for reform", *Review of Keynesian Economics*, 2022, 10（3）: 348-354.

[62] Tallberg, J., E. Erman, M. Furendal, et al., "The Global Governance of Artificial Intelligence: Next Steps for Empirical and Normative Research", *arXiv preprint arXiv*, 2023, 2305: 11528.

[63] UNCTAD, World Investment Report, 2022.

[64] UNCTAD, World Investment Report, 2023.

[65] Van Der Hoeven, R., and R. Vos, "Reforming the International Financial and Fiscal System Fiscal system for Better COVID-19 and Post-pandemic Crisis Crises Responsiveness", Springer International Publishing, 2022: 9-27.

[66] WTO, World Trade Report, 2022.

[67] Zhang, J., Y. Lyu, Y. Li, et al., "Digital economy: An innovation driving factor for low-carbon development", *Environmental Impact Assessment Review*, 2022, 96: 106821.